Huhn / Backerra

Selbstmotivation

In Dankbarkeit unseren Eltern

Margarete und Heinz Huhn, Hilke und Manfred Backerra

gewidmet

Gerhard Huhn / Hendrik Backerra

Selbstmotivation

FLOW – Statt Stress oder Langeweile

3. Auflage

HANSER

Die Autoren:

Dr. Gerhard Huhn, Berlin und Hendrik Backerra, Berlin

Bibliografische Information der Deutschen Nationalbibliothek
Die Deutsche Nationalbibliothek verzeichnet diese Publikation in der Deutschen Nationalbibliografie; detaillierte bibliografische Daten sind im Internet über http://dnb.d-nb.de abrufbar.

www.hanser.de
Lektorat: Lisa Hoffmann-Bäuml
Herstellung: Ursula Barche
Umschlaggestaltung: Büro plan.it, München,
unter Verwendung einer Illustration von Irene Drexl
Druck und Bindung: Kösel, Krugzell
Printed in Germany

ISBN 978-3-446-41246-0

*Dass das, was Sie gerade in den Händen haben, wie ein Buch aussieht,
könnte zu einem grundlegenden Missverständnis führen,
das wir gerne bereits an dieser Stelle ausräumen möchten.*

*Als Leser eines Buches erwartet man vom Autor Spannung oder Spaß, am besten beides,
zumindest gute Unterhaltung. Bei einem Sachbuch erhofft man sich als Leser neues
Wissen, Ausflüge in fremde Welten, überraschende Einsichten oder Ratschläge für
besseres Zurechtkommen in Beruf und Privatleben.*

*Nichts von alledem erwartet Sie hier. Das hier ist kein Buch
für passive Genießer sondern für Menschen wie Sie
(denn sonst hätten Sie es ja wohl kaum gekauft),
die das Leben aktiv in die eigenen Hände nehmen.*

*Wir haben dieses Buch nicht als Buch, nicht als anregende Lektüre geschrieben,
sondern haben uns vorgestellt, dass wir Sie als Trainer und Coach
auf einer ganz persönlichen Entdeckungsreise begleiten.*

*Den Spaß, den Ihnen das Buch machen kann,
werden Sie nicht durch das Anschauen
der vielen Buchstaben bekommen, sondern erst dadurch,
dass Sie die Prozesse und kleinen Übungen selbst mitmachen.
Es ist also ein Action-Buch im wahrsten Sinne:
Auf Seite eins beginnt ein komplettes, persönliches Training für Sie,
auf das Sie sich dann auf allen folgenden Seiten
exklusiv mit uns beiden Trainern einlassen können.*

*Und wir versprechen Ihnen nur eins:
Wenn Sie sich das Ganze nicht nur beim Durchblättern anschauen
(das mag auf den ersten Blick ja vielleicht sogar
eher etwas abschreckend wirken), sondern sich die Mühe machen,
die Anregungen praktisch in die Tat umzusetzen,
wird es für Sie richtig spannend werden:
Die Hand, die die letzte Seite umblättert, wird eine andere sein als die,
die jetzt das Buch zum ersten Mal berührt.
Und wir sind, wenn Sie es wünschen, über die Grenzen von Raum und Zeit hinweg
immer in Ihrer Nähe: nicht weiter entfernt als Ihr nächster Internet Anschluss:
Über www.fokusflow.de können Sie uns erreichen. Und schon geht's los.*

Eine inspirierende Entdeckungsreise wünschen Ihnen

*Gerhard Huhn und Hendrik Backerra,
die sich über Ansichtskarten von unterwegs freuen werden*

Inhalt

Teil III: Anhänge, Literatur, Dank, Autoren

Statt einer Einleitung: Es geht gleich los!

Dieses Buch verfolgt nicht die Absicht, Sie als Leser zu motivieren. Es hätte uns Autoren nicht motiviert, das 150. Buch nach diesem Strickmuster zu verfassen. Zumal es einige hervorragende, empfehlenswerte, unmittelbar motivierende Bestseller auf diesem Gebiet gibt. Wir wollen da gar keine Gegenposition aufbauen. Diese Bücher haben ihren Sinn und können in spezifischen Lebenssituationen durchaus hilfreich sein.

Wir wenden uns jedoch an Leser, die *kein* Rezeptbuch lesen möchten. Unser Konzept ist ein Informationsangebot. Eine Erkenntnismöglichkeit, den Wirkprinzipien Ihres Antriebssystems selbst auf die Spur zu kommen. Herauszufinden, warum der *»innere Schweinehund«* manchmal so stark ist und was Sie tun können, um ihn zu überwinden und ab sofort so zu leben, wie Sie es eigentlich wollen.

Ziel dieses Buches ist, dass die Mühe, die Sie sich machen beim Durcharbeiten, belohnt wird damit, dass Sie sich künftig aus jeder Phase schwacher Energie selbst wieder herausholen können und in den Zeiten, in denen Sie vor Kraft strotzen, Ihre Energien so wirkungsvoll einsetzen können, dass Sie ein Maximum an Lebensfreude genießen können.

Wer aufhört zu lernen, ist alt. Er mag 20 oder 80 sein.
Henry Ford I.

Solange Sie in der Hoffnung leben, ein Buch, ein Seminar, ein Trainer könne Sie motivieren, sind Sie auf der Suche nach Abhängigkeiten. An sich ja nichts Negatives. Sich in Abhängigkeiten zu begeben ist ein Bestandteil des Lebens. Wer nur unabhängig sein will, begibt sich in die Abhängigkeit von der Unabhängigkeit. Doch beim Thema Motivation lohnt es sich schon, etwas genauer hinzuschauen.

Denn hier geht es um nicht mehr und nicht weniger als um die innere Antriebsquelle, um unsere Lebensenergie und die Frage, in welcher Weise wir sie einsetzen.

Es ist ein folgenschwerer Trugschluss, wenn wir annehmen, es lohne sich, anderen die Verantwortung für unser Leben zuschreiben zu können. Etwa nach dem Prinzip: »*Andere Leute bestimmen mein Leben. Damit erhalte ich die Möglichkeit vorzutreten und jeden Erfolg auf mein Konto zu verbuchen, aber alle meine zukünftigen Fehler auf andere abzuwälzen.*« Michael LeBoeuf, von dem dieses Zitat stammt, fragt seine Leser: »*Klingt das vertraut?*«, und er hält es sogar für einen angeborenen menschlichen »*Fehler, alle Gründe, warum wir etwas nicht tun können, außerhalb unserer Person zu suchen. Aber es führt zu Frustrationen bei allen Beteiligten, wenn wir immer nur andere für uns selbst verantwortlich machen. Wenn andere Menschen Ihr Leben bestimmen, dann aus dem einfachen Grund, dass Sie ihnen die Möglichkeit dazu geben. Letztendlich ist jeder selbst für seine Gefühle, Triumphe, Befriedigungen und Misserfolge verantwortlich. Es ist ein gewaltiger Schritt auf ein besseres Leben hin, wenn wir diese Tatsache annehmen. Albert Ellis hat das vortrefflich zusammengefasst: "Die besten Jahre Ihres Lebens sind die, in denen Sie entscheiden, dass Ihre Probleme wirklich Ihre eigenen sind. Sie machen nicht Ihre Mutter, die Umwelt oder die Politiker verantwortlich. Sie stellen fest, dass Sie Ihr Schicksal selbst bestimmen."*«

Persönlichkeiten – nicht Prinzipien bringen die Zeit in Bewegung.
Oscar Wilde

In unseren Seminaren und persönlichen Beratungen haben wir die Erfahrung gemacht, dass die zahlreichen Angebote, die es zur Motivation gibt, für die meisten Anwender viel zu aufwendig und kompliziert sind. Man liest ein Buch oder geht in ein Seminar und dann hat man anschließend ein schlechtes Gewissen, weil man die Dinge, die man tun sollte, dann doch nicht tut. Hier geht also die Motivation zur Motivation in die Leere.

Halte die Dinge so einfach wie möglich, aber nicht einfacher!
Einstein

Einstein hat einmal gesagt, man soll die Dinge so einfach wie möglich halten, aber nicht einfacher! Das ist das Dilemma. Ohne ein vertieftes Verständnis der Zusammenhänge bleiben *zu* schlichte Ratgeber zur Motivation ohne Wirkung, weil es sich hier nicht um ein technisches oder methodisches Phänomen handelt, sondern weil Sinnfragen und tiefere Emotionen eine starke Rolle spielen. Setzt man sich aber zu gründlich mit den Fragen der psychologischen oder gar philosophischen Aspekte des menschlichen Wesens auseinander, verliert man rasch den Boden des real Umsetzbaren unter den Füßen. So haben wir uns an das Abenteuer gewagt, es so einfach wie möglich zu machen, aber auch nicht zu einfach. Wir wollten nicht das Rad neu erfinden, sondern aus der großer Fülle menschlicher Erkenntnisse, der Verarbeitung der vorhandenen umfangreichen Literatur, aber vor allem vor dem Hintergrund der ungezählten lebendigen Erfahrungen anderer Menschen und unserer eigenen genau die Verdichtung schaffen, die Ihnen als Leser in einem knappen Zeitrahmen aber auch seriös und fundiert den Weg zur Selbstmotivation erschließt.

Rasch werden Sie auch bemerken, dass dies kein reines Lesebuch ist. Den eigentlichen *Nutzen* werden Sie für sich aus diesem Buch erst dann *gewinnen, wenn Sie an den entscheidenden Stellen aktiv mitwirken,* Ihre eigenen Überlegungen einbringen und das Buch zu einem *Arbeitsinstrument* machen. Wir haben die entsprechenden Stellen durch Kästen hervorgehoben. Und falls Sie sich scheuen, direkt in das Buch hineinzuschreiben, können Sie sich, bevor Sie anfangen zu lesen, die entsprechenden Seiten erst einmal herauskopieren. Falls Sie über einen Internetzugang verfügen, können Sie sich sämtliche Formulare (und weitere Informationen zum Thema) gerne auch gleich direkt herunterladen. Sie finden jeweils am Rand einen Hinweis auf unsere

Web-Site: http://www.fokusflow.de

Sie können die aktiven Anteile zum Bearbeiten auch als Formular aus dem Internet herunterladen: **www. fokusflow.de**

Wir Autoren sind in erster Linie Trainer, keine Schriftsteller. Wir haben das Buch aus unserer täglichen Arbeit mit Menschen verfasst, die nach Wegen suchen, ihr Leben sinnvoll zu gestalten.

So ist unser Anliegen ein praktisches, kein theoretisches. Insofern ist es auch durchaus möglich, dass Sie einfach den praktischen Schritten folgen und erst dann, wenn sich Fragen ergeben, warum wir Ihnen das ein oder andere vorschlagen, dies im Text (oder vertiefend auf unserer Web-Site im Internet) nachlesen. Auf

Erklärungsmuster haben wir uns ohnehin nur insoweit eingelassen, als sie uns nach dem Einstein'schen Prinzip unerlässlich erschienen.

Genug der Vorrede. Machen wir uns auf den Weg. Wie immer ist der Anfang mühsam. Wir möchten Ihnen da keine Versprechungen von »instant happiness« oder »Lebensglück in zehn Minuten« machen. Auch Lebenskunst kommt von Können. Es kostet einen Preis, aus dem eigenen Leben etwas Schönes und Sinnvolles zu machen. Wer aber die nötige Energie einsetzt, wird reich belohnt werden. Mit einem spannenden, befriedigenden, herausfordernden Leben voller Momente des Glücks, der Begeisterung und des inneren Friedens. Doch bevor Sie jetzt weiterlesen, fangen Sie gleich mit der praktischen Umsetzung an.

Warum interessiert Sie dieses Buch?

Beantworten Sie folgende Fragen:

Warum interessiert mich dieses Buch?

Welchen Nutzen, welche Vorteile soll es mir bringen?

Welchen Unterhaltungswert verspreche ich mir?

Wie viel Zeit kann ich in die Verarbeitung des Inhalts investieren?

Wie gründlich möchte ich es lesen?

O Ich will nur mal in ihm herumblättern

O Ich beabsichtige, es sorgfältig durchzulesen

O Ich werde mit einem Stift und Papier oder am PC praktisch damit arbeiten

O Ich möchte es so gut verinnerlichen, dass ich den Inhalt an andere weitergeben kann

O Mich interessiert speziell:

fokusflow.de

TEIL I

DIE AUFMERKSAMKEIT FOKUSSIEREN

Fokus 1: Selbstmotivation – zu den Quellen Ihrer Energie

»Nichts ist schwerer im Leben als das konsequente Handeln nach trivialen Einsichten.« Anon

Der richtige Umgang mit Energie, mit Informationen und mit der Zeit

Ob das Leben gelingt, zur langweiligen Routine abrutscht oder zum stressreichen Desaster wird, hängt vor allem von drei Dingen ab: dem richtigen Umgang mit Energie, dem richtigen Umgang mit Informationen und dem gelungenen Umgang mit der Zeit.

Der Aufmerksamkeit AUFMERKSAMKEIT schenken

Vor allem kommt es drauf an, diese drei Faktoren in einen stimmigen Zusammenhang zu bringen. Um den Umgang mit Energien, Informationen und mit der Zeit sinnvoll zu koordinieren, unser Leben mit Qualität und Inhalt anzufüllen, müssen wir unserer Aufmerksamkeit AUFMERKSAMKEIT schenken.

Erschöpfung, Lustlosigkeit, Demotivation sind Warnsignale. Wenn die Antriebsenergie fehlt, hat das Gründe. Stellen Sie zunächst fest, ob körperliche Ursachen eine Rolle spielen können, indem Sie sich ärztlich untersuchen lassen. Aber auch ein psychisches »Burnout«-Syndrom bedarf fachkundiger Behandlung. Das Folgende kann also kein Ersatz für eine gegebenenfalls notwendige ärztliche Hilfe sein. Aber es kann Sie unterstützen und ergänzen.

Wenn Sie morgens energiegeladen in den Tag starten und nach der Arbeit mit Freude Ihr Privatleben genießen wollen, können die Anregungen, die wir Ihnen mit diesem Buch geben möchten, den entscheidenden Schritt in eine neue Richtung einleiten.

Kennen Sie einen Menschen, der genau die Energie ausstrahlt, die andere sogar ansteckt? Bei dem Sie sich fragen, wie macht er oder sie das? Wo holt dieser Mensch bloß seine Energie her? Es lohnt sich, solch einen Menschen genauer anzuschauen, ihn näher kennen zu lernen. Wahrscheinlich werden Sie entgegen der allgemeinen Vermutung feststellen, dass es keineswegs ein Mensch ohne Probleme ist. Oft haben derartige Menschen sogar mit recht schwierigen Lebensumständen fertig zu werden. Eine Besonderheit wird Ihnen jedoch bei diesem Menschen auffallen: Es ist ein Faktor, der sich nicht oberflächlich verrät, der erst bei genauer Beobachtung, dann aber immer auffälliger in Erscheinung tritt: Diese Menschen unterscheiden sich in ihrer *Achtsamkeit* von anderen.

Achtsamkeit

Solange wir unaufmerksam sind, uns dahintreiben lassen, werden unsere Energien rasch verbraucht. Wir werden von Informationen überflutet und verwirrt und uns fehlt die Zeit, das Wesentliche zu schaffen, das wir erreichen möchten.

Der Zusammenhang von Selbstmotivation und Fokussierung der AUFMERKSAMKEIT

Selbstmotivation heißt zunächst erst einmal ganz schlicht: Zugang gewinnen zu der Energie, die unsere Handlungsimpulse steuert, diese Energie selbst auszurichten und zu fokussieren. Von innen heraus eine Handlungsbereitschaft, einen Handlungswillen zu mobilisieren und damit gewünschte Ergebnisse zu erzielen. Diese Ausrichtung, diese Fokussierung unserer Interessen bedingt eine Konzentration unserer AUFMERKSAMKEIT.

AUFMERKSAMKEIT kommt zustande, wenn uns etwas interessiert oder wenn es (z. B. in einer gefährlichen Situation) darauf ankommt, unsere Wahrnehmung auf einen ganz bestimmten Vorgang (etwa ein heranfahrendes Auto) zu konzentrieren.

Über unsere AUFMERKSAMKEIT können wir an sich selbst verfügen, aber wir leben auch in einer Welt, in der Milliarden ausgegeben werden, um unsere AUFMERKSAMKEIT in jeweils ganz bestimmte andere Richtungen zu lenken. Die Gefahr ist groß, dass wir die Herrschaft über unsere AUFMERKSAMKEIT verlieren und andere bestimmenden Einfluss auf sie nehmen: Tausende von Firmen, Dutzende von TV-Stationen buhlen darum, von Ihnen wahrgenommen zu werden. Filme, Bücher, Zeitschriften, Magazine und Zeitungen,

Rundfunksendungen, Spiele, Videos, DVDs, Tonträger auf Magnetband oder Silberfolie werden produziert und bringen ihren Herstellern nur dann Einnahmen, wenn es diesen gelingt, die AUFMERKSAMKEIT der Menschen in genügend großer Menge auf sich zu ziehen. Und dann gibt es Ihren Chef, oder wenn Sie selbst Chef sind, Ihre Mitarbeiter, Ihre Kunden, die AUFMERKSAMKEIT von Ihnen erwarten. Ihre Frau, Ihr Mann, Ihre Freundin(nen), Ihr(e) Freund(e), Ihre Kinder, Eltern, Großeltern, Vereinskollegen usw., usw. Die ganze Welt um Sie herum kämpft, ringt, bittet, fleht, hofft im Stillen um Ihre AUFMERKSAMKEIT. Mit naiven und mit raffiniert ausgeklügelten Mitteln, fair und unfair, wirkungsvoll und oft auch vergeblich. Auf jeden Fall ohne Unterbrechung, sobald Sie die Augen aufmachen und exakt, bis Sie sie wieder schließen, um sich einen erholsamen Schlaf zu gönnen.

Werbung: jene Wissenschaft, welche die AUFMERKSAMKEIT des menschlichen Verstandes lange genug erregt, um Geld herauszuschlagen.
Stephen Butler Leacock

(Und damit wir hier nicht gleich zu Beginn missverstanden werden: Die Bemühungen der anderen um unsere AUFMERKSAMKEIT sind ja nichts Schlechtes. Jeder verfolgt da lediglich seine eigenen berechtigten Interessen. Und immer wieder können wir uns ja auch entscheiden, diesen attraktiven Anreizen zu folgen. Aber wir sollten es auf Basis einer Entscheidung tun, nicht mit unüberlegten Reaktionen einfach reagieren. Es kann ja sehr wohl sinnvoll sein und auch noch Spaß machen, einer originellen Werbung die eigene AUFMERKSAMKEIT zu schenken und sich für ein reizvolles Produkt zu interessieren oder sich an einem, an sich der Gartenarbeit gewidmeten Samstag ganztägig den Verführungskünsten des Partners, der Partnerin hinzugeben. Aber dann sollte man es, nach einer entsprechenden Entscheidung, auch ganz und gar und mit vollem Herzen tun und nicht mit einem Bein gedanklich nebenher die ganze Zeit zwischen den Erdbeeren Unkraut zupfen oder Schnecken vertreiben.)

Die Chancen, die die anderen haben, unsere AUFMERKSAMKEIT auf sich zu ziehen, liegen in unserer genetischen, psychischen und geistigen Struktur begründet, die eine hohe Ablenkbarkeit mit sich bringt. Unser Limbisches System (ein Bereich unseres Gehirns, der unterhalb des Großhirns liegt) mit seinen

Limbisches System: siehe Glossar

Selbstmotivation durch bewussten Umgang mit den Fähigkeiten unseres Gehirns

massiven Steuerungsimpulsen, die lustvolles Erleben suchen und unangenehme Erfahrungen vermeiden helfen sollen, erweist sich vielfach stärker als das über ihm ausgebildete Großhirn. (Wenn wir nach unserem »inneren Schweinehund« suchen, den wir überwinden wollen, dann sollten wir im Limbischen System mit der Suche anfangen.) Das Großhirn mit all seiner Intelligenz ist noch lange nicht »Herr im Haus«.

Je besser die anderen unsere Beeinflussbarkeit kennen, desto leichter fällt es ihnen, unsere Zeit für die Wahrnehmung ihrer Interessen zu gewinnen. Unternehmen und Werbeagenturen geben Unsummen für entsprechende Forschungen aus und entwerfen ausgeklügelte Konzepte, Kunden zu gewinnen und zum Einkauf ihrer Produkte oder der Nutzung ihrer Dienstleistungen zu motivieren.

Daher geht es bei der Selbstmotivation vor allem erst einmal darum, den Motivationsversuchen aller anderen, die sich bemühen, Sie für ihre Interessen einzuspannen, einen Riegel vorzuschieben und wieder zu den eigenen inneren Kräften, Interessen, Wünschen und Werten zurückzufinden. Die eigene Energie zu verstärken heißt also:

1. sich der potentiellen Energieräuber in Ihrem Umfeld bewusst zu werden und

2. Ihre eigene Energie bewusst einzusetzen.

Unser Gehirn ist auf diese Aufgabe an sich gut vorbereitet. Es ist, wie der Philosoph Sloterdijk es beschreibt, *»ein Organismus zur Abwehr unwillkommener Neuerfahrungen«*.

Das Gehirn ist ein Organismus zur Abwehr unwillkommener Neuerfahrungen. *Peter Sloterdijk*

Das heißt, dass wir unsere AUFMERKSAMKEIT *nur* den *willkommenen Neuerfahrungen* zuwenden, Unwillkommenes aber gar nicht (bewusst) wahrnehmen. Die Auswahl allerdings dessen, was willkommen ist, erfolgt nach Kriterien, über die sich kaum jemand jemals Gedanken gemacht hat. Sie ist ziemlich irrational, willkürlich und oft orientiert an Vorlieben und

Abneigungen aus weit zurückliegenden Lebensabschnitten. Höchste Zeit also zu prüfen, ob die Auswahlkriterien für das Leben, wie Sie es sich vorstellen, überhaupt tauglich sind. Worauf richten Sie Ihre AUFMERKSAMKEIT? Welche Informationen haben eine Chance, in Ihren Geist einzudringen? Behalten Sie die Dinge, die *wirklich* wichtig sind? Sind Sie sich überhaupt eindeutig klar darüber, was für Sie wirklich wichtig ist? Welche Neuerfahrungen Ihnen willkommen sind? Was Sie erleben, wie Sie leben möchten?

Oder leben Sie ein Leben, das in vielen Aspekten eher das verfolgt, was andere Menschen in Ihrem Umfeld für wichtig halten (jetzt oder früher)?

Gegen Fremdmotivation und Manipulationen anderer abschirmen

Die Abschirmung gegen fremde Manipulationsbemühungen und die Stärkung der eigenen Motivation fallen leichter, wenn Sie einige der Ursachen durchschauen, die uns zu einem Tun oder Unterlassen bewegen. Früher haben sich die großen Philosophen mit diesen Fragen beschäftigt, seit rund 100 Jahren sind es vor allem die Psychologen, die eine ganze Reihe von Konzepten erarbeitet haben, um uns bei der Frage nach den Ursachen und Motiven unseres Tuns zu Antworten zu verhelfen. Zu einer einheitlichen Auffassung sind die Forscher in diesem letzten Jahrhundert zwar nicht gekommen, aber gerade die Vielfalt der Erklärungsversuche wird der Komplexität der menschlichen Psyche möglicherweise sehr viel gerechter als ein einziges klares Modell. Wir möchten also die später folgende sehr praktische Arbeit durch ein paar fundierende Überlegungen unterstützen.

Doch zuvor möchten wir Sie zu einer ersten kleinen Übung und zu ein paar wegweisenden Gedanken ermuntern, um Ihnen das Rückgrat zu stärken für die weitere Arbeit mit diesem Buch:

Erste Vorüberlegung: Da gibt's ja schon was …

An die Zukunft zu denken, zu überlegen, was werden soll, heißt fast immer auch, zu überlegen, was anders werden soll. Das lenkt die AUFMERKSAMKEIT auf das, was Ihnen fehlt, was Sie sich wünschen oder wohin Sie streben. Das mobilisiert möglicherweise auch eine Menge Unzufriedenheit und damit auch negative Gefühle – und diese wiederum könnten sich lähmend auswirken und Ihren Elan gleich zu Beginn ersticken, wenn diese Wünsche und Ideen zu groß, zu unerreichbar erscheinen oder nur das Nichtvorhandensein von etwas Wichtigem in Ihrem Kopf eine Rolle spielt.

Sinnvoll ist es daher, sich zunächst eine Basis von positiven Gefühlen der Selbstsicherheit zu verschaffen. Nehmen Sie sich doch auch mal Zeit dafür, wertzuschätzen, was Sie schon erreicht haben:

Bevor Sie sich also mit Möglichkeiten beschäftigen, Ihre Zukunft zu gestalten, möchten wir Sie anregen, erst eine kleine Pause der Besinnung zu machen und an das zu denken, was schon da ist.

Achtung – immer wenn dieses Zeichen am Rande erscheint, empfiehlt es sich, die Lektüre zu unterbrechen und **selbst aktiv** zu **werden**. Trainieren Sie Ihre Selbstdisziplin am besten gleich mit der folgenden kleinen Übung. Sie haben eine Menge Geld für dieses Buch ausgegeben oder der Mensch, der es Ihnen geschenkt hat. Wenn Sie einen Mehrwert für sich daraus schaffen wollen, **genügt das Lesen nicht**. **Sie müssen handeln.**

Nicht morgen, nicht irgendwann. **JETZT!**

Sämtliche Übungen können Sie über unsere Internet-Adresse: **www.fokusflow.de** abrufen und für Ihre persönliche Verwendung ausdrucken lassen.

Konzentrieren Sie sich zu Beginn der folgenden Arbeit also zunächst auf das, wofür Sie schon dankbar sein können. Nehmen Sie sich einige Minuten Zeit für den Dank über das bisher Erreichte. Wie wäre es mit einer Tasse Kaffee oder einem gemütlichen Glas Tee? Und Sie haben gewiss auch eine schöne Musik griffbereit, die Sie inspiriert und eine gute Stimmung noch verstärkt. Holen Sie sich etwas zum Aufschreiben, wir warten solange. Und dann erinnern Sie sich:

Welche Momente des Erfolges, der Überwindung alter Grenzen, Erfahrungen des Gelingens sind in Ihnen als Erinnerung gespeichert?

Was sind Ihre Stärken, Ihre besonderen Fähigkeiten, bei welchen Tätigkeiten, in welchen Situationen fühlen Sie sich wohl, mit sich und der Welt im Reinen?

Wo und wann entwickeln Sie besondere Ausdauer, haben Sie andere mit Ihrer Begeisterung anstecken können?

Wofür wurden Sie gelobt, für was gab es besondere Anerkennung?

Was haben Sie gelernt?

Welche Prüfungen haben Sie schon bestanden? (Und hier können Sie gerne auch Ihren »Freischwimmer« oder Ihr »Seepferdchen« und Ihren Führerschein eintragen – erinnern Sie sich noch, wie aufregend es damals war? Wie sehr Sie sich angestrengt haben?)

Was haben Sie schon geleistet?

Was schätzen andere an Ihnen?

Was wurde Ihnen geschenkt?

Gibt es den ein oder anderen Augenblick, auf den Sie stolz sein können? Sind Sie in einer gefährlichen Situation mutig gewesen? Haben Sie Zivilcourage bewiesen?

Ist mal ein Wunder geschehen, haben Sie ein (vielleicht sogar unverdientes) Glück genossen?

Welche Glücksmomente hat es in Ihrem Leben gegeben?

Es gibt nichts Gutes – außer man tut es.
Erich Kästner

> Gibt es besondere Stärken, Talente, angeborene oder früh erworbene Fähigkeiten, auf die Sie ohne Anstrengungen zurückgreifen können, die Ihnen in bestimmten Bereichen des Lebens eine beruhigende Sicherheit vermitteln?

Zweite Vorüberlegung: Die Falle des »Alles-oder-Nichts«

Und lassen Sie uns noch zwei weitere Aspekte betonen, bevor wir mit dem Prozess der Selbstmotivation beginnen:

Abraham Maslow, der wie kaum ein anderer Psychologe die Geheimnisse der menschlichen Motivation erforscht hat, betont, wie viel Unglück sich Menschen in ihr Leben hineinlocken, indem sie bereits Erreichtes unterbewerten, ja sogar abwerten und wegwerfen. Verwirklichte Wünsche verlieren an Bedeutung, wichtig erscheint uns immer vielmehr das, was noch nicht erreicht ist.

Aus dem Versuch, perfekt zu sein, erwächst viel Schmerz.
Melodie Beattie

Die nächste Falle, sich selbst unglücklich zu machen, ist der große Hang zum unrealistischen Perfektionismus. Es sind unsere inneren Forderungen nach perfekten Menschen, perfekter Gesellschaft, perfekten Lehrern, Eltern, Politikern, die Sehnsucht nach einem idealen Job, dem vollkommenen Liebespartner, den einschränkungslos akzeptierenden Freunden und schlechthin dem dauerhaft anhaltenden ekstatischen Glück, die uns unglücklich und bitter werden lassen. Solche Erwartungen sind Illusionen und sie bringen daher unweigerlich Ent-Täuschungen – Desillusionierungen – mit sich und damit, wie Maslow schreibt, die *»Begleiterscheinungen des Ekels, der Wut, der Depression und der Rache«*.

Die Falle des »Alles-oder-nichts«

Wer in die Falle des *»Ich-bekomme-entweder-alles-oder-ich-will-gar-nichts«* tappt, hat nicht die Möglichkeit, zwischen besser und schlechter wählen zu können.

Wir möchten Ihnen Lust auf einen Weg des Auswählens zwischen den realen Möglichkeiten machen und nicht das Träumen von unerreichbaren Luftschlössern predigen.

Es ist ein Weg der Gesundheit. Maslow schreibt:

»Gesunde Personen existieren, wenn auch nicht in großer Zahl. Gesundheit mit all ihren Werten stellt, weil sie als möglich erwiesen ist, im Prinzip eine erreichbare Realität dar. Für alle, die es vorziehen, zu sehen anstatt die Augen zu verschließen, sich gut anstatt sich schlecht zu fühlen, (seelisch, d. Verf.) unversehrt anstatt verkrüppelt zu sein, kann die Empfehlung ausgesprochen werden, dass sie nach psychologischer Gesundheit streben mögen.

Gesundheit stellt eine erreichbare Realität dar.
Abraham Maslow

Das Wissen darum, dass wunderbare Menschen existieren können und auch existieren – wenn auch in geringer Zahl und auf tönernen Füßen – genügt, um uns Mut, Hoffnung und Stärke zu geben, Glauben an uns selbst und in unsere Möglichkeiten des Wachstums. Hoffnung für die menschliche Natur, so nüchtern sie auch sein mag, sollte uns auf dem Weg zur Brüderlichkeit und zum Mitleid weiterhelfen.«

Die Erkenntnisse der Forscher

Was ist das eigentlich – »Selbst-Motivation«?

Im Wort Motivation steckt das Wort »*Motiv*«. Es lässt sich aus dem lateinischen »*motivum*« oder auch »*motivus*« herleiten und schon haben wir den Zusammenhang mit »*movere*«, dem lateinischen Wort für »*bewegen*«.

So übersetzt ein populäres Lexikon schließlich Motiv auch mit »*Beweggrund*« (»*Ein Umstand, der bei einem Menschen eine bestimmte Reaktion oder ein bestimmtes Verhalten hervorruft.*« »*Motivieren*«, heißt es dort schließlich weiter, »*heißt, jemand zu etwas veranlassen*«).

Das Wort »*Motivation*« beschreibt der Duden als »*Gesamtheit der Beweggründe, Einflüsse, die eine Handlung, o.Ä. beeinflussen*«. Andere definieren

Kurzdefinition von Motivation: Die Energie, die »Ich will« und »Ich werde« mobilisiert.

Motivation vorsichtiger als *»die Bereitschaft zu einem bestimmten Verhalten und die Wahrscheinlichkeit des Auftretens«* (Bertelsmann Lexikon).

Ganz vereinfacht geht es darum, dass Motivation die Energie mobilisiert, die uns in die Lage versetzt, eigene oder fremde Pläne zu verwirklichen, oder kurz, dass wir sagen: *»Ich will«* und *»Ich werde«*.

Solange Menschen leben und handeln, müssen sie immer dem ein oder anderen Plan folgen.
Georg A. Miller, Eugene Galanter, Karl H. Pribram

Der Mensch ist ein planendes Wesen. Nichts, was er tut oder unterlässt, geschieht, ohne dass sich nicht vorher gewisse Vorstellungen, zumindest innere Bilder, über den angestrebten Zustand entwickelt haben. Viele, wahrscheinlich die meisten oder sogar fast alle dieser zukünftigen Szenarien werden uns erst gar nicht bewusst. Sehr viele dieser Prozesse spielen sich in Bereichen unseres Geistes ab, zu denen unser Bewusstsein gar keinen oder nur einen sehr eingeschränkten Zugang hat.

Wer nicht weiß, wo er hinwill, braucht sich nicht zu wundern, dass er ganz woanders ankommt.
Volksmund

Das wird oft übersehen, denn wir verwenden umgangssprachlich die Wörter *Pläne* oder *Ziel(e)* nur für sehr bewusst angestrebte Zukunftszustände. Mitunter sind es aber gerade die unbewusst verfolgten Pläne, die uns daran hindern, die bewusst ausgedachten Ziele tatsächlich zu verwirklichen.

Ein Mensch entwickelt die Idee, ein Foto vom Partner/von der Partnerin und den Kindern auf seinem Schreibtisch wäre eine schöne Möglichkeit, die Verbindung zu ihnen auch während der Arbeit aufrechtzuerhalten oder zu vertiefen. Wenn die entsprechenden Gefühle, die dieses Bild hervorgebracht haben, stark genug sind, wird er die nötige Energie entwickeln, das passende Bild auszuwählen oder zu fotografieren, es in die geeignete Größe vergrößern zu lassen, einen Bilderrahmen zu kaufen, das Bild einzurahmen und dann auf dem Schreibtisch zu platzieren. Kommt es im Verlauf dieser Geschichte zu Stress daheim, kann es sein, dass die Motivation sich abschwächt und das Vorhaben bei ersten Hindernissen (es findet sich nicht gleich ein geeignetes Foto oder vor dem Rahmengeschäft gibt es keinen Parkplatz) wieder aufgegeben wird. Die Energie war dann nicht stark genug. In einem anderen Fall kann es sein, dass sich durch die gedankliche Beschäftigung die Zuneigung verstärkt, beim gemeinsamen Auswählen des Fotos

Erinnerungen an einen besonders schönen Urlaub wieder auftauchen und die romantischen Gefühle wiederbeleben, so dass man sich sogar entschließt, den Aufwand zu betreiben, eigens von einem professionellen Fotografen ein ganz aktuelles Familienfoto machen zu lassen.

Das Vertrackte an unserer Motivation ist, dass es sich meistens nicht um so klar strukturierte Situationen handelt, sondern dass eine Menge unterschiedlichster Emotionen, Bedürfnisse, Antriebe, Motive, Beweggründe und Energien gleichzeitig und dazu noch in sich ständig veränderndem Stärkegrad miteinander um die Durchsetzung in unserem System ringt.

Von der Motivation zum Motivieren

Die Motivationsforschung sucht zu ergründen, woher die energetischen Antriebe im folgenden Prozess geliefert werden:

> **Ziele** und **Aufgaben** werden durch geeignete **Maßnahmen** und **Ressourcen** realisiert und führen zum gewünschten **Ergebnis** und damit **Erfolg**. Der Antrieb zum erfolgreichen Durchlaufen dieser Schritte kommt von der persönlichen **Energie** und einer **Fokussierung der Emotionen**, die unsere AUFMERKSAMKEIT auf das Erreichen des Zieles ausrichten. **Den Ursprung dieses emotionalen Antriebes und die Ursachen für seine Bündelung herauszufinden ist der Gegenstand der Motivationsforschung.**

Ein neuer, fundierter Ansatz: Die Psychosynergetik von Dietmar Hansch

Trotz der Bemühungen eines ganzen Jahrhunderts hat jedoch bisher nur eine Vielzahl von Erklärungsmodellen miteinander gestritten und erst jetzt, zu Beginn des 21. Jahrhunderts, zeichnet sich einerseits im *Psychosynergetik*-Modell von Hansch wirklich Neues ab. Und andererseits finden wir bei Rheinberg die Chance einer Integration unterschiedlichster Ansätze auf Basis einer wissenschaftlich fundierten Verständnisebene. Er beschreibt u.a. auch die Bedeutung der uns nicht bewusst zugänglichen Motivationsanteile und der Willensaspekte (s. S. 29 f.).

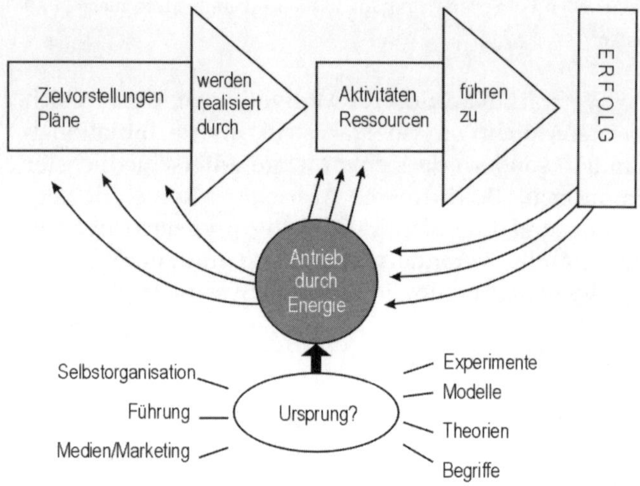

Abb. 1: Gegenstände der Motivationsforschung (A) (s. a. die Weiterführung – B – auf S. 28)

Nach den frühen, trieb- und tiefenpsychologisch orientierten Ansätzen u. a. von Freud, Adler und Jung im ersten Drittel des 20. Jahrhunderts tritt eine zusätzliche Betrachtungsweise deutlicher in Erscheinung, die bereits in frühen Ansätzen kurz nach Einführung der extremen Arbeitsteilung am Fließband in der industriellen Massenproduktion (Taylorismus) artikuliert, dann aber unter verschiedenen Etiketten im Bestreben um die so genannte »Humanisierung der Arbeit« ab ca. 1950 gründlicher erforscht wurde.

Die Falle, vom schwach motivierten Menschen auszugehen, um Motivation zu erklären.

Motivationsforschung wurde zur Erforschung von Motivations*defiziten* und zielte vielfach darauf ab, die Frage zu beantworten: Wie kann bei Mitarbeitern in Unternehmen und Organisationen Motivation erzeugt werden, wenn sie fehlt? Es läge nahe, diese Erkenntnisse nun heranzuziehen, wenn wir uns nach Möglichkeiten umsehen, die Selbstmotivation zu steigern. Doch das hieße, direkt in die Falle hineinzulaufen.

Werden z. B. Motivationsmängel in der unternehmerischen Wirklichkeit (mit den Folgen von erhöhten Krankenzahlen, Leistungsabfall, innerer Kündigung usw.) untersucht, ist es sehr wahrscheinlich, dass sich in den Köpfen der Forscher andere theoretische Erklärungsmodelle ergeben, als wenn die enorme Motivationsstärke von Extremsportlern, Bergsteigern, Unternehmern, engagierten Mitarbeitern in Unternehmen und Organisationen, Forschern, Künstlern, einfühlsamen Pädagogen oder Therapeuten (um nur ein paar Beispiele zu nennen) erforscht wird.

Sinnvoller ist es, von stark motivierten Menschen zu lernen. Nicht Motivationsschwäche sollte erforscht werden, sondern Motivationsstärke. *(»Positive Psychologie«)*

So haben sich etliche der bekannten Motivationsvorstellungen aus Forschungen (und von dort in unsere Alltagsvorstellungen über Motivation hinein) ergeben, deren Ziel es war, Mittel und Wege zu finden, *»die menschliche Schaffenskraft voll in den Dienst wirtschaftlicher Unternehmensziele zu stellen«* (McGregor). Die Betonung liegt hier wohl auf dem Wort *»voll«*.

Wie Sprenger in seinem Buch *»Mythos Motivation«* ausführt, steckt hinter all diesen Motivationsansätzen ein pessimistisches, negatives Menschenbild, das davon ausgeht, dass Menschen von sich aus nicht bereit sind, ihre volle Arbeitskraft einzubringen. Aufgabe des Managements sei es daher, für die notwendige Motivation zu sorgen, um diese Leistungslücken zu schließen. Hier reduziert sich schließlich das Motivationsproblem auf den Spannungszustand zwischen den Interessen der Arbeitgeber, die die Arbeitskraft der Arbeitnehmer möglichst intensiv nutzen wollen, und den Interessen der Arbeitnehmer, mit möglichst geringem Leistungsaufwand und *»bei kleinstmöglichem langfristigen Verschleiß der Arbeitskraft die materiellen Voraussetzungen für ihr eigentliches Leben zu schaffen, das erst außerhalb des Arbeitsbereiches beginnt«* (Holzkamp / Osterkamp).

Das System der Motivierung ist methodisiertes Misstrauen. *Reinhard K. Sprenger*

Sprenger betont daher die Unterscheidung der entsprechenden (manipulativen) Bemühungen des Managements (das so genannte *»Motivieren«*) von der eigentlichen (*»intrinsischen«*) Motivation, die sich autonom entwickelt. Wir möchten uns dieser

Unterscheidung anschließen, aber auf die gewiss brisante Problematik der instrumentellen Motivierungstheorien hier nicht weiter eingehen. Sowohl die psychotherapeutische *»Human-Growth«*- als auch die ökonomische *»Human-Relations«*- Bewegung stießen recht bald an die Grenzen möglicher Veränderungen durch die gesellschaftlichen Rahmenbedingungen und Widersprüche, die aufzuheben sie nicht in der Lage waren, aber auch (bis auf wenige Ausnahmen) gar nicht beabsichtigten. So sollen diese Konzepte hier auch gar nicht weiterverfolgt werden.

Selbstmotivation

Fokussieren wir unsere AUFMERKSAMKEIT wieder auf die Frage der Selbst- und nicht der Fremdmotivation. Untersuchen wir das Gesunde, beschäftigen wir uns mit dem, was Spaß macht, uns stärkt und zu einem sinnvollen Tun inspiriert. Beginnen wir mit Abraham Maslow, der in den 50er Jahren den seiner Ansicht nach im Menschenbild viel zu reduzierten zeitgenössischen Psychologien, die entweder auf der Freud'schen Psychoanalyse oder dem Behaviorismus fußten, ein optimistisches, sich weitendes, ganzheitliches Menschenbild entgegensetzte. Er macht gleich zu Beginn seines Hauptwerkes *»Motivation und Persönlichkeit«* klar, dass er den sich aus der therapeutischen Sicht entstandenen Modellen ein Bild des gesunden Menschen gegenüberstellen wollte (wobei er durchaus einräumt, dass dieser Status von Gesundheit möglicherweise noch sehr selten tatsächlich anzutreffen ist).

Abraham Maslow

»Man wird das menschliche Leben nie verstehen können, ohne seine höchsten Ambitionen in Rechnung zu stellen. Wachstum, Selbstverwirklichung, das Streben nach Gesundheit, nach Identität und Autonomie, das Verlangen nach Vortrefflichkeit (und andere Arten, das Streben 'aufwärts' zu formulieren) müssen jetzt ohne Frage als eine verbreitete und vielleicht universelle menschliche Tendenz akzeptiert werden.«

Nach Maslow sind die angeborenen Bedürfnisse in einer Hierarchie der Vorrangigkeit angeordnet. Sind die Bedürfnisse einer Stufe befriedigt, so haben auf der nächsten Stufe andere Bedürfnisse Vorrang *(Bedeutungswechselprinzip)*. Wenn also z. B. physiologische Bedürfnisse wie Hunger und Durst befriedigt sind, tritt auf der nächsten Stufe das Sicherheitsbedürfnis in den Vordergrund und verlangt nach Befriedigung. Darauf folgen der Reihe nach das Bedürfnis nach Zugehörigkeit und Liebe, nach Wertschätzung und schließlich nach Selbstverwirklichung. An der Spitze der Bedürfnishierarchie steht das Bedürfnis nach »*Transzendenz*« als 6. Stufe. Diese höchste Stufe soll Maslow zufolge das Bedürfnis des Menschen nach dem letzten und äußerst Erreichbaren repräsentieren, ein Bedürfnis, das über Selbstverwirklichung hinausgeht, nämlich die Suche nach einer sogar jenseits des individuellen Menschseins liegenden Identität.

Bedeutungswechselprinzip

Hierarchie der Bedürfnisse

Abb. 2: Das vereinfachte Maslow'sche Stufenmodell

Für die meisten Menschen bleibt bereits die Selbstverwirklichung nur eine Hoffnung oder ein Ziel, etwas, was sie wünschen und wonach sie streben; einige wenige jedoch scheinen diesem Ziel sehr nahe zu kommen. *(Und wie wir alle wissen, müssen immer noch viel zu viel Menschen täglich um die elementaren Bedürfnisbefriedigungen und Absicherungen der ersten Ebenen ringen.)* Maslow beschreibt die Merkmale selbstverwirklichender Menschen anhand einer Liste von 15 Charakteristika der Selbstverwirklichung.

Von der Hoffnung allein lässt es sich nicht leben – und ohne Hoffnung auch nicht.
Lothar Schmidt

Merkmale selbstverwirklichender Menschen

15 Charakteristika der Selbstverwirklichung:

1. Besseres Verhältnis zur Realität / Ungewissheit / Unsicherheit besser ertragen können als andere
2. Selbstakzeptanz und Anerkennung anderer – mit jeweils allen Eigenheiten
3. Sehr spontan (ohne extrem unkonventionell zu sein)
4. Problem- statt Ich-zentriert
5. Zeitweiliges Bedürfnis nach Zurückgezogenheit (distanzierter / objektiver Standpunkt)
6. Relative Unabhängigkeit von Umwelt / Kultur – ohne sich dadurch herausstellen zu wollen
7. Würdigung der wesentlichen Dinge des Lebens (auch der alltäglichen)
8. Mystische Erfahrungen (z. B. Ekstase, Auftun grenzenloser Weiten)
9. Ausgeprägtes soziales Interesse und Zusammengehörigkeitsgefühl mit der gesamten Menschheit
10. Tiefe befriedigende Beziehungen mit Menschen
11. Demokratische Einstellung, Achtung aller Menschen, ungeachtet von Rasse, Glauben und Einkommen
12. Klare Trennung zwischen Ziel einerseits und Weg / Mittel andererseits, Vorgang der Verfolgung ihrer Ziele als solchen genießen können
13. Sinn für Humor, ohne feindselige Tendenzen
14. Individuelle Kreativität, wirklich Neues erzeugen
15. Widerstand leisten, wenn nötig, bei Forderungen der Kultur und Umwelt

Vorsicht mit dem Bild der Pyramide!

Das Bild der Pyramide ist zunächst einleuchtend, doch wir sollten es höchst zurückhaltend tatsächlich nur als ein Bild, nicht als psychische Realität betrachten. *(Wir haben die Abbildung nur mit sehr gemischten Gefühlen übernommen. Maslow selbst hat die Zusammenhänge unseres Wissens nach nie auf diesen ganz einfachen bildhaften Nenner einer Pyramide gebracht. Es waren vor allem einige unserer Trainerkollegen, die die viel komplexeren Gedanken Maslows derartig – und nicht ganz unproblematisch – vereinfacht haben.)*

Aber zwei Aspekte dieser Metapher spielen eine entscheidende Rolle: Der Mensch strebt nach Maslows Beobachtungen erstens die Erreichung bestimmter Zustände nach einem *hierarchischen Prinzip* an (bei allen Verschachtelungen und ständigen Auf- wie Abwärtsbewegungen, die in der Dynamik des Lebendigen für immer neue Situationen sorgen).

Zweitens verliert sich die Bedeutung von bereits erreichten Werten bei einem relativ hohen Erfüllungsgrad schnell, wobei jeweils neue Werte plötzlich (und für die Betreffenden meist höchst überraschend) enorm an Bedeutung und Anziehungskraft gewinnen (*Prinzip des Bedeutungswechsels*).

Viktor E. Frankl

Etwa zeitgleich entwickelte Viktor Frankl ein psychotherapeutisches Konzept, das *das Streben des Menschen nach Sinn* in das Zentrum der AUFMERKSAMKEIT rückt. Er vollzieht damit in den 50er und 60er Jahren einen entscheidenden Schritt zur Loslösung von den letztlich doch immer wieder bedürfnisgeprägten Vorstellungen seiner Kollegen (und steht damit auch in einem gewissen Spannungsverhältnis zu Maslow, was zu einer anregenden Diskussion zwischen den beiden und zu einer jedenfalls auf der Ebene der Selbstverwirklichung möglichen Integration der beiden Ansätze geführt hat). Frankl sieht im menschlichen *Willen zum Sinn* eine *ureigene* Antriebsquelle, die unabhängig von physiologischen Bedürfnissen Handlungsimpulse auslöst (also nicht erst auf der oberen Ebene der Bedürfnishierarchie wie im Modell von Maslow).

Der Wille zum Sinn als eine ureigene Antriebsquelle

Wer Leistung in der Arbeit fordert, muss Sinn in der Arbeit bieten. *Walter Böckmann*

Walter Böckmann, ein Schüler Frankls, hat sich in seinem Buch *»Sinn-orientierte Leistungsmotivation und Mitarbeiterführung«* vor allem mit den motivatorischen Aspekten des Konzepts und der Übertragung in die Wirtschafts- und Arbeitswelt auseinander gesetzt. Seine These lautet: *»Wer Leistung in der Arbeit fordert, muss Sinn in der Arbeit bieten.«*

Sinn-Verwirklichung aber heißt letztlich, das zu tun, was einem sinnvoll, also wertvoll erscheint.

Selbstmotivation heißt, sich auf das zu konzentrieren, was Bedeutung für einen, was Wert hat, einem selbst wichtig ist.

Am Ende dieser kleinen Reise durch die Motivationsforschung kommen wir wieder am Ausgangspunkt an: Selbstmotivation heißt letztlich, sich selbst auf das zu konzentrieren, was Bedeutung für einen, was Wert hat, einem selbst wichtig ist. Dabei gilt es, daran zu denken, **dass wir nur dann unser Leben als sinnvoll empfinden, wenn wir über die Betrachtung unseres Bauchnabels und die Befriedigung der Bedürfnisse unseres physiologischen Systems hinausgelangen**, so wichtig dies zunächst immer auch erst sein mag.

Wenn wir

Drei Möglichkeiten der Sinn-Erfahrung

- in der Hingabe an eine produktive Tätigkeit,
- im Da-Sein für einen oder mehrere andere Menschen
- oder in dem Gewinn einer neuen Einstellung zu einer vorgegebenen Situation, die wir möglicherweise nicht verändern oder beeinflussen können,

Selbstmotivation = wertebasierte Selbstorganisation

über uns selbst hinauswachsen (»transzendieren«), dann erschließen wir uns den Zugang zu den eigentlichen Kraftquellen tief in uns. Es geht also um *Sinnverwirklichung,* und *Sinn* liegt dort, wo wir *Werte verwirklichen*. Werte sind persönlich als wertvoll empfundene Beziehungen zu Personen, der als wertvoll empfundene Umgang mit Dingen oder soziale wie individuelle Erlebnisse oder Empfindungen. Die Steuerung unserer AUFMERKSAMKEIT auf die Realisierung von Werten in dem persönlichen Empfinden, etwas Sinnvolles zu tun oder zu erleben, wird somit zur ersten Fokussierungsmöglichkeit, unsere eigenen Selbstmotivationsquellen zu erkennen.

Überblick: Teil I: Die Aufmerksamkeit fokussieren

Im ersten Teil des Buches werden wir weitere Linsen kennen lernen, denn zur Fokussierung unserer AUFMERKSAMKEIT benötigen wir ein regelrechtes Linsensystem, ein Objektiv. Mal werden wir unsere AUFMERKSAMKEIT wie jetzt *fokussieren*, an anderer Stelle benötigen wir eine Linse, die unsere AUFMERKSAMKEIT *ausweitet* und streut.

Fokus 1: Selbstmotivation: Zu den Quellen Ihrer Energie

Der Weg durch Teil I: Unser Objektiv zur Fokussierung Ihrer Aufmerksamkeit

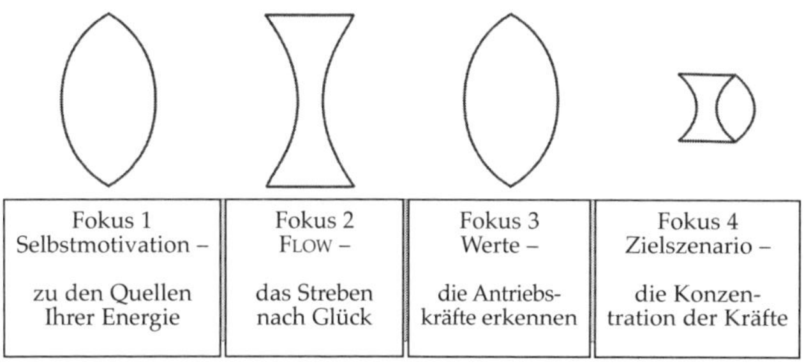

Abb. 3: Die Fokussierung der AUFMERKSAMKEIT

Die nächste Linse z. B. liefert uns ein Forscher, der sich in den letzten Jahrzehnten mit der Suche des Menschen nach Glückserfahrungen beschäftigt hat: Mihaly Csikszentmihalyi, em. Professor für Psychologie an der Universität von Chicago, jetzt Lehrstuhlinhaber an der Peter F. Drucker Graduate School of Management der Claremont Universität. Angeregt durch ihn werden wir im nächsten Kapitel den Blick weiten und uns das große Spektrum menschlicher Glückserfahrungen anschauen. Dann, im dritten Kapitel, werden wir uns mit der Konzentration auf einige wenige, besonders wichtige Werte und im anschließenden vierten Kapitel auf ihre Verwirklichung mit Hilfe eines konkreten Zielszenarios beschäftigen.

Fokus 2: FLOW – das Streben nach Glück

The Pursuit of Happiness

Fokus 3: Werte

Fokus 4: Das Zielszenario

Im zweiten Teil des Buches fokussieren wir die AUFMERKSAMKEIT auf die Verwirklichung unserer Pläne, die notwendige Verstärkung unserer Willens-

Teil II: Die Ideen verwirklichen

Energie 1: Die Willenskraft aktivieren

Energie 2: Äußere Hindernisse überwinden

Energie 3: Emotionale Blockaden auflösen

Energie 4: Den Reizen des Dringenden widerstehen

Energie 5: Den Tag meister

kraft, das Loslassen und Vertrauen und setzen uns dann mit der Überwindung innerer wie äußerer Hindernisse auseinander. Die Umsetzung all dessen, was Sie an Klarheit und Motivation gewonnen haben werden, können Sie nur im Hier und Jetzt des einzelnen Tages vollführen, der Ihnen jeweils geschenkt wird. Ganz im Sinne des Satzes von Erich Kästner: *»Es gibt nichts Gutes – außer man tut es!«*

Es zeigt sich immer deutlicher, dass diese soeben beschriebenen Antriebe uns zu einem Verhalten bewegen (= motivieren), das nicht rein bedürfnisgesteuert ist, sondern einem Bereich zuzuordnen ist, der sich aus der primären Bedürfnisebene heraus entfaltet hat, eine ganz eigene Qualität und Schubkraft entwickelt und dann auch andere Verhaltens-Prinzipien erkennen lässt als die beobachtbaren Verhaltensweisen bei der Bedürfnisbefriedigung des primären Systems.

Zwei unterschiedliche Motivationssysteme

Wir können jetzt Abbildung 1 (S. 18) ergänzen, indem wir die primären Antriebsbereiche um eine zweite, sekundäre Dimension erweitern, in der sich Motive entfalten, die unser Streben nach Sinn, Glück, Transzendenz und den im nächsten Kapitel beschriebenen FLOW-Erfahrungen umfassen (siehe Abbildung 4 S. 28).

Das primäre System sorgt für Überleben und Bedürfnisbefriedigung

Bei der genaueren Betrachtung dieses zweiten Antriebssystems durch Dietmar Hansch, der für sein Konzept die Bezeichnung *Psychosynergetik* gewählt hat, hat sich ein spannender Unterschied herausgestellt: Während es im primären Antriebssystem vor allem um das Herstellen von Zuständen oder das Erlangen von Objekten geht, die wir zu erreichen oder zu er(und be-)halten suchen, weil sie sich im Laufe der Evolutionsentwicklung als überlebenstauglich erwiesen haben und die wir durch Sollgrößen und Eckwerte physisch wie psychisch bemerken können, strebt das sekundäre System die Optimierung von Prozessen an. Im primären System können sich folglich Motivationsantriebe bei Erreichen der Sollgrößen auflösen, **im sekundären System jedoch verstärkt sich ein Antrieb, sobald das Gefühl des Gelingens uns zu einer weiteren Vollendung unseres Könnens antreibt**

Die sekundären Antriebe streben nicht nur nach Befriedigung, sondern nach Verstärkung und Optimierung (z.B. beim Erlernen einer Sprache, eines Computerprogramms, eines Musikinstruments oder einer Sportart).

Positive Psychologie

In Abgrenzung zur nach wie vor stark behavioristisch geprägten und vergangenheitsbezogenen Psychologie blickt die »Positive Psychologie«, die sich seit den neunziger Jahren des letzten Jahrhunderts auf die Untersuchung dieser Aspekte des sekundären Motiavtionssystems, konzentriert, in die Zukunft und löst sich vom schlichten Reiz-Reaktions- Schema der von dominierenden Forschern in den USA geprägten westlichen Psychologieparadigmen des 20. Jahrhunderts.

Wenn auch unser Ansatz sich aus dem Wechselspiel von praktischen Erfahrungen aus über 30 Jahren Seminartätigkeit und individuellen Beratungen einerseits und andererseits aus der Auswertung von wissenschaftlichen Forschungen, also aus Hunderten, wenn nicht Tausenden von Mosaiksteinen nach und nach entwickelt und immer mehr vervollständigt und abgerundet hat, so finden wir in den Darlegungen von Hansch (siehe Literaturverzeichnis) das fundierte Konzept, auf das wir uns gerne berufen möchten, wenn nach einer wissenschaftlichen Basis gefragt werden sollte.

> *»Die Ebene der primären, biologisch bestimmten Motivationen ist nur eine Schicht der menschlichen Persönlichkeit, der sich eine Schicht kulturell bestimmter sekundärer Motivationen überlagert. Je stärkere sekundäre Motivationen wir entwickeln, desto weitgehender vermögen wir unsere Natur zu transzendieren.«*
>
> Dietmar Hansch in »*Evolution und Lebenskunst*«

Säe einen Gedanken und du kannst eine Tat ernten;
säe eine Tat und du kannst eine Gewohnheit ernten;
säe eine Gewohnheit und du kannst Charakter ernten;
säe Charakter und du erfüllst deine Bestimmung.
Anon

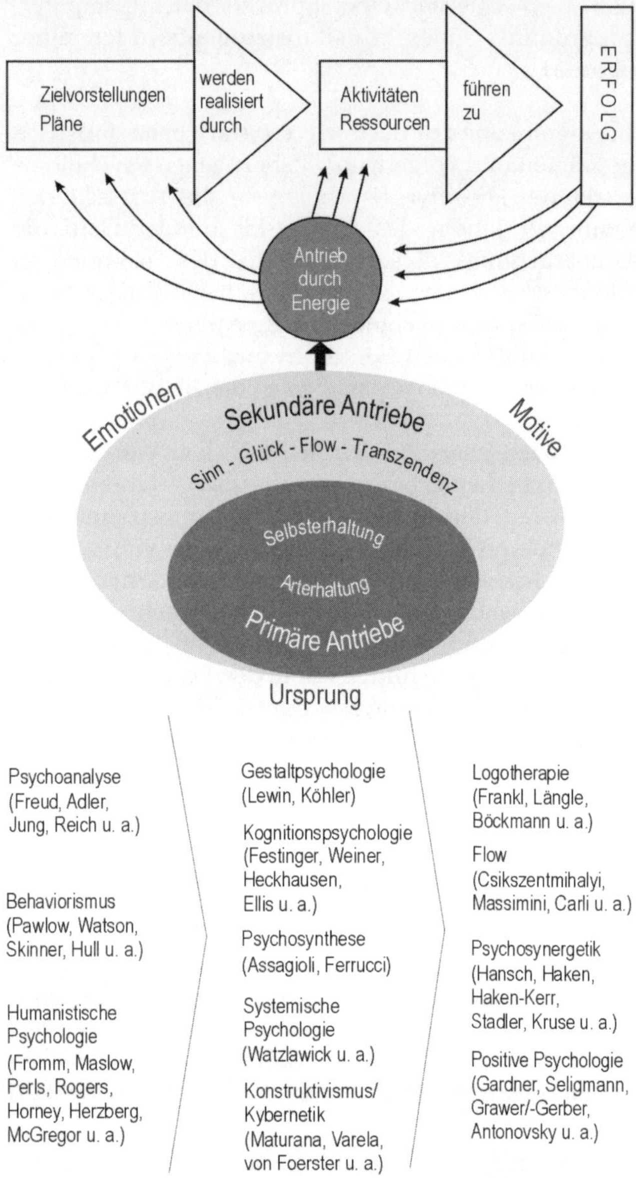

Abb. 4: Gegenstände der Motivationsforschung (B)

Eine umfassendere wissenschaftliche, aktuelle Darstellung des heutigen Standes der Motivationsforschung finden Sie bei Falko Rheinberg »Motivation«.

Neben dieser Unterscheidung in ein primäres und in ein sekundäres Antriebsystem durch die *Psychosynergetik* macht uns Falko Rheinberg, emeritierter Psychologieprofessor aus Potsdam, in seinem Buch »Motivation« auf weitere Unterscheidungsaspekte aufmerksam, die sich daraus ergeben, dass es bereits vor dem Spracherwerb des Kleinkindes zu der Ausprägung von grundlegenden *(»basalen«)* Motivationsstrukturen kommt. Sie sind individuell unterschiedlich. Es sind von der Anzahl her einige wenige, universelle, wahrscheinlich evolutionsbiologisch emergierte Bedürfnisse (wie z. B. Leistung, Macht, enger Anschluss an andere Menschen, Wettbewerb, Intimität usw.), die allerdings der jeweiligen Person in der Regel ***nicht ohne weiteres bewusst zugänglich sind***. Die aus ihnen resultierenden Verhaltenseffekte sind langfristig und setzen sich insbesondere in offenen Situationen – ausgelöst durch momentane Reize – immer wieder durch. Wir nehmen ihre Wirkung emotional wahr, indem wir uns – sehr vereinfacht ausgedrückt – gut fühlen, sobald sich diese Motive realisieren, und unwohl fühlen, wenn sie sich nicht durchsetzen lassen.

Einige sehr starke Motivationsstrukturen entwickeln sich schon vor dem Spracherwerb (basale Motive).

Die noch in den Anfängen steckende Erforschung dieser Motivationsanteile beruft sich auf Erkenntnissen bei der Interpretation von mehrfach deutbaren Bildern. Auch geleitete Fantasien/Imaginationen oder das katathyme Bilderleben (nach Leuner) liefern Hinweise auf diese tief verborgenen Motive, die nach der Systematik von Hansch eher dem primären Antriebssystem zuzuordnen sind.

Die basalen Motive *können* mit den später hinzu kommenden, sprachlich dann fassbaren Motiven übereinstimmen – müssen es aber nicht (siehe nächste Seite).

Mit und nach dem Spracherwerb bilden sich dann die sogenannten *»Motivationalen Selbstbilder« (self-attributed motives)* aus. Das sind dann die Motive und Werte, die unserer bewussten Wahrnehmung zugänglich sind, die wir kennen oder kennenlernen können. Wir können sie benennen, da sie sprachlich repräsentiert und damit über die linke, verbale Gehirnhälfte auch anderen gegenüber verständlich zu machen sind. Ihre Zahl ist im Prinzip unbegrenzt (im Unterschied zu der recht überschaubaren geringen Anzahl der basalen

Motive). Die individuellen Unterschiede sind daher auch weit erheblicher, und sie sind deutlich sozialisationsbedingt, da erlernt. Sie werden uns durch Selbstbetrachtung, durch Analyse (wie zum Beispiel bei der Arbeit mit den in diesem Buch als Anregung gelieferten Wertelisten) bewusst, ihre Verhaltenseffekte sind allerdings durchaus kurzfristig und können gegebenenfalls wieder durch Bewusstmachung reaktiviert werden (hieraus ergibt sich u.a. die Bedeutung schriftlicher oder bildhafter Zielszenarien wie ebenfalls an anderer Stelle in diesem Buch vorgeschlagen).

Unter Bezug u.a. auf D.C. McClelland betont Rheinberg die Bedeutung dieser Unterscheidung der basalen Motive zu den motivationalen Selbstbildern. Der sonst eher sehr zurückhaltend und behutsam formulierende Wissenschaftler beschreibt diese Unterscheidung als *»fast revolutionäre Annahme«*.

Die basalen Motive können aber auch in einem Spannungsverhältnis zu den bewussten Motiven stehen und diese dann hemmen oder gar blockieren

Der derzeitige Erkenntnisstand jedenfalls deutet darauf hin, *»dass diese beiden Motivationssysteme gänzlich unabhängig voneinander sind!«* (Rheinberg). Und wenn es zwei unabhängige Motivationssysteme gibt, dann besteht zumindest die Möglichkeit, dass diese nicht immer die gleichen Ziele verfolgen und möglicherweise von Zeit zu Zeit sogar sehr gegensätzliche Richtungen einschlagen können. Sind wir damit dem Geheimnis auf der Spur, warum sich manche Ziele nur mit großer Willensanstrengung oder gar nicht verwirklichen lassen?

Was bedeuten diese Forschungen praktisch? Zunächst erscheint es geradezu unheimlich: es gibt Motivationsthemen und innere Antriebe, die der rationalen persönlichen Erkenntnis verschlossen bleiben, die sich aber auf unser Verhalten auswirken und deren Wirkungseffekte allenfalls als diffuse Gefühle wahrgenommen werden können. Wir tun etwas, können aber weder uns selbst noch anderen recht erklären, warum wir es tun (oder auch warum wir bestimmte Dinge unterlassen). Darüber hinaus ist es denkbar, dass beide Motivationssysteme nicht kooperativ die gleichen Motive verfolgen, sondern sich möglicherweise sogar in einem widersprüchlichen Konkurrenzverhältnis zu einander hemmend oder gar blockierend auf das Verhalten auswirken. Umgangssprachlich (und von einem Teil der Ratgeberliteratur aufgegriffen) sind wir hier wohl auf der Spur zu unserem »*inneren Schweinehund*«.

Bei einigen der Versuchsteilnehmern stellte sich in der Tat überraschenderweise heraus, dass die aus den geleiteten Imaginationen oder Bildinterpretationen erahnbaren Motive in deutlichem Widerspruch zu den in Prozessen der Selbsterkenntnis bewusst benannten Werten und Motiven standen. Häufiger als von den Forschern angenommen, verfolgten diese Personen selbst gesteckte Ziele, ohne dass diese in Übereinstimmung mit den basalen Motiven standen. Gerade Menschen, die sich sehr bewusst um Fragen der Wahl der richtigen Ziele bemühen, unterliegen der Gefahr, sich ganz auf ihre kognitiv, rational zugänglichen Motive zu konzentrieren und sich dadurch dann das Leben schwer machen, wenn die so gewählten Ziele nicht die entsprechende basale, emotionale Fundierung haben.

Auf die eigenen Gefühle achten und Ziele nicht nur mit den kognitiv zugänglichen Werten wählen

Beispiele:

Das (verborgene) basale Motiv »Wettbewerb« – besser zu sein als andere, andere besiegen zu wollen – steht mit dem bewusst artikulierten Wert »Teamarbeit« in einem antagonistischen Widerspruch. Ein Mensch, der eine derartige Konstellation in sich trägt, wird in seinem bewussten Verhalten kooperativ, kommunikativ und fair sein. Spitzen sich aber in Stressmomenten die Dinge zu oder droht ein Projekt zu scheitern, weil auf Grund langer Diskussionen Termine platzen, wird er die Initiative an sich reißen und aktionistisch dafür sorgen, dass er nicht in eine Verlierersituation gerät. Die Bedürfnisse und Überlegungen der anderen Teammitglieder werden schlagartig unbedeutend und übergangen. Oder ein Mensch, dem basal der Anschluss zu seinen Familienmitgliedern und Freunden wichtig ist, kämpft monatelang um eine Position in einer Überseevertretung seiner Firma, da ihm auf der bewussten Ebene die Karriereentwicklung wichtig ist. Doch dann, als ihm die positive Entscheidung bekannt gegeben wird, kippt die erste Freude schon abends um, es folgt eine unruhige Nacht, lauter Bedenken kommen plötzlich auf, große innere Spannungen bauen sich auf und schließlich verzichtet er sogar auf diese Promotion. Für diejenigen, die an noch stärkere Kräfte des Unbewussten glauben, ließe sich hier möglicherweise sogar eine Erklärung dafür finden, dass sich im Extremfall diese Person eine Woche vor dem geplanten Umzug beim Freizeitsport so schwer verletzt, dass sie ins Krankenhaus muss und der Auslandsjob einem Mitbewerber überlassen wird.

Gewiss werden Ihnen augenblicklich selbst einige weitere ähnliche Beispiele einfallen. Sei es in der Beobachtung von Menschen Ihrer Umgebung, sei es bei Ihnen selbst. So lohnt es sich sehr, auch die eigene Biografie zu durchleuchten und nach Indizien für verborgene Antriebe und Absichten zu schauen.

Es macht also Sinn, einen Weg zu finden, sich auch diesen basalen Motivationsbereich soweit wie möglich zu erschließen. Die von Rheinberg und anderen Wissenschaftlern angeregten Verfahren dazu laufen letztlich immer wieder auf den Einsatz von geleiteten Imaginationen, also Vorstellungsbildern und Fantasien, hinaus, um damit die Impulse aus der nonverbalen Großhirnhälfte (und den mit ihr verbundenen Anteilen des Limbischen Systems) erschließen zu können.

3 gleitete Imaginationen zur Annäherung an die basalen Motive ab Seite 77 (eine Anleitung zur Induktion und Vorbereitung von Imaginationen finden Sie ab Seite 71)

Wir haben zwar schon in den früheren Auflagen diese Aspekte kurz einbezogen, möchten ihnen aber jetzt deutlich größere Bedeutung einräumen. Ab Seite 77 finden Sie daher gleich drei geleitete Imaginationen, mit denen Sie – wenn Sie wollen – diesen verborgeneren Seiten Ihrer Motive auf die Spur kommen können. Erwarten sie dabei allerdings nicht, dass auf Ihrem geistigen Bildschirm eine Leuchtschrift mit Werten und Motiven auftaucht. Es werden sich eher Stimmungen, Empfindungen, Gefühle bemerkbar machen. Achten Sie auf Ihre Einfälle und Assoziationen und verfolgen Sie die aufkommenden inneren Bilder ohne innere Zensur solange weiter, bis sie merken, was sie Ihnen mitteilen wollen. Es hat sich bei Seminaren und individuellen Coachings immer wieder gezeigt, dass diese Imaginationen eine exzellente Vorbereitung für den anschließenden kognitiven Klärungsprozess sind.

Vertrauen Sie auf die Weisheit Ihres eigenen Systems, das bei genügender Behutsamkeit und Achtsamkeit darauf achten wird, dass Sie zu einer Stimmigkeit beider Antriebssysteme gelangen werden.

Ab Seite 87 können Sie sich dann der Erschließung der kognitiv zugänglichen motivationalen Selbst-Bilder widmen.

Der bewusste Zugang zu Ihrem Wertesystem ab Seite 85

Selbstmotivation beginnt, wenn wir unsere AUFMERKSAMKEIT auf das Streben nach Glück, Sinn und Synergie, also das Spektrum der sekundären Antriebe fokussieren können. Es kommt also auf ein gelingendes Übereinstimmen der basalen mit den kognitiv zugänglichen Motiven an und nicht auf ein mechanisches Festlegen von erstrebenswert erscheinenden (oder möglicherweise sogar von Dritten als erstrebenswert in uns hineinprojezierten) Ziele. Im nächsten Kapitel wird uns daher die alles entscheidende Frage begegnen, die wir uns wieder und wieder stellen sollen: »*Ist es ein Weg mit Herz?*«

Beginnen wir unsere Entdeckungsreise mit einer Erkundung des *Strebens nach Glück,* einem unveräußerlichen Recht des Menschen, wie es in der amerikanischen Unabhängigkeitserklärung von 1776 heißt:

Declaration of Independence: The Pursuit of Happiness

»*The Declaration of Independence*

IN CONGRESS, July 4, 1776.

The unanimous Declaration of the thirteen united States of America

... We hold these truths to be self-evident, that all men are created equal, that they are endowed by their Creator with certain unalienable Rights, that among these are Life, Liberty and the pursuit of Happiness.«

Fokus 2: FLOW – das Streben nach Glück

»Die meisten Menschen sind so glücklich, wie sie sein wollen.«
Abraham Lincoln

Wenn *»Glück«* das ist, was die Menschen – wie schon Aristoteles beschrieb – am meisten suchen, dann werden sie wahrscheinlich dann besonders aufmerksam, wenn eine Information, eine Beschäftigung *»mehr Glück«* verspricht. Was ist es, was die Menschen da suchen, was ist Glück? Kommen wir der Anwort auf die Frage näher, was Selbstmotivation ist, wenn wir uns mit der menschlichen Suche nach Glück beschäftigen?

Aristoteles (384 - 322 v. Chr.) in *»Nikomachische Ethik«*

»Warum lieben einige Menschen ihre Arbeit, verstehen sich großartig mit ihrer Familie und genießen die Stunden, die sie in einsamer Meditation verbringen, während andere ihren Beruf scheußlich finden, sich zu Hause langweilen und Angst vorm Alleinsein haben?

Wie kann man alltägliche Routinearbeit so verwandeln, dass sie genauso aufregend wird wie ein rasanter Abfahrtslauf, so beglückend wie das Singen des Händel'schen Halleluja, so bedeutungsvoll wie die Teilnahme an einem geheiligten Ritual?

Die Studien, die ich zusammen mit anderen Wissenschaftlern durchgeführt habe, legten nahe, dass solche Veränderungen möglich waren.«

Mit diesen Sätzen beschreibt Professor Mihaly Csikszentmihalyi *(gesprochen: Tschik Sent Mihaji)* seine Neugier und seine Forschungsarbeit seit nun über 30 Jahren zum menschlichen Glück, zur Freude, zum beschwingten Einssein mit sich und der Welt, das die meisten Menschen in wenigen Momenten ihres Lebens als zufälliges Geschenk des Schicksals begreifen, andere aber in ihren Alltag integrieren, anstreben und bewusst gestalten können. Die erhebende Erfahrung,

Im Einklang mit sich und der Welt sein

Das wahre Glück, das Eigentum der Weisen, - steht fest, indes Fortunes Kugel rollt. *Christoph Martin Wieland*

über sich selbst zu verfügen, das Gelingen einer Handlung zu erleben, ein tieferes Verständnis der Zusammenhänge zu erlangen, im Einklang mit sich und der Welt zu sein und sein Schicksal in die eigene Hand nehmen zu können, bezeichnet Csikszentmihalyi als FLOW. Er grenzt damit seine Untersuchungen auch von anderen Glücksphänomenen ab: FLOW ist die Form des Glücks, auf die wir Einfluss haben im Unterschied zu anderen Glückserfahrungen, die wir nicht bewusst herbeiführen können (wie z. B. einen Lottogewinn oder die Begegnung mit dem Traumpartner).

Csikszentmihalyi: Kein Königsweg zum FLOW

»Zwar gibt es keinen Königsweg zum FLOW, auch erfordert die Einzigartigkeit jedes Menschen einen individuellen Zugang; aber wer es versteht, was FLOW ist, dem wird es möglich, das eigene Leben zu verändern. Diese Veränderungen hängen nicht so sehr von äußeren Ereignissen ab, sondern eher davon, wie wir sie deuten. – Glück ist eine Frage des Bewusstseins, ein Zustand, für den man bereit sein muss, den jeder Einzelne kultivieren und für sich verteidigen muss. Bei diesen seltenen Gelegenheiten spürt man ein Gefühl von Hochstimmung, von tiefer Freude, das lange anhält und zu einem Maßstab dafür wird, wie das Leben aussehen sollte. Menschen, die lernen, ihre inneren Erfahrungen zu gestalten, können ihre Lebensqualität bestimmen; und das kommt dem, was wir gewöhnlich Glück nennen, wohl am allernächsten.«

Glück ist eine Frage des Bewusstseins.

Carlos Castaneda

Auf bemerkenswert ähnliche Schlussfolgerungen, aber von einer völlig anderen Herangehensweise geleitet, nämlich einer bewussten Abkehr von westlicher Wissenschaft und auf der Suche nach einer anderen Art des Wissens, kommt der Ethnologe und Schriftsteller Carlos Castaneda, der sich einem indianischen Lehrer in Mexiko zugewandt hatte und mit ihm abenteuerliche Erkenntnis-Erfahrungen sammelte, die mitunter recht drastische und schmerzhafte Formen annahmen.

Nach besonders unangenehmen Konsequenzen des Genusses eines so genannten *»Teufelskrauts«* fragt Castaneda seinen Lehrer Don Juan, ob es nicht einen

Weg gäbe, derartige Schmerzen zu vermeiden. *(Hier können wir Glück also erst einmal als die absichtliche und gelingende Verhinderung von Schmerzen interpretieren).* Don Juan beantwortet Castanedas Frage mit folgenden Worten:

»... als ich über das Teufelskraut lernte, erkannte ich, dass diese Pflanze nichts für mich war, und ich bin nicht länger ihren Weg gegangen.«

»Warum hast du dich dagegen entschieden, Don Juan?«

»Das Teufelskraut hat mich jedes Mal, wenn ich versucht habe, es zu nehmen, fast umgebracht. Einmal war es so schlimm, dass ich glaubte, ich sei erledigt, und doch hätte ich all diesen Schmerz vermeiden können.«

»Wie, gibt es einen besonderen Weg, Schmerzen zu verhindern?«

»Ja, es gibt einen Weg.«

»Ist es eine Formel, eine Verhaltensweise oder was ist es?«

»Es ist eine Art, nach den Dingen zu greifen. Als ich zum Beispiel über das Teufelskraut lernte, war ich übereifrig. Ich griff nach Dingen so, wie Kinder nach Süßigkeiten greifen. Das Teufelskraut ist nur einer von Millionen Wegen. Jedes Ding ist eines von Millionen Wegen (un camino entre cantidades de caminos). *Darum musst du immer daran denken, dass ein Weg nur ein Weg ist. Wenn du fühlst, dass du ihn nicht gehen willst, musst du ihm unter gar keinen Umständen folgen. Um so viel Klarheit zu haben, ist Selbstdisziplin in deinem Leben erforderlich. Nur dann wirst du wissen, dass ein Weg nur ein Weg ist. Und dann ist es für dich oder für andere keine Schande, ihm nicht zu folgen, wenn es dein Herz dir sagt. Aber deine Entscheidung, auf dem Weg zu bleiben oder ihn zu verlassen, muss frei von Furcht oder Ehrgeiz sein. Ich warne dich: Sieh dir den Weg genau und aufmerksam an. Versuche ihn, so oft es dir notwendig erscheint. Dann stell' dir, und nur dir selbst, eine Frage. Diese Frage ist eine, die man sich nur im Alter stellt. Mein Ratgeber nannte sie mir einmal, als ich jung*

Para mi solo recorrer los caminos que tienen corazon, cualquier camino que tenga corazon. Por ahi yo recorro, y la unica prueha que vale es atravesar todo su largo. Y por ahi yo recorro mirando, mirando, sin aliento.
Don Juan

Ist es ein Weg mit Herz?

und mein Blut zu unruhig war, um sie zu verstehen. Heute verstehe ich sie. Ich will dir sagen, wie sie lautet: Ist dieser Weg ein Weg mit Herz? Alle Wege sind gleich, sie führen nirgend wohin. Es gibt Wege, die durch den Busch führen oder in den Busch. Ich kann sagen, dass ich in meinem eigenen Leben langen, langen Wegen gefolgt bin, aber ich bin nirgendwo. Heute bedeutet die Frage meines Ratgebers etwas. Ist es ein Weg mit Herz? Wenn er es ist, ist der Weg gut. Wenn er es nicht ist, ist er nutzlos. Beide Wege führen nirgend wohin, aber einer ist der des Herzens und der andere ist es nicht. Auf einem ist die Reise voller Freude, und solange du ihm folgst, bist du eins mit ihm. Der andere wird dich dein Leben verfluchen lassen. Der eine macht dich stark, der andere schwächt dich.«

Wenn alle Wege nirgend wo hinführen, ist dann alles beliebig?

Ist alles umsonst?

Wie soll ich mich dann motivieren?

Wie finde ich meinen Weg mit Herz?

Warum soll ich überhaupt den Weg des Herzens gehen?

Warum nicht einen der vielen anderen?

Möglicherweise kann uns Csikszentmihalyi eine Antwort geben. Er beginnt sein Buch *»Lebe gut!«* mit einem Zitat aus einem Gedicht von W. H. Auden:

»Wer wirklich leben will,
der fängt am besten gleich damit an.
Wer das nicht will, kann's ja bleiben lassen,
doch stirbt er dann.«

Weiter heißt es dann bei Csikszentmihalyi:

»Wir stehen vor einer einfachen Wahl: Zwischen dem Jetzt und dem unvermeidlichen Ende unserer Tage können wir entscheiden, zu leben oder zu sterben. Biologisch gesehen ist

unser Leben ein automatisch ablaufender Prozess, solange wir die notwendige Versorgung aufrechterhalten. »Leben« in dem Sinne, in dem Auden davon spricht, ist jedoch ein Vorgang, der keineswegs von selbst abläuft. In Wirklichkeit verschwört sich alles dagegen: Geben wir unserem Leben keine Richtung, so wird es von außen beherrscht werden und dem Ziel irgendwelcher fremder Interessen dienen. Biologisch programmierte Instinkte werden dafür sorgen, dass es nur reproduziert, was wir an genetischem Material mitbringen; die Kultur wird dafür sorgen, dass es zur Verbreitung ihrer Wertvorstellungen und institutionalisierten Sitten eingesetzt wird; und andere Menschen werden zur Durchsetzung ihrer Interessen und Bedürfnisse möglichst viel von unserer Energie abzweigen wollen. Und all das vollzieht sich ohne Rücksichtnahme darauf, welche Wirkung irgendeine dieser Gegebenheiten auf uns haben wird. Man kann und darf aber von niemandem erwarten, dass er uns hilft, zu leben. Wie wir leben wollen, das müssen wir selber herausfinden.«

Damit sind wir wieder bei Don Juan, der uns auffordert, Sie und nur Sie selbst müssen sich die Frage stellen:

»Ist es ein Weg mit Herz?«

> Wann schlägt Ihr Herz höher?
>
> In welchen Momenten erleben Sie besondere Freude?
>
> Was heißt es für Sie ganz persönlich, glücklich zu sein?

Nicht weiterlesen, solange Sie diese Fragen nicht beantwortet haben.

Die Antwort ist keineswegs beliebig.

Csikszentmihalyi weist auf zwei unterschiedliche Aspekte im Hinblick auf das Zustandekommen von Flow-Erfahrungen hin: Die eine Seite hängt mehr mit den äußeren Faktoren und der Frage, wie wir mit ihnen umgehen – mit unserem Verhalten also –, und der Art und Weise des psychischen Erlebens zusammen (nachfolgend unter A beschrieben). Die andere Seite ist die innere Bereitschaft und Fähigkeit, sich auf

FLOW-Erfahrungen einzulassen (nachfolgend unter B beschrieben).

A: Die zehn Aspekte der FLOW-Erfahrung

A: Die zehn Aspekte der FLOW-Erfahrung

1. FLOW-Erfahrungen treten in der Verfolgung eines selbstgesteckten Zieles auf.

Der Betreffende weiß, was er will, er hat eine klare Zielsetzung.

1. Konkretes Ziel – eine Herausforderung

Um in den FLOW-Zustand zu gelangen, benötigen wir zunächst eine Aufgabe, ein Problem, das wir lösen wollen oder müssen, eine Herausforderung, die uns packt. Ein Bergsteiger weiß, dass er auf den Gipfel will, ein Schachspieler will seinen Gegner schachmatt setzen, der Chirurg das Leben eines Menschen retten.

Vorrangiges Ziel dieser Menschen ist es nicht, glücklich zu werden. Sie haben etwas anderes, und zwar etwas genau Bestimmtes vor Augen. Das Glück stellt sich gleichsam als *Folge* der Bewältigung der Aufgabe, des Gelingens ein, als zusätzliche Belohnung.

Wir werden im weiteren Verlauf unserer Entdeckungsreise auf dieses Phänomen noch wieder zurückkommen und dann auch genauer darauf eingehen. Insbesondere werden wir sehen, wie wichtig in diesem Zusammenhang die genaue Vorstellung von dem erstrebten Ziel oder Zustand ist.

Wenn Sie sich z. B. vorstellen, eine Fremdsprache zu erlernen, reicht dieser bloße Wunsch keineswegs aus, um zu FLOW-Erfahrungen zu kommen. Wann kann man schon sagen, dass man eine fremde Sprache wirklich erlernt hat? Immer wieder wird man trotz aller Bemühungen feststellen, dass es irgendwo dann doch noch hapert, sei es die nicht perfekte Aussprache, seien es Unsicherheiten in der Grammatik oder Lücken im Wortschatz.

Es ist wichtig, genau zu wissen, wo man hinkommen möchte. Möchte ich mit meinen Spanisch-Kenntnissen einen Aufsatz oder einen Brief schreiben können, an politischen Diskussionen unter Spanisch-Muttersprachlern teilnehmen können oder reicht es mir, mich in bestimmten Situationen (Urlaub, Treffen mit spanischen Freunden usw.) veständigen zu können?

Wenn wir an dieser Stelle bereits die Bedeutung eines klaren, vorstellbaren Zieles hervorheben, so möchten wir gleich auch einen weiteren wichtigen Gesichtspunkt, auf den wir ebenfalls später im praktischen Teil zurückkommen werden, betonen:

2. FLOW-Erfahrungen setzen kontinuierliche und unmittelbare Rückmeldungen über den Erfolg voraus. Man weiß in jedem Moment, ob man auf dem richtigen Weg ist und wie gut man ist.

Ein Schachspieler bemerkt schmerzhaft, dass ihm immer mehr seiner Figuren vom Gegner weggenommen werden, wenn er schlecht spielt. Ein Bergsteiger verfolgt genau, ob er noch auf dem Weg zum Gipfel ist oder sich wieder von ihm entfernt, und ein Chirurg sieht das Ergebnis seiner Geschicklichkeit oder im negativen Fall seiner Ungeschicklichkeit unmittelbar vor sich.

2. Kontinuierliches Feedback

Um Fortschritte beim Erreichen des Zieles feststellen zu können, wird Feedback benötigt. Dies könnte beim Spanisch-Lernen z. B. darin bestehen, dass ich ohne zu zögern und zu stottern und ohne in ein Wörterbuch schauen zu müssen in einem spanischen Restaurant ein ganzes Menü bestellen und noch mit dem Kellner oder der Kellnerin flirten kann.

Das Wissen darüber, was ich erreichen will, und die Erfolgserlebnisse auf dem Weg dorthin beflügeln mich und führen dazu, dass ich mich immer stärker auf mein jeweiliges Tun konzentriere, Fehler alsbald bemerke, mich korrigieren kann und durch neues Feedback erkenne: Jetzt klappt es wieder, ich bin wieder auf dem richtigen Weg. Nur relativ selten bekommen wir dieses unmittelbare Feedback von außen. Meistens werden wir darauf angewiesen sein, es uns durch ein großes Maß von Achtsamkeit selbst zu verschaffen. Wir müssen uns also *Bewertungskriterien* über unser Tun verschaffen und ein *Bewusstsein darüber, was zielführend ist und was nicht*. Es ist also eine große Investition in das Entwickeln von Bewusstheit nötig: *»Glück«*, sagt Csikszentmihalyi, *»ist eine Frage des Bewusstseins.«*

Damit sind wir bei dem möglicherweise wichtigsten Aspekt für das Zustandekommen von FLOW-Erfahrungen angelangt:

3. FLOW kann nur dann auftreten, wenn wir die Herausforderungen – denen wir uns stellen oder die uns gestellt werden – mit Hilfe unserer Fähigkeiten bewältigen können.

3. Sich mit ausreichend entwickelten Fähigkeiten herausfordernden Aufgaben stellen

FLOW-Erfahrungen ereignen sich, wenn die Fähigkeiten den Herausforderungen entsprechen und beide Komponenten ein gewisses, persönlich als Grenze empfundenes Niveau übertreffen. Solange wir uns Herausforderungen suchen, die in einem passenden Verhältnis zu unseren Fähigkeiten stehen, und solange wir an der Weiterentwicklung unserer Fähigkeiten arbeiten, also wachsen und lernen, bleibt das Glück uns treu. Hören wir auf zu lernen, geraten wir in den Bereich der Überforderung und damit der Frustration, suchen wir uns keine neuen, größeren Herausforderungen mehr, wird unser Leben langweilig.

FLOW – ein schmaler Pfad zwischen Langeweile einerseits und Überforderung andererseits

Es ist also ein relativ schmaler Zwischenbereich – der »FLOW-Kanal« –, in dem sich das ereignet, was wir Glück nennen: Er bewegt sich – und individuell höchst unterschiedlich beschaffen – zwischen dem Feld der Frustration einerseits, in das wir hineingeraten durch zu hoch gesteckte Erwartungen und Ziele, und dem großen Feld von Routine und Langeweile andererseits, in dem wir landen, wenn unsere Fähigkeiten nicht ausreichend gefordert werden.

Um diesen FLOW-Kanal zu treffen, ist es wichtig, dass wir die vor uns liegenden Aufgaben mit der richtigen Einstellung betrachten. Was nur wenige wissen, ist die

Tatsache, dass unser Gehirn eine Situation, mit der wir konfrontiert sind, nicht einfach nur wahrnimmt, sondern aktiv herstellt, was bedeutet, dass wir die Art, wie wir ein Problem oder eine Aufgabe angehen, selbst bestimmen können. Im Prinzip könnten wir jede Aktivität zu einem FLOW-Erlebnis werden lassen, wenn wir sie auf die richtige Art betrachten.

Jede Tätigkeit, gleich welcher Art, trägt in sich das Potential für eine FLOW-Erfahrung.

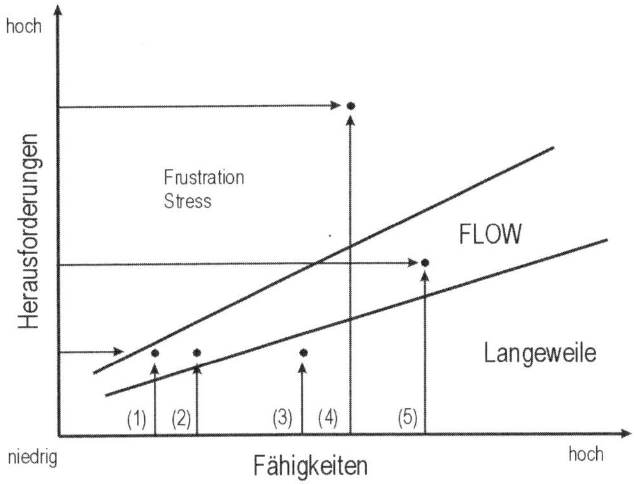

1. *Die Fähigkeiten entsprechen der Herausforderung*
2. *Bei wiederholter Bewältigung der gleichen Herausforderung: FLOW und Zunahme der Fähigkeiten: Lernen*
3. *Bei der Bewältigung der gleichen Herausforderung stellt sich nun Routine ein, da die Fähigkeiten zugenommen haben: Langeweile als Folge der* ***Unterforderung***
4. *Nun wird, ermuntert durch die vergangenen FLOW-Erfahrungen, eine wesentlich größere Herausforderung gesucht, die im Beispielsfall die Fähigkeiten übersteigt: Fehlschlag, Stress und Frust durch* ***Überforderung***
5. *Eine neue, angemessene Herausforderung wird gesucht: erneut FLOW*

Abb. 5: Der FLOW-Kanal

Wenn wir eine beliebige Tätigkeit zunächst einmal als Chance begreifen, eine FLOW-Erfahrung machen zu können (wir sind ja frei, uns dann auch wieder zu entscheiden, nein, diesmal nicht), sehen wir die Welt mit anderen Augen, mit einer ganz anderen Einstellung, als wenn wir überall die Probleme und Schwierigkeiten als Hindernisse sehen, die stören.

Es ist also wichtig, z. B. genau die richtige Lernstufe auszuwählen, wenn Sie sich für einen Sprachkurs einschreiben wollen. Die AUFMERKSAMKEIT muss auf die Bewältigung einer ganz spezifischen Herausforderung gerichtet sein, nicht nur einfach auf einen »Spanisch-Kurs«.

Es kommt im Hinblick auf die Chance, eine FLOW-Erfahrung zu machen, nicht so sehr darauf an, *was* man macht, sondern darauf, *wie* man etwas macht.

Nehmen wir ein praktisches Beispiel. Stellen Sie sich vor, Sie haben einen längeren Auslandsaufenthalt in einem spanischsprachigen Land verbracht und dort angefangen, die Sprache zu erlernen. Sie haben gelernt, im Restaurant Frühstück oder Mittagessen zu bestellen, nach Busverbindungen zu fragen, und Sie konnten sich nach ein paar Wochen auch ein wenig über allgemeine Themen wie das Wetter unterhalten. Sie haben aber noch keine Ahnung von der Grammatik. Wenn Sie nun zuhause einen Spanisch-Kurs beginnen, um die Sprache endlich einmal grammatikalisch richtig zu erlernen, dann werden Sie sich in den ersten Stunden sicherlich langweilen, wenn nur einfache Sätze und Vokabeln gelernt werden, die Sie alle schon kennen. In einer solchen Situation wird sich kein FLOW-Erlebnis einstellen, und Sie verlieren schnell die Lust am Spanisch-Lernen. Ebenso wenig werden Sie FLOW erleben, wenn Sie in einem Konversationskurs mit lauter Teilnehmern sitzen, die über Zeitungsartikel diskutieren, die Sie noch nicht einmal verstanden haben, denn dann wären Sie überfordert. Ein Sprachkurs macht dann Spaß, wenn Sie von Stunde zu Stunde Fortschritte erzielen, der Schwierigkeitsgrad allmählich immer stärker ansteigt und Sie sich Ihrer Kompetenzen durch praktische Übungen, Zwischenprüfungen und selbständige eigene aktive Sprech- und Schreiberfahrungen bewusst werden.

FLOW kann sich nur auf einem bestimmten, unseren Fähigkeiten entsprechenden Schwierigkeitsgrad einstellen, und zwar dann, wenn wir zur Lösung eines Problems *alle unsere Fähigkeiten benötigen und uns ein wenig mehr anstrengen und über uns hinauswachsen müssen*. FLOW stellt sich dann ein, wenn wir unsere jeweilige persönliche Grenze überschreiten, uns auf die Auseinandersetzung mit Schwierigkeiten einlassen oder ein gewisses Risiko eingehen. Das macht deutlich, warum es gar nicht so einfach ist, bei der alltäglichen Arbeit Flow-Erfahrungen zu machen. Schon die beiden ersten Voraussetzungen, klare Ziele und unmittelbares Feedback, sind nicht gerade die Regel. Darüber hinaus sind viele Struktur- und Organisationselemente in den Unternehmen darauf abgestellt, Fehler zu vermeiden und Mitarbeiter dazu zu bewegen, dass sie ihre Sache perfekt machen, mit der möglichen Konsequenz, dass es an Herausforderungen fehlt.

Ausgehend von einem einmal erreichten Schnittpunkt von Fähigkeiten und Herausforderungen suchen sich auch viele Menschen selbst (um Risiken zu vermeiden) mit Absicht Aufgaben, die sie mit ihren Fähigkeiten leicht bewältigen können. Anfangs werden sie in dieser Phase zuerst möglichst viel Steuerung und Kontrolle in ihr Leben bringen (s. nächste Abbildung).

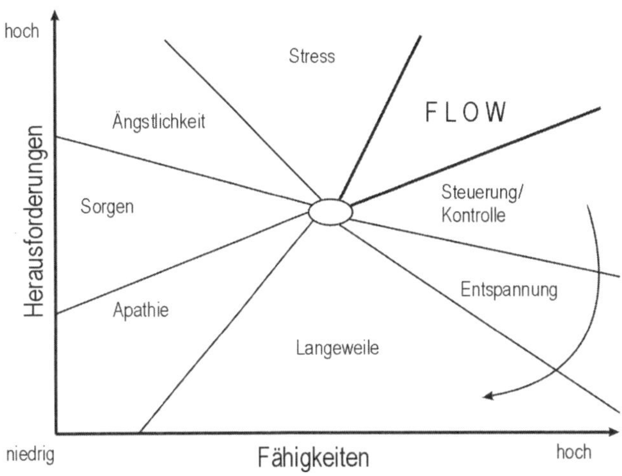

Die Schattenseiten von zu viel Sicherheit: Langeweile und Apathie

Abb. 6: Emotionale Zustände außerhalb des Flow-Kanals und die Dynamik beim Verzicht auf Flow-Erfahrungen (nach Csikszentmihalyi – unter Hinweis auf Massimini und Carli)

Das erreichte Gefühl größerer Sicherheit hat aber einen hohen Preis. Die glücklichen Momente von Flow-Erfahrungen sind in diesem Bereich nicht mehr möglich. Wenn der Verzicht auf das Bewältigen von *Heraus*forderungen dann zu einer Grundhaltung, zu einem Dauerzustand des Erfüllens von bloßen *An*forderungen wird, erfolgt ein Abrutschen in das fatale Feld der Langeweile, und von dort ist es nicht mehr weit zum Zustand der Apathie, der Depression. Die beiden Felder unterhalb des FLOW-Kanals in der obigen Abbildung 6 haben zwar sowohl für den einzelnen Menschen wie für das Unternehmen ihre positiven Aspekte: Der Mensch fühlt sich sicher und wohl, das Unternehmen riskiert keine Fehler. Doch auch hier gilt die uralte Erkenntnis des griechischen Philosophen Heraklit: *Alles fließt.* Es gibt kein stabiles Verharren in diesem Zustand. Nach und nach setzt sich immer stärker eine weitere Bewegung zu immer größerer Sicherheit durch. Durch das immer bessere Bewältigen der Aufgaben werden (bei gleichbleibendem Herausforderungs-Niveau) die Fähigkeiten in diesem Bereich ständig gesteigert. Schließlich ist keine hohe Konzentration mehr nötig, wir sind innerlich nicht mehr recht beteiligt und verlieren das Gefühl, dass unser Tun von Bedeutung ist. Dort erst einmal angekommen ist es dann ein weiter Weg wieder hin zu FLOW-Erfahrungen. Kein Wunder, dass sich immer mehr Menschen schließlich Anregungen und FLOW-Erfahrungen in der Freizeit suchen.

Panta rei – »alles fließt« *Heraklit*

Aber damit es keine Missverständnisse gibt: Wir sprechen hier von Anzeichen eines Trends. Das ist noch nicht der herrschende Normalfall. Wie die Untersuchungen von Csikszentmihalyi und seinen Kollegen in aller Welt gezeigt haben, bezieht eine Mehrheit der Menschen nach wie vor die meisten Glückserfahrungen durchaus in ihrer Arbeits- und nicht in ihrer Freizeit. Auch wenn wir alle von dem freien Wochenende und den schönen Urlaubswochen träumen (Zeitweiliges Nichtstun kann gut tun und ist für viele notwendig, um sich zu regenerieren und neue Kräfte zu schöpfen): Glücklich allerdings werden wir eher in der Folge aktiven Tuns, in der Bewältigung von Herausforderungen, bei der Zunahme von Kompetenz, bei der Ausweitung unserer Grenzen. Eine gute Arbeitsorganisation, gute Führung sollte immer darauf achten, dass es neben den Bereichen, in denen es tatsächlich auf eine Null-Fehler Praxis ankommt,

Die meisten Menschen erleben während der Arbeit häufiger Glückserfahrungen als in ihrer Freizeit.

immer für jeden Mitarbeiter auch *zusätzliche* Aufgabenbereiche gibt, in denen er Risiken eingehen kann, Herausforderungen annehmen und sein persönliches Wachstum erleben kann.

Der folgende vierte Aspekt steht hiermit in einem ganz engen Zusammenhang.

4. Bei dem Zustandekommen von FLOW-Erfahrungen herrscht das Gefühl vor, dass zumindest prinzipiell der Erfolg in der eigenen Hand liegt, Steuerung und Kontrolle also möglich sind. Der aktuelle Ausgang ist allerdings häufig offen.

Zur Erlangung des FLOW-Zustands brauchen wir die innere Gewissheit, dass wir die Situation zumindest in gewisser Weise beeinflussen können, dass wir das Vorangehen steuern können oder das Erzielen von Ergebnissen unter Kontrolle haben. Beim Voranschreiten im Lern-Prozess werden wir immer besser bei dem, was wir tun. Viele Fehler, die wir am Anfang gemacht haben, können uns jetzt nicht mehr unterlaufen. Das bedeutet, dass wir wissen, welche Schritte wir als Nächstes unternehmen müssen. Andererseits dürfen wir aber auch noch nicht so weit sein, dass unsere Fähigkeiten so weit entwickelt sind, dass das Risiko des Misslingens 100-prozentig ausgeschlossen ist. Ein Schachspiel mit einem unterlegenen Gegner, das nach zehn Minuten zu Ende ist, löst keine FLOW-Erfahrung aus. Die Herausforderung muss genau im Grenzbereich unserer Möglichkeiten liegen.

4. Die Aufgabe erscheint grundsätzlich lösbar – aber der Ausgang ist offen.

So weit zu den *Voraussetzungen* der FLOW-Erfahrungen. Betrachten wir nun *Begleiterscheinungen, Folgen* und *tiefere Bedeutung* dieser besonderen Art menschlicher Glücksempfindung:

5. Hohe Konzentration führt dazu, dass die AUFMERKSAMKEIT auf ein begrenztes Feld von Reizen, von Informationsimpulsen, von Stimuli gerichtet ist. Andere Probleme und Sorgen des Alltags werden ausgeblendet.

5. Hohe Konzentration

Ausblendung von Alltagssorgen

Bei einer FLOW-Erfahrung führt die erforderliche oder eingesetzte intensive Konzentration auf das Wesentliche dazu, dass wir Hunger, Durst oder andere Missempfindungen einfach ignorieren oder gar nicht wahrnehmen, solange wir uns im Prozess befinden. Reize, die nicht unmittelbar mit der Bewältigung der Aufgabe zu tun haben, werden vom Bewusstsein nicht wahrgenommen.

Nehmen wir als Beispiel das Schach-Spiel. Solange wir uns auf unsere Figuren konzentrieren oder überlegen, welche Züge unser Gegenspieler als Nächstes plant, vergessen wir sehr leicht, dass wir schon seit drei Stunden über das Brett gebeugt dasitzen und eigentlich schon von Anfang an ein wenig Hunger hatten ...

6. Die Grenzen des eigenen Ichs scheinen zu verschwinden, Bewusstsein und Handlung verschmelzen, es kommt zu Momenten der Selbstvergessenheit.

6. Selbstvergessenheit

Jetzt entsteht das Gefühl der Leichtigkeit, des Fließens, des Schwebens. Man geht in dem auf, mit dem man sich beschäftigt, und das eigene Ego verliert seine Bedeutungsschwere. (Und diese »*Beschäftigung*« muss nicht unbedingt ein aktives Tun sein, es kann auch im passiven, aber höchst achtsamen Zuhören einer musikalischen Aufführung, dem Verfolgen eines Theaterstücks oder im Lesen eines gehaltvollen Buches bestehen.)

7. Das Zeitgefühl ist verändert oder geht ganz verloren.

7. Verändertes Zeitgefühl

Manchmal scheint die Zeit völlig stillzustehen, mal ziehen sich die Momente unendlich in die Länge und mal vergeht die Zeit »wie im Flug«.

(Es sieht ganz danach aus, dass in diesen Momenten die Dominanz der verbalen Großhirnhemisphäre, die auch unser chronologisch, lineares Zeitverständnis erarbeitet, zumindest zeitweilig aufgegeben wird zugunsten einer stärkeren Aktivierung der gegenüberliegenden, nonverbalen Großhirnhälfte.)

8. Die Erfahrung wird autotelisch – zum Selbstzweck
(auto: selbst, telos: das Ziel).

Der erstrebte Erfolg ist das Gelingen der Handlung – die Verwirklichung eines selbst gesetzten Ziels. (Bei den oben genannten eher passiven Beschäftigungen kann es das tiefere Verständnis, das Erkennen der Idee des Künstlers oder das Eindringen in die Komplexität der Zusammenhänge sein).

8. Das Gelingen der Handlung ist wichtiger als das Spekulieren auf äußere Belohnungen.

Hoffnungen und Spekulationen auf äußere Belohnung oder Anerkennung sind von minderer Bedeutung (was nicht heißt: bedeutungslos). FLOW-Erfahrungen können sich dann einstellen, wenn die Motivation für eine Tätigkeit aus uns selbst kommt, und nicht, wenn allein die Aussicht auf Belohnungen (z. B. in Form einer Prämie oder Beförderung) die Beschäftigung in Gang setzt oder uns die zu erreichenden Ziele von anderen vorgegeben werden und wir uns nicht mit ihnen identifizieren können.

Wie leicht fällt es uns, eine Sache zu üben, die uns Spaß bereitet. Wenn wir z. B. auf unserem Musikinstrument improvisieren, dann sind wir unserem Ziel, später einmal mit anderen Musikern in einer Gruppe zusammenzuspielen, ein Stück näher gekommen und das Üben selbst hat außerdem noch Spaß gemacht.

Es ist für das Erleben des FLOWS wichtig, dass die Aktivität als solche Freude macht, nicht, ob an ihrem Ende die Belohnung von außen steht. Natürlich kann es auch befriedigend und beglückend sein, für eine Leistung belohnt zu werden, sei es durch anerkennende Worte des Chefs oder durch eine Gehaltserhöhung. Aber seien wir einmal ehrlich: Hat das am Ende möglicherweise auf uns wartende Lob den Prozess an sich leichter oder angenehmer gemacht und uns den langen Weg zu diesem Ziel versüßt oder gar zu einem FLOW-Erlebnis geführt?

Von der extrinsischen zur intrinsischen Motivation

So kann es durchaus sein, dass wir am Anfang einer Aufgabe unwillig gegenüberstehen und nach einer Weile richtig begeistert davon sind. Doch damit aus unserer Arbeit eine FLOW-Erfahrung werden kann, muss die Motivation für die Anstrengung aus uns selbst kommen.

9. Als Lohn der bestandenen Herausforderung erwächst ein Zugewinn an Komplexität der Persönlichkeit.

Komplexität (nicht zu verwechseln mit Kompliziertheit) ist die gleichzeitige und sich ergänzende Zunahme von

Größere Kompetenz durch mehr Komplexität: das feine Wechselspiel zwischen Informationsaufnahme und innerem Verständnis

- **Differenzierung** (Zunahme von Wissen, Individualisierung, Spezialisierung)

und

- **Integration** (Verstehen der Zusammenhänge und Wechselwirkungen sowie Vernetzung der durch Differenzierung hinzugewonnenen Elemente mit dem Ganzen, Verbindung zu anderen Menschen, Institutionen und Gedanken).

Csikszentmihalyi sieht in dem Zuwachs an Komplexität die gelungene Zusammenfügung zweier an sich gegensätzlicher Tendenzen und Kraftrichtungen.

Der Gefahr der Egozentrik begegnen, aber auch nicht in Konformität untergehen

»Differenzierung bedeutet eine Bewegung auf Einzigartigkeit hin, auf die Absonderung des Selbst von anderen. Integration bedeutet das Gegenteil: Verbindung mit anderen Menschen, mit Gedanken und Gebilden jenseits des Selbst. Ein komplexes Selbst ist eines, dem es gelingt, diese beiden Tendenzen miteinander zu verbinden ... Ein Selbst, das nur differenziert ist – nicht integriert –, kann große individuelle Leistungen erbringen, riskiert aber, sich in Egozentrik zu verfangen.

Ein Mensch, dessen Selbst ausschließlich auf Integration beruht, lebt verbunden und sicher, doch fehlt es ihm an eigenständiger Individualität. Erst wenn man psychische Energie in beide Prozesse leitet und sowohl Eigensucht wie Konformität vermeidet, wird das Selbst der Komplexität gerecht werden.«

Es ist eine recht gefährliche Tendenz, zu meinen, alle Prozesse beschleunigen zu müssen (und zu können). Auf der Seite der Zunahme und der Weitervermittlung von Wissen, der Differenzierung also, ist das gerade in den letzten drei Jahrzehnten mit einer enormen Geschwindigkeit geschehen. Hier konnten uns Technik und Erfindergeist zu immer dramatischeren Beschleunigungszunahmen vorantreiben.

Ich verachte nicht das Wissen . . . (aber was wir machen müssen) ist zu lernen, wie zu lernen, unseren Appetit auf Erkenntnis zu wetzen, damit wir Freude haben können, eine Arbeit zu tun, die Erregung der Kreativität zu erspüren, zu lernen zu lieben, was wir gerade dabei sind zu tun, und das finden, was wir gerne tun würden.
Albert Szent-Györgyi

Aber die Technik hilft uns nicht weiter, wenn es um die internen Vorgänge der Integration, der Vernetzung der Gedanken, der Informationen, das Verständnis von Zusammenhängen und das Etablieren oder Verändern von Strukturen im Ablauf unserer Informationsverarbeitungsprozesse in den Gehirnen geht. Hier kommt es durch die einseitige Zunahme von Wissen ohne tieferes Verständnis nicht zu größerer Komplexität, sondern zu größerer *Kompliziertheit,* zu einer Vergrößerung der »psychischen Entropie« (wie Csikszentmihalyi das nennen würde) oder schlicht zu einem immer stärker werdenden geistig-seelischem Durcheinander, zu dem genauen Gegenteil des erwünschten Glückszustandes.

Mit unserem Kollegen Lothar Seiwert – der eine durch seine Bücher anschaulich dokumentierte Entwicklung vom Zeit-Management-Trainer zum Lebenskunst-Berater vollzogen hat, können wir gemeinsam nur dringendst eine *Entschleunigung,* die »*Entdeckung der Langsamkeit*« fordern, wenn wir uns selbst, die anderen und die Vorgänge in dieser Welt wieder besser verstehen wollen.

10. Der Zugewinn an Komplexität führt zu einem Wachstum des Selbst.

10. Wachstum der Persönlichkeit: größere Kompetenz, stärkere Flexibilität, innerer Frieden

Der (emotional als unangenehmes Druck- und Spannungsgefühl empfundenen) psychischen Entropie (»inneres Durcheinander«) wird durch das Gelingen der Handlung, mit dem Durchbruch zu einem selbst gesteckten Ziel ein Feld von Struktur, ein Bereich von Ordnung abgerungen.

Der Abbau der Spannung und die tiefe Freude und Gelassenheit anschließend wird dann als ein fließendes, befreiendes, schwebendes Gefühl von Leichtigkeit, als Hochgefühl von Freude und Glück beschrieben. Wir empfinden Harmonie – oder wie Hansch es nennen würde – Synergie. Körper und Geist befinden sich im Einklang mit sich und der Welt – im FLOW.

FLOW-Aktivitäten benötigen weniger mentale Energie als negative Zustände wie Angst oder Langeweile und sie gehören zur Natur des Menschen.

Durch seine Forschungen ist Csikszentmihalyi zu der Ansicht gelangt, dass Menschen, die den FLOW-Zustand erreichen, weniger mentale Energie benötigen als solche Menschen, die um die Konzentration kämpfen, weil sie gelangweilt oder ängstlich sind. Er hält den FLOW-Zustand für etwas, das zur Natur des Menschen gehört wie das Gehirn, das Informationen bearbeitet. Für ihn ist der Spaß am Lernen genauso natürlich wie die Lust an der Sexualität, und beides unterstützt die evolutionären Ziele des Menschen, also die Erhaltung seiner Art.

Spiele, künstlerische Tätigkeiten, sinngerichtete Arbeit und religiöse Rituale sind gute Beispiele für solche FLOW-Aktivitäten. Praktisch jede Aktivität kann eine optimale Erfahrung oder FLOW erzeugen, solange sie die oben genannten Kriterien erfüllt.

So weit die eine Seite der Medaille: die zehn Aspekte der äußeren Faktoren und der Frage, wie wir mit ihnen und mit der Art und Weise des psychischen Erlebens umgehen.

Kommen wir nun zur anderen Seite, der *inneren Bereitschaft und Fähigkeit*, sich auf FLOW-Erfahrungen einzulassen.

B. Die innere Bereitschaft zu FLOW-Erfahrungen

B: Die innere Bereitschaft zu FLOW-Erfahrungen

Die zweite Reihe von Bedingungen ist innerer Art. Manche Menschen haben ein unnachahmliches Geschick dafür, ihre Fähigkeiten an die äußerlich gegebenen Möglichkeiten anzupassen. Sie setzen sich erreichbare Ziele, auch wenn es den Anschein hat, dass es gar nichts für sie zu tun gibt. Sie können Rückmeldungen herauslesen, wo andere nichts wahrnehmen. Sie können sich leicht konzentrieren und lassen sich kaum ablenken.

Weil sie keine Angst haben, sich selbst zu verlieren, können sie sich mühelos selbst vergessen. Personen, die gelernt haben, ihr Bewusstsein auf diese Weise zu handhaben, haben eine »FLOW-Persönlichkeit«. Sie müssen nicht spielen, um FLOW zu erleben. Sie können selbst dann glücklich sein, wenn sie am Fließband stehen oder in Einzelhaft sitzen. Wir möchten an dieser Stelle den Wissenschaftlern nicht vorgreifen, die sich intensiv damit auseinander setzen, inwieweit es hier möglicherweise genetische Aspekte, Umweltbedingungen familiärer Art und andererseits davon unabhängige Entwicklungs- und Lernmöglichkeiten gibt. All das bedarf weiterer Forschungen.

Zumindest Betrand Russell, einer der größten Philosophen des 20. Jahrhunderts, hat seinen Weg zum persönlichen Glück als einen Lernprozess beschrieben: *»Ich lernte allmählich, gleichgültig gegenüber mir selbst und meinen Mängeln zu werden. Ich konzentrierte meine AUFMERKSAMKEIT immer mehr auf äußere Objekte: den Zustand der Welt, die verschiedenen Wissenszweige, Individuen, denen gegenüber ich Zuneigung empfand.«*

Csikszentmihalyi ist jedenfalls überzeugt, die Fähigkeit zum Glück ist eine Fähigkeit, *»die sich zur Kultivierung anbietet, eine Fähigkeit, die man durch Training und Disziplin perfektionieren kann.«*

Und bei Castaneda, wir erinnern uns, hieß es: *»Um so viel Klarheit zu haben, ist Selbstdisziplin in deinem Leben erforderlich.«* Und schon die alten Römer haben mit dem Satz *»per aspera ad astra«* darauf hingewiesen, dass der Weg zu den Sternen mit Anstrengungen und Mühen gepflastert ist.

Don Juan: Um so viel Klarheit zu haben, ist Selbstdisziplin in deinem Leben erforderlich.
Carlos Castaneda

Wenn wir nach alledem nun einsehen, dass wir in unser künftiges Glück investieren müssen, dass es nicht einfach vom Himmel fällt, sondern uns immer wieder neu als Resultat diverser Anstrengungen belohnt, dass das Ankurbeln von Selbstmotivation also ein Prozess ist, dem wir unsere ganze AUFMERKSAMKEIT schenken sollten, dann sollten wir uns auch darüber Gedanken machen, mit genau *welchen* Erfahrungen wir uns FLOW-Erlebnisse verschaffen wollen.

Vom einzelnen »Kick« zur Entdeckung des Lebensthemas

In *»FLOW – Das Geheimnis des Glücks«* hat Csikszentmihalyi Menschen beschrieben, die ein relativ glückliches und zufriedenes Leben führten, weil sie so viel FLOW wie möglich in ihre Arbeit und ihre Beziehungen brachten. Er hat jedoch auch auf die Tatsache hingewiesen, dass es schwierig ist, ein glückliches Leben durch eine bloße Aneinanderreihung von FLOW-Erlebnissen aufzubauen.

In diesem Falle ist das Ganze eindeutig mehr als die Summe seiner Teile. Ein Künstler malt vielleicht jahrzehntelang und genießt jede Minuten davon, verfällt aber im mittleren Alter (in einer Phase, als sich seine Ideen wiederholen und er auf die nächsten kreativen Impulse länger warten muss, als seine Geduld reicht) in Depressionen und Hoffnungslosigkeit. Ein Tennisprofi, der lange Zeit völlig in seinem Beruf aufgegangen ist, kann trotzdem als enttäuschter und verbitterter Mensch enden, wenn es ihm nach dem Ende seiner Sportlerkarriere nicht gelingt, einen anderen FLOW-Kanal in einem neuen Lebensbereich zu entdecken und erneut zu lernen und zu trainieren.

Ein Wertesystem, das dem Leben Sinn und Richtung gibt

Der Glaube an ein Wertesystem, das dem persönlichen Leben Sinn und Richtung gibt, macht es leichter, die Gesamtheit des Lebens in ein harmonisches FLOW-Erlebnis zu wandeln. FLOW wird erst dann zu einem Konzept für die Lebensführung, wenn es mit der Antwort auf die Frage verknüpft wird, was für den einzelnen Menschen Sinn macht.

Der Schlüssel zu lebenslangen Glückserfahrungen liegt darin, FLOW nicht nur als intensive Reizerfahrung zu verfolgen, sondern sich sehr genau anzuschauen, in welchem Bereich Ihres Lebens möchten Sie FLOW-Erfahrungen machen? Gelingt es, FLOW-Erfahrungen dort zu erleben, wo es gleichzeitig um die Verwirklichung von Werten, von persönlich erstrebenswerten Idealen geht, ist die Chance, dauerhaft immer wieder Flow zu erleben, bedeutend größer, als wenn man jeweils nur auf den nächsten »Kick« aus ist.

Ein jeder gibt den Wert sich selbst.
Friedrich Schiller

Eine Übertragung des Konzeptes auf den beruflichen Bereich, zumal der Einsatz dieser Überlegungen im Rahmen der Führung, muss es z. B. Führungskräften wie Mitarbeitern ermöglichen, das Sinnhafte ihrer Tätigkeit im Zusammenhang mit den Grundsätzen und Zielsetzungen des Unternehmens zu erkennen und zu definieren. Das heißt, dass sie sich fragen müssen, was wirklich wichtig, wesentlich für sie ist. Und sie sollten sich Klarheit darüber verschaffen, wo es Übereinstimmungen der Zielsetzungen des Unternehmens mit den eigenen Zielsetzungen gibt und wo es zu Konflikten oder Spannungen kommen kann.

Mit diesen Werte- und Sinnaspekten, auf deren Bedeutung besonders Viktor Frankl und Walter Böckmann hingewiesen haben, werden wir uns daher im nächsten Kapitel weiter beschäftigen.

Flow-Erfahrungen werden uns nicht geschenkt. Oft geht der Erweiterung unserer Fähigkeiten eine längere Phase der Frustration voraus. Für das Erreichen von selbst gesteckten Wachstumszielen muss man Neues lernen.

Wie man in der nächsten Abbildung sieht, wächst das Verständnis nur ganz zu Beginn kontinuierlich mit dem gelernten Material. Nach einer gewissen, meist schon recht kurzen Zeitspanne kommt man an einen Punkt, bei dem der Fortschritt stagniert. Diese Phase ist als »Plateau-Phase« bekannt. Sie ist mit Selbstmotivationsverlust verbunden, da der Betreffende keinen Fortschritt sieht, sich sogar zu dumm für diese Aufgabe fühlt, Zweifel und Angst vorherrschen. Wenn man aber in dieser Phase nicht aufgibt, sondern weitermacht, möglicherweise sogar seine Anstrengungen erhöht, wird das vorher Unverständliche plötzlich klar und die Selbstzweifel lösen sich auf. Wachstum

Der gemeinsame Nenner aller erfolgreichen Menschen ist die Ausdauer.
Napoleon Hill

bedeutet Lernen, und da unser Gehirn mit diesen Plateau-Sprüngen arbeitet, bedeutet Wachstum, sich auf ein Wechselspiel zwischen längeren Frustrationsphasen und kurzen Erfolgserlebnissen einzulassen.

Unser Gehirn benötigt Zeit, um neue Verknüpfungen zu etablieren. Wenn Sie in eine solche Situation kommen, in der Sie nicht (mehr) aufnahmefähig sind, sollten Sie nicht aufgeben, sondern weiter dranbleiben und angemessene (kleine und größere) Pausen einlegen.

Lernen, ja jedes menschliche Wachstum, das Erreichen von Zielen geschieht über längere *Plateau-Phasen,* in denen es zu Stagnation und Frustration kommt.

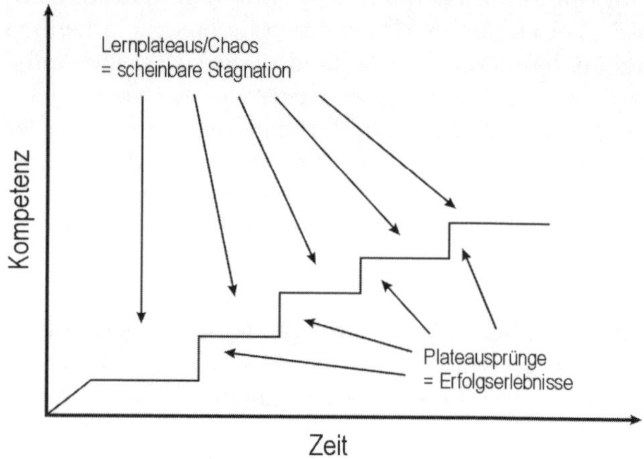

Abb. 7: Plateau – Ebenen beim Lernen

Während der Plateau-Phase werden Sie keinen Fortschritt bemerken, aber das Gehirn arbeitet im Hintergrund weiter und bildet neue Muster des Verständnisses. Man kann sogar andere Dinge tun, wenn man am Ball bleibt. Der Lernsprung stellt sich dann nach einiger Zeit sicher ein.Wenn Sie bemerken, dass Sie überhaupt nicht mehr weiterkommen, hilft es oft, eine Nacht darüber zu schlafen. »*Erleuchtung*« kommt üblicherweise sehr natürlich am nächsten Tag.

Am gefährlichsten ist es, wenn Sie panisch werden, da das Stress erzeugt, was im Gehirn eine Synapsenblockade bewirkt, so dass es gar nicht mehr funktioniert. Wenn das passiert, sollten Sie sofort mit dem Lernen aufhören und Tiefenentspannung nutzen, nach Ihrer Lieblings-Methode.

Jeder Plateausprung ermöglicht eine neue FLOW-Erfahrung. So entsteht eine von innen heraus wachsende Motivation (die so genannte *intrinsische* Form von Motivation), die bei weitem stärker und dauerhafter ist als alle von außen kommenden Belohnungsanreize (*extrinsische* Motivation). Überfordern Sie sich aber nicht! Verlangen Sie nicht von sich, dass die intrinsische Motivation von vornherein da zu sein habe. Sie entsteht immer erst nach einer gewissen (Entwicklungs-)Zeit. Zunächst müssen die Fähigkeiten eine gewisse Ausprägung erfahren haben, damit man in der Lage ist, eine Herausforderung von einem notwendigen Stärkegrad zu bewältigen, damit eine FLOW-Erfahrung entstehen kann. Aus den beiden Abbildungen 7 und 8 geht diese Abhängigkeit der beiden Aspekte voneinander deutlich hervor.

Wichtig ist es daher, sich über die Erfolge zwischendurch von Herzen zu freuen und sie richtig zu feiern!

Denken Sie an den Bauern, der nicht auf die Idee käme, an seinem Weizen herumzuzerren, damit dieser schneller wachsen möge.

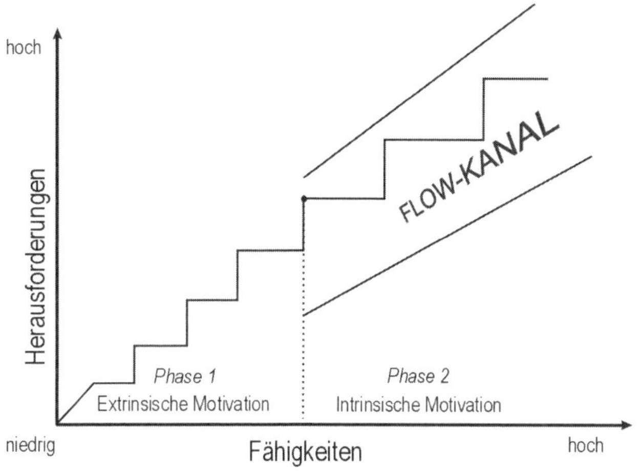

Abb. 8: Zwei Phasen der Motivation (extrinsische und intrinsische) im FLOW-Modell

Das Geheimnis der Selbstmotivation: den Sprung schaffen von der extrinsischen zur intrinsischen Motivation

Gönnen Sie sich also auf der ersten Wegstrecke (es empfiehlt sich die Aufteilung in etwa vier bis fünf erste Zwischenziele) attraktive äußere Belohnungen extrinsischer Art (ein paar erste Anregungen finden Sie im Anhang 2, Seiten 280 ff.).

Sobald Sie dann die erste tatsächliche FLOW-Erfahrung in diesem Bereich gemacht haben, sollten Sie dann

Gönnen Sie sich etwas richtig Gutes – und dann lassen Sie sich zur gegebenen Zeit von Ihrer intrinsischen Motivation mit einem noch viel intensiverem Glücksgefühl beschenken (s.a. Belohnungsliste S.280 ff.).

Haben Sie sich schon die vielen Möglichkeiten von Belohnungen im Anhang 2 angeschaut?

aber unbedingt auf die weitere Energieversorgung durch die intrinsische Motivation umschalten und auf die nächste FLOW-Erfahrung abzielen, sonst endet das Ganze in einer Selbsttäuschung und funktioniert auf die Dauer nicht mehr. Eine gutes FLOW-Erlebnis will entsprechend vorbereitet sein. Wir schlagen Ihnen vor, in drei Schritten vorzugehen.

Zunächst ist es sinnvoll, sich an eine eigene frühere FLOW-Erfahrung zu erinnern, falls Sie bereits die ein oder andere FLOW-Erfahrung gemacht haben. Das müssen ja nicht immer gleich die ganz großen Gipfelerlebnisse gewesen sein. Auch in ganz alltäglichen Situationen sind ja FLOW-Erfahrungen möglich. Damit Sie aber auch tatsächlich eine FLOW-Erfahrung auswählen und sie von anderen erfreulichen Erfahrungen unterscheiden können, hier noch einmal Professor Csikszentmihalyi:

»Im FLOW-Zustand folgt Handlung auf Handlung, und zwar nach einer inneren Logik, welche kein bewusstes Eingreifen von Seiten des Handelnden zu erfordern scheint. Er erlebt den Prozess als ein einheitliches Fließen von einem Augenblick zum nächsten, wobei er Meister seines Handelns ist und kaum eine Trennung zwischen sich und der Umwelt, zwischen Stimulus (äußeren Anreizen und Impulsen) und Reaktion oder zwischen Vergangenheit, Gegenwart und Zukunft verspürt.«

Im zweiten Schritt sammeln Sie dann alle Ideen, die Ihnen zu möglichen Herausforderungen kommen. Wollen Sie eine FLOW-Erfahrung beruflicher Art machen, FLOW mit Ihrem Partner, Ihrer Partnerin, Ihrer Familie erleben, wollen Sie Gewinner in einem Spiel werden, einen sportlichen Triumph erringen oder etwas, das Ihnen bisher zu kompliziert und unzugänglich war, endlich verstehen und begreifen?

Im dritten Schritt sollten Sie sich dann aus all den Möglichkeiten eine herausgreifen und diese dann tatkräftig verwirklichen. Wenn Sie die FLOW-Erfahrung nicht »nur« wegen des momentanen Glücksgefühls machen, sondern Sie durch ein Erleben von Sinn und

Schaffen Sie sofort die Voraussetzungen für eine erste eigene bewusste FLOW-Erfahrung. Überwinden Sie Ihren »inneren Schweinehund«. Verzichten Sie auf alle Ausreden und fangen Sie sofort an. Sofort. Jetzt gleich. Nehmen Sie sich ein Blatt Papier in die Hand und gehen Sie schrittweise vor.

- Erinnern Sie sich jetzt an ein persönliches FLOW-Erlebnis (oder mehrere Erlebnisse) und beschreiben Sie Ihr Glücksgefühl bei dieser Begebenheit.

- Erinnern Sie sich jetzt, wie die FLOW-Erfahrung/en zustande kam/en.

- Wahl der nächsten persönlichen Herausforderung: Erfassen Sie zunächst sämtliche derzeitigen Möglichkeiten, persönlich eine eigene FLOW-Erfahrung zu machen.

- Auswahl – Beantworten Sie jetzt die Frage: Welcher Herausforderung will ich mich als nächster stellen?

und dann:

- Was muss ich hinzulernen, welche Ressourcen fehlen mir noch?

- Halten Sie jetzt erst einmal nur Ihre Ideen fest. Erst nach dem Durcharbeiten des vierten Kapitels sollten Sie dann konkrete weitere Schritte unternehmen. Wir müssen uns nämlich zuvor noch mit der Frage der Auswahl von geeigneten Herausforderungen und mit der Notwendigkeit präziser und anschaulicher Formulierung von Herausforderungen beschäftigen.

Wenn Sie dann erst einmal so weit sind, sollten Sie sich auch ein paar aufmunternde extrinsische Motivationen überlegen. Anregungen dazu finden Sie im Anhang 2, Seite 280 ff.

fokusflow.de

Es hat noch niemand etwas Ordentliches geleistet, der nicht etwas Außerordentliches leisten wollte.
Marie von Ebner-Eschenbach

Wert gehaltvoll steigern wollen, sollten Sie die Entscheidung über die tatsächlich gewählte Herausforderung erst nach dem Durcharbeiten des nächsten Kapitels treffen, in dem wir uns gründlich mit dem Zusammenhang von Glückserfahrungen und Werteverwirklichung beschäftigen.

(Sobald Sie dann eine entsprechende Entscheidung getroffen haben, schließt sich ein vierter Schritt an, die *exakte Beschreibung* dessen, was Sie als Herausforderung bewältigen wollen. Einzelheiten dazu finden Sie dann im vierten Kapitel. Wenn Sie uns auf diesem Weg weiter folgen, werden Sie immer häufiger beobachten können, wie sehr Ihre Achtsamkeit in den einzelnen Momenten des Lebens zunimmt und wie scharf Sie Ihre AUFMERKSAMKEIT fokussieren können. Dies bündelt Ihre Energie und feuert Ihre Motivation an.)

Wenn Sie das Kapitel 3 erst später lesen und sich gleich auf die Formulierung von Zielen einlassen wollen, machen Sie in Kapitel 4 auf Seite 109 weiter.

Bei ganz einfachen Zielen des Alltags oder bei ausreichend vorhandener innerer Motivation möchten und können Sie möglicherweise auf die Herleitung der Ziele aus dem Wertesystem aus Zeitgründen zunächst verzichten. Sie können dann die nächsten Seiten überspringen und gleich mit dem vierten Kapitel (»Das Zielszenario«) auf Seite 109 – beim ersten Mal – oder auf Seite 117 (bei späteren Formulierungen von Zielszenarien) weitermachen. Beachten Sie dann bitte den Hinweis auf S. 121. Sollten Sie im Laufe der Realisierung Ihres Vorhabens merken, dass Ihnen die Motivation ausgeht, empfiehlt es sich aber dann dringend, an diese Stelle des Buches zurückzukommen und auf der folgenden Seite weiterzumachen.

Das folgende dritte Kapitel ist für diejenigen Leser gedacht, die ihre wichtigen, bedeutenden Lebensziele erkunden wollen.

Fokus 3: Werte – die Antriebskräfte erkennen

»Wir brauchen keine neuen Werte, wir brauchen den Mut, unsere eigenen zu leben.« Gundl Kutschera

Vorbemerkung:

An dieser Stelle sei uns noch ein weiterer Hinweis gestattet. Das Buch regt naturgemäß sehr stark zu der Beschäftigung mit sich selbst an. Es macht aber sehr viel Sinn, gerade in einer derartigen Zeit der Selbsterfahrung, die AUFMERKSAMKEIT *auch sehr bewusst auf andere Menschen zu richten, sich intensiver um andere Menschen zu bemühen. Vor allem kann es Ihnen helfen, sich Menschen genauer anzuschauen, die Sie positiv ansprechen, Menschen, die Ihnen ein Vorbild sein könnten. Und machen Sie sich eins klar: Die stärkste Motivation geht von den Menschen aus, denen Sie in Ihrer unmittelbaren Umgebung ständig begegnen. Wählen Sie die Menschen, mit denen Sie Kontakt pflegen, bewusst aus? Sind es Charaktere, die Sie inspirieren und Ihnen Perspektiven aufzeigen? Welchen Einfluss nehmen diese Menschen auf Ihr Wertesystem – und welchen Einfluss üben Sie auf ihre Mitmenschen aus? Können Sie sich als Vorbild sehen?*

Im letzten Kapitel haben wir gesehen, dass es keineswegs beliebig ist, durch welche Aktivitäten wir zu Glücks- oder FLOW-Erfahrungen kommen. Erst wenn das, womit wir uns beschäftigen, Sinn macht, kann aus einzelnen Glückserlebnissen wirklich auf Dauer ein glückliches Leben werden.

Die Herausforderungen, die wir uns im Leben suchen, müssen etwas mit unseren eigenen Lebensthemen zu tun haben, sonst wird ihre Bewältigung trotz der momentan begeisternden Freude des Gelingens dann doch ein schales Gefühl hinterlassen.

An dieser Stelle erinnern wir uns an Viktor E. Frankl. Er kritisierte das traditionelle psychoanalytische Ver-

Viktor E. Frankl zitiert Sigmund Freud: »Im Moment, da man nach Sinn und Wert des Lebens fragt, ist man krank; man hat nur eingestanden, dass man einen Vorrat von unbefriedigter Libido hat.« *Und Frankl setzt hinzu:* »Nun, ich persönlich glaube eher, dass man dann nur eines bewiesen hat, nämlich, dass man wirklich Mensch ist.«

ständnis vom Menschen als zu reduziert, genauso wie er Behaviorismus und Gestaltpsychologie als unzureichende Erklärungsmuster ablehnt. Sie sähen den Menschen viel zu sehr als rein (an-)triebsbestimmt oder auf physiologisch-biologische Homöostase *(Streben nach einem Gleichgewichtszustand)* -Vorstellungen reduziert. Der Mensch verfüge zwar über homöostatische *»Regelkreise«*, stelle selbst aber kein Gleichgewichtssystem dar: Es geht dem seiner selbst bewussten Menschen vielmehr um den *»Aufbau produktiver Spannungen«* und: *»Der Mensch ist nicht frei von allen Bedingtheiten – ohne deshalb nur ein bedingter Mensch zu werden – aber er ist frei, Stellung zu nehmen ...« »Der Mensch hat Triebe, aber er ist kein Triebwesen, er macht etwas aus seinem Trieb, aber der Trieb macht ihn nicht aus.«*

Frankl sieht im Menschen einen *»Willen zum Sinn«* und die Möglichkeit der *»Sinn-Erfüllung durch Werte-Verwirklichung«*.

Die Entscheidungsinstanz, sein Gewissen, liegt in ihm selbst und bestimmt, welchen *»Wert«* er in der jeweiligen Situation zu realisieren hat. Sinn ist nach Frankls Verständnis eine sowohl individuelle wie situative Wertsetzung, die für jeden Augenblick im Leben aufs Neue entschieden und realisiert werden muss.

Sinn-Erfüllung durch Werte-Verwirklichung

Was sind unsere Werte? Wie finden wir heraus, nach welchem tief in uns wirkenden Wertesystem unsere Entscheidungen getroffen werden?

Frankl unterscheidet zunächst drei Werte-Kategorien:

- schöpferische Werte (das Tun, das Gestalten, das Schaffen, das Verwirklichen der im Menschen angelegten Möglichkeiten in nach außen gerichteten oder außen erkennbaren Werken),
- (soziale) Erlebniswerte (der Bereich der sozialen Wahrnehmung, der Begegnung mit dem einen oder den anderen Menschen)

- und die Einstellungswerte (der Möglichkeit der Sinn-Erfahrung in der Einstellung zu einem auferlegten Schicksal, dem Umgang mit der aufgezwungenen Unmöglichkeit, schöpferische oder Erlebnis werte ausleben zu können und doch über die eigene Begrenztheit hinauswachsen, transzendieren zu können).

Der Mensch besitzt die Macht, Ideale zu erschaffen und sich zu ihnen aufzuschwingen.
Napoleon Hill

Sinn macht das, was persönlich bedeutungsvoll ist, was wertvoll ist. Etwas als wertvoll zu betrachten heißt, dass Sie dieser Sache, diesem Zustand, dieser Arbeitsaufgabe oder auch diesem Menschen Wichtigkeit zumessen, Bedeutung, also einen Wert geben.

Werte bestimmen, auf was wir unsere AUFMERKSAMKEIT lenken, und sie beeinflussen entscheidend unser Verhalten. Der Schlüssel zu einem ausgeglichenen und glücklichen Leben besteht darin, nach unseren eigenen höchsten Idealen zu leben. Kontinuierlich in Übereinstimmung mit dem zu handeln, von dem wir glauben, dass es darum in unserem Leben geht. Das können wir aber erst dann, wenn wir uns klar darüber sind, welches unsere Werte sind. Die Werte, nach denen wir unser Leben ausrichten, sind die Wegweiser, die unserem Leben Richtung geben. Sie verursachen Entscheidungen, bestimmte Dinge zu tun, andere zu lassen. Und aus der Summe aller Entscheidungen setzt sich unser Lebensweg zusammen, erwachsen die wesentlichen Themen oder die bestimmenden Grundideen unseres Lebens.

Und es ist das Fehlen des Sinn-Gefühls, das uns auf Werte-Defizite aufmerksam macht, uns leiden lässt und antreibt, die uns wichtigen Werte zu finden. Die Ursache vieler Frustrationen, Enttäuschungen, Mangel an Erfüllung und für das nagende Gefühl, das ganze Leben könnte völlig anders sein, liegt zu einem erheblichen Teil darin, dass Menschen auf den schnellen Spaß aus sind und nicht auf die tiefe Freude, die durch die Erfüllung von Werten verursacht wird. Erstaunlich viele verzichten darauf, nach ihren Werten zu leben. Oft beruht das auf einer Unklarheit über das eigene Wertesystem, häufig aber auch darauf, dass mehrere

In der Unklarheit über das eigene Wertesystem liegt die Ursache vieler Frustrationen.

Werte gleichzeitig verfolgt werden, die sich gegenseitig ausschließen und schließlich auf der häufig anzutreffenden Beliebigkeit, mit der Werte verfolgt, dann aber auch gleich wieder »vergessen« werden.

Die Quelle von Kraft, Stärke und innerer Stabilität heißt: Kongruenz. Kongruenz bedeutet, in Übereinstimmung mit den eigenen positiven Werten zu leben

Auf der anderen Seite steckt eine ungeheure Kraft darin, nach der eigenen Werteorientierung zu leben. In Kongruenz, in Übereinstimmung mit dem zu sein, was für einen Bedeutung hat, erzeugt ein Gefühl innerer Sicherheit, eine Ausstrahlung von Gewissheit und Bestimmtheit, schenkt die innere Ruhe und Gelassenheit, nach der die meisten Menschen dann letztlich doch wieder streben.

– und wir besitzen ein Warnsystem, das sich meldet, wenn wir nicht in Kongruenz mit unserem Wertesystem leben.

Wir können die Anregung Csikszentmihalyis an dieser Stelle aufgreifen. Er hat auf die Problematik hingewiesen, die daraus erwachsen kann, dass wir schlicht dort nach FLOW-Erfahrungen suchen, wo sie uns einen raschen »Kick« geben (s. o. S. 54). Denn unser System ist in äußerst intelligenter Weise *auf die Realisierung unserer Werte angelegt*: Sobald wir auf Dauer nicht nach unseren Werten leben, reagiert unser Organismus nicht nur mit dem Ausbleiben von Glückserfahrungen, sondern sogar mit massivem Schmerz, mit Unruhe, mit starkem innerem Spannungs- oder Druckgefühl. Wir verfügen offensichtlich über einen Schutzmechanismus, der sicherstellen soll, dass wir gemäß unserem Wertesystem leben.

Leider ist unser eigener Umgang mit diesem klugen, feinnervigen Schutzmechanismus alles andere als intelligent: Wir reagieren meist nicht mit verändertem Verhalten, einem Verhalten, das unserem Wertesystem besser entspräche. Nein, wir bekämpfen den Schmerz, indem wir auf rasche und bequeme Weise in die Biochemie unseres Gehirns eingreifen und den warnenden Hormonzustand in einen wieder zumindest gleichgültigen oder sogar auf eine manipulierte Weise glücklichen Zustand versetzen: mit Rauchen, Alkohol trinken, zu viel Essen, lieblosem Sex, Drogenmissbrauch, dem Versuch, andere zu dominieren – bis hin zur Gewalt –, stundenlangem Fernsehen, maßlosem Computerspielen, zu viel Arbeiten usw.

Wo steckt das eigentliche Problem?

Diese Verhaltensweisen sind in der Tat das Resultat von Frustration, Zorn und innerer Leere – Gefühle, die Menschen empfinden, die ihr Leben nicht als sinnvoll erfahren.

Sie versuchen, diese unangenehmen Gefühle dadurch loszuwerden, dass sie etwas tun, von dem sie sich mit einiger Sicherheit eine schnelle Änderung ihres Zustandes versprechen können. Ein solches Verhalten wird rasch zu einem Verhaltensmuster. Auch über dieses Verhaltensmuster sind die Menschen natürlich nicht glücklich, und was sie dann versuchen, ist, ihr Verhalten zu ändern.

Anthony Robbins beschreibt in seinem Buch »*Das Robbins Power Prinzip*« das Dilemma: Diese Menschen suchen nach Möglichkeiten, vom Alkohol wegzukommen, weniger zu essen, nicht mehr zu rauchen usw. Aber was sie in der Mehrzahl der Fälle nicht tun, ist, sich mit den eigentlichen Gründen auseinander zu setzen.

Es geht nicht darum, so Robbins, dass jemand nur ein Alkohol-Problem hat, er hat darüber hinaus ein ganz anderes Problem, nämlich ein Werteproblem. Der einzige Grund, warum diese Menschen trinken, besteht darin, dass sie ihren emotionalen Zustand ändern müssen, weil sie es sonst nicht aushalten. Ihr intaktes Alarmsystem warnt sie mit Schmerzen, innerem Druck und Unruhe. Doch sie haben Wege gefunden, ihre innere Befindlichkeit wieder in den Griff zu bekommen, sich wieder in einen Wohlfühlzustand hineinzuversetzen.

Suchtprobleme sind vor allem Werteprobleme.

Die nötigen Betäubungsmittel müssen allerdings (wegen der Gewöhnungs-Dynamik unseres primären biologischen Systems) in immer kürzeren Abständen und in immer größeren Mengen eingesetzt werden, um mit der sich immer wieder aufbauenden inneren Spannung fertig zu werden. Und dann verwenden sie Zeit, Energie und möglicherweise sogar eine Menge

Langfristig wird es immer aufwendiger und wirkungsloser, das Abhängigkeitsverhalten zu bekämpfen, wenn nicht die Ursachen für die Entstehung der Spannungszustände aufgelöst werden.

Geld darauf, um von den Methoden ihrer eigenen emotionalen Betäubung wieder loszukommen. Sie zäumen das Pferd von der falschen Seite auf. Sie wissen nicht, was eigentlich wichtig in ihrem Leben ist.

Die Veränderung, die eintritt, wenn ein Mensch nach seinen Standards lebt, wenn er seine Werte erfüllt sieht und nach ihnen leben kann, ist eine immense Freude.

Wer so lebt und handelt, wie es nach seiner inneren Orientierung richtig ist, spürt diese Übereinstimmung, diese Kongruenz. Dieser Mensch entwickelt Selbstachtung, innere Stabilität und Stärke und **seine AUFMERKSAMKEIT ist nicht auf Schmerz-Vermeidung oder -Verminderung ausgerichtet, sondern auf Werteverwirklichung**. Er lässt sich von anderen kaum oder gar nicht manipulieren und er hat eine klare Vorstellung von den für ihn *»willkommenen Neuerfahrungen«*.

Die Kreation einer »kognitiven Dissonanz«

Jemand beschließt zu Sylvester: Ich bin ab 1. Januar Nichtraucher. Er hat also den Wert »Ich bin ein Nichtraucher« in sein System aufgenommen.

Und da es ihm am 1. Januar auch gelingt, nicht zu rauchen, stehen Wert und tatsächliches Verhalten in Übereinstimmung miteinander. Der Betreffende hat ein Gefühl innerer Stärke und seine Selbstachtung ist stabil und intakt (s. Abb. 9 a).

Am 4. Januar tritt der Betreffende seine Arbeit wieder an und stellt fest, dass sich seine Sekretärin aus ihrem Urlaubsort per Fax mit einem Schienbeinbruch für eine weitere Woche abgemeldet hat. Beim Versuch, den Computer selbst zu starten, gibt es einen Plattencrash. Und im nächsten Moment fragt der Chef nach wichtigen Unterlagen, die er um 11 Uhr braucht, weil er zu einer Konferenz nach Brüssel muss. Unsere Modellperson gerät in Panik und steckt sich, um wieder zur Ruhe zu kommen und die Unterlagen finden zu können, eine erste Zigarette an (s. Abb. 9 b).

Wert und tatsächliches Verhalten fallen bereits etwas auseinander, aber es bleibt zunächst bei der einen Zigarette. Die Dinge spitzen sich aber weiter zu: Während der Konferenz in Brüssel wird beschlossen, einen Teil des Unternehmens nach London zu verlagern. Abgesehen von der extremen Geschwindigkeit, mit der das entsprechende Projektmanagement betrieben werden muss, steht auch die weitere eigene Verwendung zur Disposition, die Mitarbeiterin beschließt, am Urlaubsort zu bleiben und den Genesungsprozess in sachkundiger Begleitung des behandelnden Oberarztes unter Inanspruchnahme eines Teils ihres Jahresurlaubs abzurunden, und unsere an sich nicht rauchen wollende Person raucht nach einer Woche wieder ihre übliche Ration. *(Im Interesse der Firma, versteht sich, da in diesem Chaos wenigstens einer einen kühlen Kopf behalten muss und das klappt halt mit der ein oder anderen Zigarette erfahrungsgemäß viel besser.)* (s. Abb. 9 c)

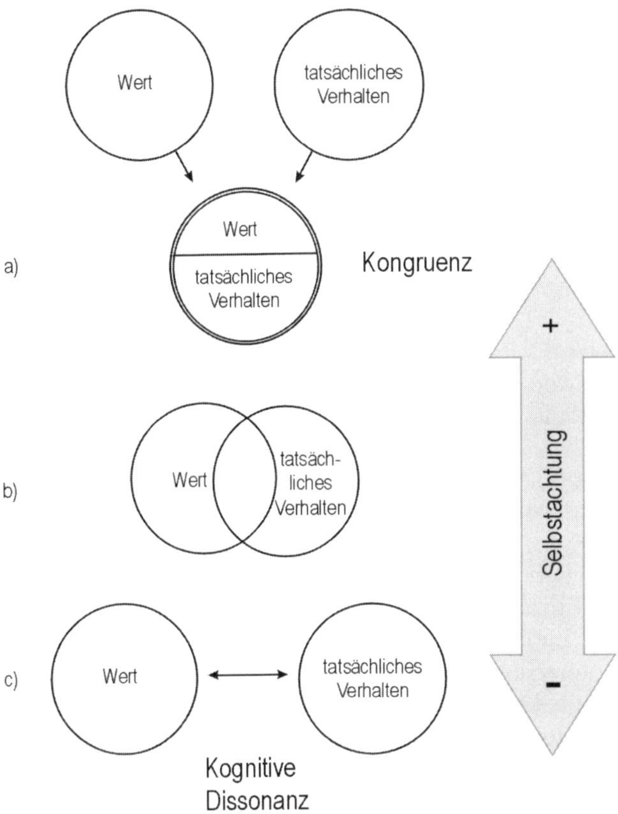

Abb. 9 a/b/c: Bei Übereinstimmung von Wert und tatsächlichem Verhalten ist die Selbstachtung hoch, bei einem Verhalten, das vom Wertesystem abweicht, verringert sie sich

Wert und tatsächliches Verhalten klaffen weit auseinander. Die Folge ist eine so genannte »*kognitive*

Alarm tief im Inneren: Es stimmt etwas nicht im eigenen System.

Dissonanz«. Ein inneres Wissen, dass etwas im eigenen System nicht mehr stimmt. Folge: ein außerordentlich unangenehmes Spannungsgefühl in Bauch und Herz. Dieses Gefühl ist ein nervender Alarmzustand und unser Organismus signalisiert sofortigen Handlungsbedarf.

Es gibt drei Möglichkeiten, mit der kognitiven Dissonanz umzugehen:

1. Der Betreffende ändert seinen Wert (und steht z. B. dazu, Raucher zu sein).

2. Der Betreffende ändert sein tatsächliches Verhalten (er raucht einfach nicht mehr, ganz gleich, was um ihn herum oder in ihm geschieht).

3. Der Betreffende findet eine gute Begründung / Ausrede *(im Beispiel: warum er im Moment dann doch noch nicht ganz Nichtraucher werden konnte).*

Alles wird teurer, nur die Ausreden werden immer billiger.
Volksmund

Jetzt dürfen Sie dreimal raten, welche Möglichkeit die meisten Menschen wählen. Richtig! Sie lassen ihren Einfallsreichtum spielen.

Es sind gerade die Inkonsequenzen eines Lebens, welche die größte Konsequenz haben.
André Gide

Freud schrieb einmal, der Mensch sei kein rationales, sondern ein rationalisierendes Wesen. Wobei »rationalisierend« ein verharmlosendes Wort für die Fähigkeit ist, sich Ausreden auszudenken. Das Ganze längere Zeit praktiziert und möglicherweise dann noch durch die Einnahme von Schmerzmitteln oder Drogen der unterschiedlichsten Art vor sich selbst vertuscht, kann möglicherweise zu massiven inneren Spannungszuständen, einer Schädigung des Immunsystems durch Dauerstress und schließlich zu ernsthafteren psychosomatischen Erkrankungen führen. Das Selbstwertgefühl wird ruiniert und die AUFMERKSAMKEIT fokussiert immer mehr auf die Beschaffung der nächsten *»Schmerzmittel«*.

Es ist zugegebenermaßen nicht leicht, aus diesem Teufelskreis wieder herauszufinden. Daher ist es so wichtig, den Anfängen zu wehren. Herausfinden, was

Sinn macht, und danach zu leben. Und die Entscheidung, dies zu tun, kann jederzeit wieder neu getroffen werden. Dazu möchten wir auch diejenigen ermuntern, die vielleicht schon seit geraumer Zeit in größere Inkongruenz geraten sind.

Das Spannungsgefühl ist eine Folge von etwas, nicht eine Ursache, die es zu bekämpfen gilt.

Wir sollten daher an dieser Stelle das zweidimensionale FLOW-Modell von Csikszentmihalyi um die *dritte Dimension* erweitern, indem wir die Verfolgung von Herausforderungen mit der Tiefendimension unserer persönlichen Werte verbinden. Sobald wir die Herausforderungen nicht beliebig nur dort suchen, wo sie uns irgendeinen »Kick« ermöglichen, sondern dort, wo wir gleichzeitig Werte-Erfüllung erleben, verbindet sich die FLOW-Erfahrung mit einem Werterleben und verwandelt sich dadurch in eine nachhaltige Qualität. Wie Hansch gezeigt hat, unterliegen derartige Glückserfahrungen im sekundären Motivationsbereich auch nicht mehr der schnellen Abnutzung, da sie vielfältige und offene Entfaltungs- und Lernprozesse eröffnen.

Die Herausforderung dort suchen, wo sie gleichzeitig die Verwirklichung von Werten ermöglicht.

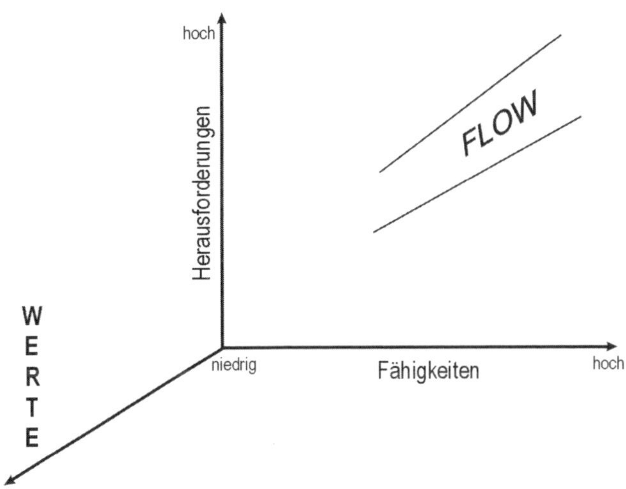

Abb. 10: Die Erweiterung des FLOW-Modells in die Dritte Dimension durch die Herleitung von Herausforderungen aus Werten

Ein entscheidender Schritt:

die Erweiterung des Flow-Modells in die dritte Dimension durch die Verbindung der FLOW-Erlebnisse mit dem persönlichen Wertesystem

Um den Versuchungen unseres *inneren Schweinehundes* widerstehen zu können, benötigen wir ein großes JA, eine Klarheit über das, was wichtig für uns ist.

Wir benötigen, wie Covey das so schön gesagt hat, ein kraftvolles, großes JA!, um die vielen kleinen Neins sagen zu können, gegenüber den Versuchungen unseres primären Systems, unseres *»inneren Schweinehundes«* – und gewiss auch das ein oder andere Nein gegenüber Beanspruchungen unserer Mitmenschen oder Institutionen. Diese großen JAs gilt es nun zu entdecken, darauf wollen wir in diesem Kapitel nunmehr die AUFMERKSAMKEIT fokussieren.

Sie können jetzt die praktische Umsetzung vorbereiten und

- die Werte identifizieren, die für Sie von Bedeutung sind,
- eine Rangfolge Ihrer Werte herausfinden,
- sich auf die wichtigsten Werte konzentrieren, die Sie weiter ausprägen wollen,
- erkennen, was diese Werte für Sie bedeuten.

Die mögliche Neu-Erfindung der eigenen Person

Die regelmäßige Arbeit an seinen Werten, das Hinzufügen neuer Werte und die Verabschiedung von nicht mehr wichtigen Werten kann zu einer Neu-Erfindung der eigenen Person werden.

> *Seine eigenen Werte bewusst zu erkennen oder neu festzulegen ist ein besonders wichtiger Schritt zur Selbstmotivation. Wenn Sie diesen Prozess vollführt haben, haben Sie den entscheidenden Wendepunkt erreicht, sich mehr und mehr vor den Manipulationen der anderen und der Außenwelt tatsächlich schützen zu können und Ihr eigenes Leben zu leben.*

Aber ACHTUNG: So sehr wir hier die Bedeutung einer bewussten Beschäftigung mit den eigenen Werten betonen, dürfen wir die Bedeutung der *nicht* bewusst zugänglichen Anteile des menschlichen Antriebssystems nicht unberücksichtigt lassen. Wir haben dies bereits zu Beginn ganz besonders hervorgehoben (siehe Seite 29 ff.). Unter Bezug u.a. auf D.C. McClelland betont Rheinberg die Bedeutung der sogenannten ***»basalen Motive«***, die unserem Bewusstsein nicht so ohne weiteres zugänglich sind – in Unterscheidung zu den ***»motivationalen Selbstbildern«***, die wir kennen oder relativ leicht kennen lernen können. Nur wenn kein Widerspruch zwischen basalen und kognitiv erkennbaren Werten besteht, können wir die Frage *»Ist es ein Weg mit Herz?«* wirklich mit »Ja« beantworten.

ACHTUNG: Die Bedeutung der basalen Motive nicht unterschätzen! (siehe Seite 29 ff.)

Wir werden uns daher den bewusst zugänglichen Anteilen unserer Motivationsstrukturen erst dann zuwenden (Seite 87 ff.), wenn wir uns zunächst mit den basalen Antrieben ausgiebig beschäftigt haben. (Falls Sie die entsprechenden Imaginations-Übungen zunächst auslassen wollen – ab Seite 87 geht es weiter im laufenden Text.)

A. Spurensuche: Erahnen Sie Ihre basalen Motive?

A. Die basalen Motive

Vorbereitung von geleiteten Imaginationen

Vorbereitung von geleiteten Imaginationen

Als ein sehr aufschlussreiches Verfahren, basalen eigenen Antrieben auf die Spur zu kommen, haben sich geleitete Fantasien (auch *Imaginationen* genannt) erwiesen. Falls Sie noch keine Erfahrungen mit derartigen Fantasiereisen gemacht haben, lesen Sie bitte zunächst den folgenden Einführungstext und führen Sie die Vorübungen (Seite 74) durch. Ansonsten starten Sie gleich auf Seite 78.

Zur Einführung und Vorbereitung von geleiteten Fantasien

Die Übungen beruhen auf langjährigen Erfahrungen und haben sich als gut verträglich und außerordentlich wirkungsvoll herausgestellt, selbst wenn die ersten

Eindrücke manchmal nur schwach und undeutlich sind. Sie verfolgen aber keine therapeutischen Zielsetzungen und sollten von Menschen, die momentan oder seit längerem emotional überlastet sind, nicht ohne fachkundige Begleitung durchgeführt werden. Personen, die in psychotherapeutischer Behandlung waren oder sind, sollten diese Übung zusammen mit ihrem Therapeuten bzw. ihrer Therapeutin machen.

Sollten starke negative Emotionen ausgelöst werden, ist es sinnvoll, die Übung zu beenden, und von zehn nach eins rückwärts zu zählen, die Augen zu öffnen und durch einige Bewegungsübungen wieder in einen hellwachen Bewusstseinszustand zu gelangen.

Sie können sich entweder selbst die Texte auf einen Tonträger aufzeichnen – denken Sie dabei bitte daran, immer wieder zwischen den einzelnen Bild-Vorschlägen auch ausreichende Pausen zu machen – oder bitten Sie einen Menschen, in dessen Nähe Sie sich wohl und geborgen fühlen, Ihnen den jeweiligen Text ganz langsam, mit den entsprechenden Pausen (...) = ca. 30 Sekunden – bitte mit einer Uhr verfolgen, das Zeitgefühl kann sehr täuschen – vorzulesen.

Legen Sie vorher einen Stift und ein Buch mit leeren Seiten oder Schreibpapier bereit.

Wahrscheinlich wird der Mensch, mit dem Sie eine derartige Fantasiereise machen, Ihnen so vertraut sein, dass Sie sich duzen werden. Wir haben den Text daher in der Du-Form verfasst.

Einführung in ein Training des Vorstellungsvermögens

a.) Zur Einführung: Zwei Arten des inneren Sehens

Es gibt zwei verschiedene Arten des inneren Sehens. Sie können getrennt voneinander ablaufen, sie können sich aber auch miteinander verbinden.

Eine Art der Visualisierung besteht in dem Wiederbeleben von Erinnerungsbildern. Wir sehen vor unserem inneren geistigen Auge etwas, das wir bereits irgendwann einmal in unserem Leben tatsächlich gesehen und erlebt haben. Das ist das Abrufen von gespeicherten Bildern.

Die zweite Art des inneren Bildersehens ist das Konstruieren eines Vorstellungsbildes. Wir gestalten mit der schöpferischen Kraft unserer Fantasie ein ganz neues Bild. Wir stellen uns etwas vor, das wir in dieser Form noch nicht tatsächlich erlebt haben. Diese zweite Art des Sehens ist für viele Menschen anstrengender als die erste. Oft ist sie auch sehr ungewohnt, wenn wir erst einmal erwachsen sind. Diese Art des nicht-realistischen Sehens wurde vielen Menschen in der Schulzeit abgewöhnt: *»Träume nicht – mach deine Hausaufgaben!«* Oft ist diese Art des vor sich hin »Spinnens« sogar mit Verboten belegt und muss daher erst wieder erlaubt werden, bevor sie nach und nach wieder möglich wird.

Geben Sie sich diese Erlaubnis jetzt!

Und haben Sie Geduld mit sich selbst. Wenn Sie es nicht gewohnt sind, mit unrealen Vorstellungsbildern zu arbeiten, braucht es einige Zeit, bis es den gestaltbildenden Kräften Ihrer Vorstellung gelingt, tatsächlich Neues zu produzieren.

Es folgen Übungen, bei denen sich Reales, Erinnertes und frei Fantasiertes gut miteinander mischen können. Das ist der beste Weg, nach einer gewissen Zeit dann ganz eigene Imaginationen zu erfinden. Lassen Sie sich ausreichend Zeit. Setzen Sie sich nicht selbst unter Druck. Lassen Sie die Bilder kommen, versuchen Sie nicht, sie zu erzeugen.

Wenn Sie sie aber willentlich erzeugen, ist das auch o. k., ja, es kann sogar mitunter helfen, Ihre Imaginationskraft zu steigern. Manchmal kommen keine Bilder, dafür Gefühle, Erinnerungen an Geräusche, Gerüche. Nehmen Sie einfach alles so wahr, wie es geschieht. Urteilen und bewerten Sie nicht.

Am effektivsten ist bei der Imagination eine Haltung spielerischer Gelassenheit und kindlicher Neugier. Lassen Sie sich einfach einmal überraschen und lassen Sie sich vor allem genügend Zeit für Assoziationen und Interpretationen.

b.) Zur Vorbereitung: Entspannen können

(In Fantasiereisen erfahrene Leser können gleich mit der ersten Imagination auf Seite 78 beginnen.)

Zunächst sind alle denkbaren Störungen auszuschalten. Also einen Raum aufsuchen, der Ihnen alleine zur Verfügung steht (ein Schild aufhängen: Bitte nicht stören!), Telefone, Musik- und TV-geräte abschalten usw.

Wichtig: Lernen, sich bewusst entspannen zu können!

Es wird leichter, in diese Welt der Imaginationen einzutauchen, wenn Sie sich bewusst mit Hilfe der einen oder anderen Methode entspannen können.

Autogenes Training, progressive Muskelentspannung nach Jacobson, Yoga, Biofeedback, bestimmte Formen von Meditation sind bewährte Techniken, sich in einen angenehmen Zustand der inneren Ruhe zu versetzen.

Viele Menschen erleben eine angenehme Tiefenentspannung auch nach einem Saunabesuch oder nach intensiver sportlicher Anstrengung. Wählen Sie das, was für Sie in Frage kommt und leicht zugänglich ist.

Falls Sie sich nicht entspannen können, machen Sie zunächst ein paar Bewegungsübungen, bei denen Sie sich richtig anstrengen. Oder tanzen Sie nach Ihrer momentanen Lieblingsmusik. Das ermöglicht, dass Sie sich anschließend mit mehr innerer Ruhe nach Innen wenden können.

Wenn Ihnen keine Entspannungstechnik bekannt ist, gehen Sie folgendermaßen vor: Legen Sie sich flach auf den Boden, die Beine parallel nebeneinander und die Arme ausgestreckt neben dem Rumpf. Wichtig: Keine Faust bilden, die Hände ganz locker ausstrecken. Den Kopf bequem auf ein Kissen legen. Sie können sich auch in einen sehr bequemen Sessel setzen. Sie schliessen die Augen und bereiten sich auf die inneren Bilder vor, indem Sie einige Male sehr tief einatmen, jeweils ganz langsam ausatmen, dann nicht mehr so sehr auf den Atem achten und mehr den Körper spüren, der von der Schwerkraft der Erde in den Sitz oder auf die Unterlage hinuntergezogen wird.

Spüren Sie, wie Sie auf eine angenehme Art und Weise schwerer und schwerer werden. Sie werden ganz ruhig und gelassen . . . und die Entspannung wird tiefer und tiefer. Sie sind jetzt ganz ruhig und tief entspannt . . . Sie sind gelassen . . .

Imaginations-training

Wiederholen Sie innerlich diese letzten Sätze, bis Sie tatsächlich ruhig werden und diese tiefe Entspannung spüren.

c.) Imaginationstraining

(Legen Sie nach jedem Imaginationsvorschlag eine Pause von zehn bis 30 Sekunden ein, damit Bilder entstehen können. Wir haben das im ersten Absatz durch drei oder sechs Punkte angedeutet.)

Heute:

Erinnere dich an dein Frühstück. . . . . . .

Werde so spe-zifisch und exakt wie möglich. Wie haben die Dinge geschmeckt, die du gegessen hast? . . . . . . Erinnere dich mit geschlossenen Augen an die Farben, nicht nur des Essens sondern auch des Tellers, . . . der Größe und Form der Tasse oder des Bechers . . . Was hast du getrunken? . . . Geschmack, . . . Farbe, . . . Konsistenz, . . . Temperatur. . . . . Stelle dir den Tisch vor, . . . den Stuhl, auf dem du gesessen hast . . . . . .

Denke an das, was du vielleicht nicht mochtest, nicht gegessen hast. . . . . . . Füge Erinnerungen an Gerüche, . . . an Geräusche hinzu. . . . . . . Lief das Radio, . . . der Fernseher, hat die Katze geschnurrt? . . . . . .

Gestern:

Konzentriere dich auf ein Ereignis des gestrigen Tages und beobachte dich dabei, dieses Ereignis neu zu erschaffen.
Falls du dich über irgendetwas aufgeregt hast, lass dieses Gefühl wieder in dir entstehen.

Falls du dich gefreut hast, lass die Freude wieder lebendig werden.
Falls du mit jemand gesprochen hast, erinnere dich an seine Stimme, an die Farbe seiner Bekleidung an die Temperatur des Ortes, wo Ihr Euch traft.

Lass dann die ganze Situation mit allen Einzelheiten wieder lebendig werden. Nehm dir so viel Zeit wie du brauchst.

Vergangenheit:

Gehe nun in deiner Erinnerung etwas weiter zurück. Vielleicht gab es ein Fest, eine Party in letzter Zeit, oder einen besonderen beruflichen Erfolg, ein schönes Erlebnis in deinem Privatleben. Erinnere dich an so viele Einzelheiten wie möglich und lass die Bilder vor deinem inneren geistigen Auge so lebendig wie möglich werden.

Morgen:

Denke nun an einen Ort, wo du morgen (oder in den nächsten Tagen) außerhalb deiner Wohnung/deines Hauses zu tun haben wirst und den du kennst.

Stelle dir diesen Ort in allen Einzelheiten lebhaft vor, wie er aussieht, welche Geräusche dort vorherrschen, wie es dort riecht usw. Mach diese Vorstellung so konkret wie möglich.

Zukunft:

Stelle dir jetzt einen Ort vor, den du noch nicht gesehen hast, den du noch nicht kennst, den du aber gerne einmal kennenlernen möchtest – vielleicht möchtest du gerne irgendwann dort Urlaub machen. Sieh dich selbst in diesem Szenario, sieh, was du anhast und was du dort tust. Mische Erinnerungsbilder mit völlig neuen Fantasiebildern.

Fantasie:

Denke dir etwas aus und stelle es dir innerlich vor, das es jetzt (noch) gar nicht gibt. Vielleicht dein Traumhaus, ein Baby, das noch nicht geboren ist, dich selbst in zehn Jahren oder das erste Buch, das du geschrieben, eine Skulptur, die du geschaffen hast usw.

Zähle dann langsam von zehn nach eins rückwärts, bei eins öffne die Augen, atme tief ein und langsam aus, räkel und strecke dich und mach dann ganz schnell zehn Armbeugen, um wieder ganz wach zu werden.

Male ein Bild von deiner Fantasie oder beschreibe sie in einem Buch in allen Einzelheiten. Werde sehr genau und denke an alle Details. Falls du dich an eine bestimmte Melodie, an ein Lied oder ein Motiv erinnerst, halte auch dieses fest und nutze die nächste Gelegenheit, dir diese Musik in Ruhe anzuhören.

Nach jeder Imagination sollten Sie sich unbedingt vollständig zurückholen und nicht etwa in diesem Zustand Auto fahren oder wichtige Verhandlungen führen.

Nach diesen Vorübungen kommen wir jetzt zur ersten eigentlichen Imagination und zur Annäherung an die basalen Motive.

Erste Imagination: »Der optimale Arbeitstag«

Erste Imagination: »Der optimale Arbeitstag«

Lasse wie von selbst die Bilder eines optimalen Arbeitstages in dir entstehen. Bilder eines Tages, an dem sich deine Vorstellungen von selbst bestimmtem Arbeiten verwirklicht haben (am einfachsten ist es, wenn du dir diese Reise von jemandem vorlesen lässt, ansonsten lese jeweils zwei, drei Anregungen oder Fragen, schließe dann wieder die Augen, entspanne dich, lasse einige Zeit lang die Bilder erscheinen, öffne dann die Augen wieder, lese dann den nächsten Abschnitt usw.).

Auf jeden Fall viel Zeit zwischen den einzelnen Bildanregungen lassen, damit auch wirklich Bilder entstehen können!

Dieser Tag beginnt mit einer großen Selbstverständlichkeit. Es ist alles genauso, wie es sein soll. Du bist gestern ruhig und entspannt eingeschlafen, glücklich und zufrieden, da die wichtigen Themen deines Lebens in eine schöne Balance geraten sind.

Jetzt nimmst du mit deiner inneren Sicht und all deinen Sinnen wahr, wie du an diesem Morgen wach wirst. Die Augen bleiben weiter geschlossen und gleichsam als ob du in einem Kino bist, nimmst du das Geschehen wie auf einer inneren Leinwand wahr.

Du siehst nun den Raum, in dem das Bett steht, in dem du geschlafen hast. Ist der Raum noch dunkel oder bereits von Licht durchflutet? Wie groß ist der Raum? Ist es ein Schlafzimmer oder bist du auf einer Geschäftsreise in einem Hotel wach geworden? Vielleicht ist es auch ein Raum, in dem du gleichzeitig wohnst?

Nehme dir ausreichend Zeit, auch sich verändernden Bildern zu folgen.

Ist noch jemand in diesem Raum oder wachst du alleine auf? Was siehst du sonst noch?

Welche Möbel, welche Stoffe und Farben bestimmen die Inneneinrichtung, den Charakter dieses Raumes?

Du gehst nun ins Bad und nach der Morgentoilette kleidest du dich an und findest dich dann am Frühstückstisch wieder. Wo frühstückst du? Jetzt werden die Bilder auch so deutlich, dass du weißt, ob du dich in einer Wohnung oder in einem Haus befindest. Wo liegt die Wohnung oder das Haus? Werfe einen Blick aus dem Fenster, um ein Bild der Umgebung entstehen lassen zu können – oder sitzt du bereits auf einem Balkon oder einer Terrasse und überblickst die anderen Häuser oder schaust ins Grüne oder aufs Meer oder auf einen See?

Und nach dem Frühstück? Fährst du zur Arbeit oder ist dein Arbeitsplatz dort, wo du wohnst? Arbeitest du in einer Firma, bei einem Kunden oder in deinem eigenen Unternehmen oder Büro? Lasse dir wieder Zeit, bis sich Bilder formen, die in dir ein Gefühl der Stimmigkeit, der inneren Freude auslösen.

Dann werden Einzelheiten deines Arbeitsalltags deutlich. Welche Rolle spielst **du**, *welche anderen Menschen treten auf?*

Wer bestimmt den Arbeitsrhythmus? Deine Kunden, Auftraggeber, dein Chef oder Vorgesetzter, dein Team oder du selbst?

Welche Anteile des Alltags erzeugen möglicherweise noch Stress, welche Freude?

Werden Inhalte deiner Arbeit deutlich? Für welche Leistung wirst du bezahlt? Wer bringt dir Wert-

schätzung entgegen und wofür? Wie erlebst du dein eigenes Gelingen, das Gefühl von Kompetenz?

Mit wem stehst du in Wettbewerb? Wann und wie macht es Spaß zu gewinnen? Wie groß ist dein Einfluss auf das Geschehen? Bist du mit den anderen eher freundschaftlich verbunden oder nur kollegial?

Wie unterscheiden sich möglicherweise diese Bilder von deiner tatsächlichen aktuellen Arbeitssituation?

Und schon ist es Mittag geworden. Zeit für ein Mittagessen. Wie und möglicherweise mit wen und wo isst du zu Mittag? Reicht die Pause für ein kleines Nickerchen oder einen kurzen Spaziergang um den Block oder durch den Park?

Wie geht es nachmittags weiter? Fortsetzung der Arbeit? Oder hast du Zeit für ein Golfspiel, für das Fitnessstudio, für anregende Gespräche mit Kunden, Geschäftsfreunden, Kollegen oder Freunden?

Bist du in einem Verband oder Verein organisiert, in dem du eine wichtige oder auch nicht so wichtige Rolle spielst? Vielleicht musst du eine Rede vorbereiten oder das Catering für einen Event organisieren?

Wie und wann schließt du deinen Arbeitstag ab? Bereitest du dich auf den nächsten Tag vor? Wie ist deine Stimmung, mit welchen Gefühlen fährst du nach Hause?

Kannst du dich jetzt deinem Privatleben widmen oder musst du noch Kunden zu einem Arbeitsessen treffen, dir Gedanken um ein Projekt machen, eine Reise vorbereiten?

Was bedeutet es praktisch für dich, das Privatleben zu genießen? Wie sieht ein optimaler Feierabend aus? Lasse auch hier wieder deiner Fantasie freien Lauf.

Wann wirst du müde, gehst du schlafen? Du blickst

jedenfalls an diesem Abend zufrieden und glücklich auf den Tag zurück und schläfst entspannt und ruhig ein.

Zähle dann, wenn du soweit bist, langsam von 5 nach 1 rückwärts und mache dir klar, dass du bei 1 wieder hellwach dort ankommst, wo du diese Reise begonnen hast.

Öffne bei 1 die Augen, atme einige Male sehr tief ein und langsam wieder aus, mache noch ein paar schnelle Armbeugen und halte dann alles schriftlich fest, was du gesehen hast.

Am besten schreiben Sie zunächst nur auf der rechten Seite eines Buches mit leeren Seiten und auf der linken Seite ist dann Platz für alle sofortigen oder späteren Einfälle.

Achten Sie spätestens jetzt vor allem auch auf die Gefühle, die aufkamen/kommen, wenn Sie sich die Einzelheiten dieses optimalen Arbeitstages verdeutlichen und schreiben Sie auch diese Gefühle sorgfältig auf.

Beschäftigen Sie sich mit den Einfällen, die im Nachhinein kommen und wiederholen Sie diese Fantasie in einigen Abständen immer einmal wieder.

Es folgt noch eine weitere geleitete Imagination, die sich bei wichtigen Entscheidungen bewährt hat. Sie sollten jedoch zuvor einige Erfahrungen mit Imaginationsübungen gemacht haben.

Zweite Imagination: »Wichtige Entscheidungen treffen«

Zweite Imagination: »Wichtige Entscheidungen treffen«

Ein intensives Training der Imaginationsfähigkeit kann auch bei schwierigen Entscheidungen helfen. Wir haben uns von Penney Peirce und Carol Adrienne (siehe Literaturverzeichnis) zu folgenden Schritten einer Imaginationsübung anregen lassen.

1. Schritt:

Sorgen Sie wieder dafür, dass Sie für die nächsten 45 bis 60 Minuten nicht gestört werden können (Handy ausschalten etc.). Setzen oder legen Sie sich bequem hin und entspannen Sie sich tiefer und tiefer mit einer Methode Ihrer Wahl.

Wählen Sie drei mögliche Alternativen/berufliche Optionen aus, die Sie für erstrebenswert halten, verdeutlichen Sie sich die Entscheidungsalternativen und schreiben Sie diese auf einem Blatt auf.

2. Schritt (vorlesen lassen oder auf Kassette sprechen):

Beginne mit der Alternative, die dir spontan als erste einfällt.

Dann nimm an, diese Alternative hat sich bereits verwirklicht. Stelle dir Schritt für Schritt vor, in welcher Umgebung du dich befindest, wie du dich selbst verhältst und wie andere sich nun verhalten, erlebe mit den auftauchenden Bildern eine vorgestellte Realität, in der du dich unter neuen Voraussetzungen bewegst.

Achte nun auf deine Empfindungen, deine Gefühle.

Was spürst du körperlich? Welche seelischen Regungen, Stimmungen machen sich bemerkbar? Ist es eher ein Anflug von Nervosität oder fühlst du dich erwartungsvoll, freudig erregt?

Vielleicht bleibst du auch ganz ruhig und gelassen. Es kann sich aber auch eine unangenehme Vorahnung, eine Schwere oder Ängstlichkeit einstellen. Möglicherweise erhöht sich der Puls etwas oder die Hände und Stirn werden feucht. Bleibe ruhig und warte ein wenig ab. Die Bilder werden sich weiter entwickeln und dementsprechend auch die Reaktionen.

Sollte dir die erste Alternative aber gefallen, verstärke die positiven Gefühle und lasse die von diesen Bildern ausgehende Kraft stärker und stärker werden.

Vielleicht melden sich neben den Bildern auch Eindrücke der anderen Sinnesorgane, vielleicht hörst du die Stimmen von anderen Personen oder eine vertraute Musik, bestimmte Geräusche oder du nimmst Gerüche wahr. Genieße einen angenehmen Zustand, falls er sich einstellt, vielleicht entwickelt sich sogar ein richtiger Glückszustand.

3. Schritt:

Lasse deiner Fantasie freien Lauf und bewege dich nun in einen Zeitraum hinein, der etwa 4 bis 6 Monate in der Zukunft liegt. Ändern sich die Empfindungen und Gefühle? Von der Entspannung in eine Anspannung hinein oder entwickelt sich noch stärkere Vorfreude? Nehme dich vollständig in diesem Zustand in der Zukunft wahr. Nehme dich aber nur wahr, ohne dir weitere Gedanken zu machen. Es bleibt ein reines Beobachten.

4. Schritt:

Nun bewege dich noch weiter in die Zukunft hinein, ein ganzes Jahr. Bleibe bei dem, was du körperlich wahrnimmst. Gibt es Veränderungen, Verstärkungen oder Abschwächungen? Wird vorher Unangenehmes jetzt angenehmer oder umgekehrt?

Abschluss:

Achte auf einen inneren Impuls. Er wird dir anzeigen, dass es nun Zeit ist, wieder zum heutigen Tag zurück zu kommen. Verabschiede dich von allen Bildern und Empfindungen, Eindrücken und Wahrnehmungen. Lösche diese aus als wenn du mit einem Dimmer das Licht löschst.

Nehme ein paar Mal tief Luft, atme langsam aus und bemerke, wie du dich wieder in einen neutralen Gefühlszustand hineinbewegst.

5. Schritt:

Beginnen Sie dann den ganzen Prozess mit einer der beiden anderen Alternativen von vorn und auf die gleiche Art und Weise. Schließen Sie die Imagination dann anschließend mit der dritten Alternative ab. Führen Sie sämtliche 4 Schritte und den Abschluss immer komplett durch.

6. Schritt:

Nun nehme dir noch etwas Zeit, um dir diese drei Fantasien noch einmal zu verdeutlichen. Aber nun gestalte deine Vorstellungen in der Weise, dass du grundsätzlich passiv bleibst und nichts von dir aus unternimmst. Lasse die Alternativen noch einmal vor deinem geistigen Auge ablaufen, ohne irgendwelche Präferenzen vorzunehmen. Ist diese passive Haltung nun angenehmer oder erzeugt sie eine Anspannung oder gar Ängstlichkeit? Wenn du schrittweise in die Zukunft hineinblickst – wann spürst du den Impuls, aktiv zu werden, die passive Rolle aufzugeben und in das Geschehen einzugreifen?

7. Schritt:

Kehre nun endgültig in die Gegenwart und in den Raum zurück, in dem du dich befindest. Vielleicht möchtest du jetzt gerne einen kleinen Spaziergang machen, angenehme Musik hören, etwas Gutes essen oder dich sonstwie verwöhnen.

Erst nach einiger Zeit solltest du dann auf die Entscheidungsfindung zurückkommen. Wähle dann die Alternative, die ein tief empfundenes Gefühl von Stimmigkeit auslöst, nicht eine, die lediglich eine vorhandene Spannung abbaut und leichter durchzuführen ist. Zähle stimmlos von 5 nach 1 rückwärts. Bei 1 öffnest Du die Augen, atmest tief ein und langsam aus und bist wieder hellwach. (Gegebenenfalls durch ein paar schnelle Armbeugen das Wachwerden verstärken.)

Und schließlich noch eine Fantasie, die sich weit in die Zukunft hineinbewegt:

Dritte Imagination: »80. Geburtstag«

Du feierst in einem großen Kreis von Freunden und Verwandten deinen 80. Geburtstag. Ein guter Freund/ eine gute Freundin hält eine Tischrede auf dein Wohl. Was möchtest Du, dass er/sie über dein bisheriges Leben sagt? Was soll er/sie berichten von deinen Taten und Gedanken? Nimm dir ein paar Minuten Zeit, dir den Ablauf deines Lebens vorzustellen. Lass dich ganz einfach von Ideen und Bildern überraschen, die auftauchen. Versuche aber, nichts zu erzwingen.

Halte anschließend alles, was du gesehen und gehört hast, schriftlich fest.

(Eine andere Version dieser Imagination entsteht, wenn Sie sich zu diesem Geburtstag ein Fernseh- oder Presse-Interview vorstellen.)

Dritte Imagination: »80. Geburtstag«

Sinn dieser Imaginationen ist es nicht, eine Liste von formulierten Werten zu liefern, aber Sie können sich emotional darauf vorbereiten, empfindsamer Ihr inneres Wertesystem zu erspüren bevor Sie sich nun, im nächsten Abschnitt, auch den kognitiv (also bewusst) zugänglichen Werten zuwenden können.

Die bewusst zugänglichen motivationalen Selbstbilder, die Sie nun auf den folgenden Seiten erforschen können, ***sind Ihre Vorstellungen, Ihre Ansichten*** davon, was Ihnen wichtig ist. Sie haben sie im Laufe Ihres bisherigen Lebens nach und nach entwickelt, mal von erstrebenswerten Vorbildern übernommen, mal auch genau in der Opposition zu anderen Menschen (»so will ich auf keinen Fall sein oder handeln«) etabliert, mal haben Sie sich ganz bewusst auf sie eingelassen und viele sind unbewusst einfach integriert worden, so dass auch der bewusste Erkenntnisprozess, den wir jetzt unternehmen, einiger eigener Aufdeckungsarbeit bedarf.

Nach und nach werden Sie immer deutlicher wahrnehmen, in welchen Bereichen die basalen Motive einerseits und die motivationalen Selbstbilder andererseits zusammenwirken, übereinstimmen und kraftvolle Antriebe darstellen. Und es werden Ihnen auch die Bereiche auffallen, in denen es möglicherweise zwischen diesen beiden Motivationsystemen zu Spannungen, zu einem Verlust von Motivationen kommt.

Wenn Sie sich in einem solchen Konfliktfall dann für die bewusst für wichtig erachteten Werte und gegen die basalen Antriebe entscheiden, sollte Ihnen klar sein, dass die bewusste Motivation durch Willenskräfte und/oder durch extrinsische Belohnungen unterstützt werden muss. (Mehr zum Umgang mit den Willenskräften s. S. 193 ff.; die Belohnungliste – ab S. 280 – kann Ihnen zu diesem Thema Anregungen bieten.)

B. Die bewusst zugänglichen Vorstellungen vom eigenen Wertesystem erkennen

Die praktische Umsetzung:

Fragen Sie sich, was Ihnen besonders wichtig ist, was Sie haben wollen, was Sie erleben, erfahren wollen, welchen Input Sie sich wünschen, der Ihr Leben lebenswert machen oder erhalten soll.

Was ist es, was das Leben für Sie sinnvoll macht? Was schenkt Ihnen das Gefühl von Glück? Was macht Sie zufrieden? Welche Voraussetzungen müssen erfüllt sein, damit sich ein Gefühl der freudigen Erregung oder der Gelassenheit, des inneren Friedens einstellt?

Das eigene Wertesystem kennenlernen

Das hier vorgestellte Vorgehen betrachtet im ersten Abschnitt das Leben insgesamt und schafft so einen ganzheitlichen Überblick. Das Prinzip kann in späteren weiteren Schritten dann auch leicht auf spezifische Lebensthemen übertragen werden. (siehe Anhang 1, Seiten 259 ff.).

»Meine wesentlichen Werte«

1. Schritt: Überblick über die Werteliste

1. Schritt: Welche Werte sind mir wichtig: die Werteliste

Schauen Sie sich zunächst einmal an, welche der aufgelisteten Werte für Sie eine besondere Bedeutung haben. Es ist eine Ansammlung von Werten, die immer wieder genannt werden, aber es ist keine abschließende Auflistung. Wenn Sie sich diese Werte anschauen, lassen Sie Gefühle in sich lebendig werden, die diese Begriffe mit Erfahrungen, mit Hoffnungen und Sehnsüchten erfüllen. Einige werden stärkere Resonanzen in Ihnen auslösen, andere schwächere. Einige dieser Werte werden schon einen stabilen Platz in Ihrem Leben einnehmen, andere erfüllen sich nur von Zeit zu Zeit oder sind noch gar nicht real in Erscheinung getreten. Lassen Sie sich von den Werten in dieser Liste zunächst anregen . . .

Werteliste A
(häufig von Menschen genannte Werte)

O Liebe	O Frieden
O Behaglichkeit	O Mobilität
O Heirat/Ehe	O Ein Zuhause
O Gesundheit	O Spiritualität
O Anerkennung	O Ehrlichkeit
O Wissen	O Abhängigkeit
O Alleinsein	O Ruhe
O Zugehörigkeit	O Charisma
O Sich um andere kümmern	O Miteinander teilen
O Kinder	O Popularität
O Freiheit	O Aussehen
O Macht	O Sicherheit
O Nähe	O Gelassenheit
O Religion	O Muße
O Kritikfähigkeit	O Weisheit
O Abenteuer	O Klugheit
O Leidenschaft	O Erfolg
O Erholung	O Persönlichkeit
O Flow	O Reichtum

fokusflow.de

O Vertrauen	O Spaß
O Solidarität	O Freundschaft
O Loyalität	O Prestige
O Familie	O Herausforderung
O Ordnung	O Nachhaltigkeit (ökolog.)
O Kreativität	O Bequemlichkeit
O Pünktlichkeit	O Selbstausdruck
O Vergnügen	O Sportlichkeit
O Individualität	O Unabhängigkeit
O Gerechtigkeit	O Kompetenz
O Einfluss	O Glaube

2. Schritt: Ergänzung der Werteliste

. . . und ergänzen Sie sie mit eigenen Werten, die möglicherweise auf der Liste fehlen.

2. Schritt: Ihre persönliche Ergänzung der Werteliste

Meine persönliche Ergänzung der Werteliste:

O ______________________________

O ______________________________

O ______________________________

O ______________________________

O ______________________________

3. Schritt: Auswahl der zehn wichtigsten Werte

Wählen Sie jetzt die für Sie derzeit zehn wichtigsten Werte aus, unabhängig davon, ob oder wie stark sie derzeit bereits Erfüllung finden. Es kommt jetzt nur darauf an herauszufinden, was Ihnen wirklich am wichtigsten in Ihrem Leben ist. Lassen Sie dabei die Rangfolge der Werte unter sich noch unberücksichtigt. Auf die hierarchische Bedeutung der Werte gehen wir erst im nächsten Schritt ein.

3. Schritt: Auswahl der zehn wichtigsten Werte

Meine derzeit zehn wichtigsten Werte:

____

____

____

____

____

____

____

____

____

____

4. Schritt: Mittelwerte erkennen

4. Schritt: Zwischenüberlegung – Der Unterschied zwischen Mittel- und Endwerten

Achten Sie nun auch auf den Unterschied zwischen Mittelwerten und Endwerten. Es gibt einen prinzipiellen Unterschied zwischen Werten.

Von den Werten aus unserer Liste ist Liebe z. B. ein emotionaler Endzustand, den wir erstreben.

Familie und Geld z. B. sind anders geartete Werte, sie sind *Mittel* zur Erreichung eines emotionalen Zustandes.

Eine Familie kann z. B. Liebe, Sicherheit, Geborgenheit, Freude, Glücklichsein vermitteln. Das, wonach Sie eigentlich streben, ist das glückliche Gefühl der Erfüllung dieser Endwerte.

Sie vermeiden eine der übelstens Fallen des Lebens, wenn Sie diese Wertekategorien nicht miteinander verwechseln, sondern genau überlegen, worauf es Ihnen letztlich ankommt. Erreicht man nämlich lediglich die Verwirklichung der Mittelwerte, bleibt das, was einem wirklich wichtig ist, dann möglicherweise doch unerfüllt, und man fragt sich mit einem schalen Gefühl zu Recht irgendwann, ob es das denn alles wert war, was man an Energie und Lebenszeit in die Realisierung der Mittelwerte hineingesteckt hat.

Wer nur Mittelwerte verfolgt, ohne sich der angestrebten Endzustände bewusst zu sein, riskiert in höchstem Maße Frustration.

Mittel- oder Endwerte? Machen Sie gleich die Probe aufs Exempel, nehmen Sie an, »Geld« sei ein wichtiger Wert:

Was gibt mir Geld (=Mittelwert)? Welche emotionalen Endwerte kann ich mit Geld erreichen?

____

____

____

____

____

____

____

____

Zwischenüberlegung: Mittelwerte von Endwerten unterscheiden

Fortsetzung:

Ein weiteres Beispiel: »Familie«

Welche Endwerte könnten durch eine Familie (= Mittelwert)für mich Erfüllung finden?

Ein weiterer eigener Mittelwert ist:

Was kann ich durch ihn erreichen?

Kennzeichnen Sie, sobald Sie Klarheit gefunden haben, in Ihrer Werteliste die Mittelwerte mit einem **M** und machen Sie sich Gedanken darüber, welche Endwerte Sie mit diesen Mittelwerten eigentlich anstreben. Möglicherweise führt das zu weiteren Ergänzungen und auch Veränderungen Ihrer Werteliste. Nehmen Sie erst im Anschluss daran das Ranking (Schritt 5) vor.

5. Schritt: Rangfolge der Werte erstellen

Jetzt erstellen Sie eine Rangfolge Ihrer Werte. Das, worauf Sie unter gar keinen Umständen verzichten wollen, das Wichtigste in Ihrem Leben bekommt den ersten Platz. Dann legen Sie den zweitwichtigsten Wert fest usw., bis Sie dann auf Platz 10 den Wert plazieren, auf den Sie noch am ehesten bereit wären zu verzichten.

Und machen Sie sich deutlich: Das, was Sie jetzt herausfinden, ist eine Hierarchie von Werten, so wie sie derzeit vorhanden ist. Sie machen im Moment nichts anderes als eine Bestandsaufnahme. Ob Sie diesen Schritt jetzt praktisch vollziehen oder nicht, sämtliche Ihrer alltäglichen Entscheidungen werden von diesem Wertesystem unbewusst und blitzschnell vorbereitet. Es jetzt einmal aufzuschreiben bedeutet zunächst nur, sich diese inneren Entscheidungs- und Auswahlprozesse einmal bewusst deutlich zu machen.

Leben ist immer wieder aufbrechen zu dem Ziel, das du im Herzen verspürst.
Irina Rauthmann

Unser inneres System bemüht sich ständig, erwünschte Zustände auch tatsächlich zu erreichen. Dabei hilft die festgelegte Rangfolge von Werten in Situationen, in denen nicht alles gleichzeitig realisierbar ist (und diese Situationen machen in der Regel 100 % unseres Lebens aus), das Wichtigere zu Lasten des weniger Wichtigen durchzusetzen. Bei einer bewussten Betrachtung dessen, was sich dabei abspielt, werden Sie vermutlich manchmal recht amüsiert schmunzelnd feststellen (wenn Sie genügend Humor haben, über sich selbst auch einmal lachen zu können), was Ihr inneres System so alles für wichtig hält, wenn Sie es einfach so gewähren lassen. Wir sammeln die meisten Werte in unserem Leben ja irgendwann und irgendwo auf unse-

Wichtige Dinge dürfen nie den unwichtigen untergeordnet werden.
Johann Wolfgang von Goethe

rem Wege auf, halten sie fest und plötzlich werden sie lebensentscheidend. Sie können davon ausgehen, dass Ihre gegenwärtigen Lebensumstände auf einem Wertesystem beruhen, das sich vor etwa drei bis fünf Jahren in Ihnen etabliert hat. Und das Wertesystem, das Sie momentan steuert, wird Ihre Lebensumstände in etwa drei Jahren ausmachen.

Die oberste Priorität sollte Endwerten gehören.

Ohne dass wir uns nun zu sehr in Ihre konkrete Werteermittlung mit einmischen möchten, sei uns der Hinweis gestattet, dass sich zumindest in dem oberen Bereich der vier bis fünf wichtigsten Werte tunlichst nur Endwerte befinden sollten.

Du bist heute, was du gestern gedacht hast. *Buddha*

Da unser Wertesystem ständigen Veränderungen unterliegt, ist es auch recht aufschlussreich, sich nach ein paar Jahren, wenn man diesen Prozess einige Male gemacht hat, die früheren Wertelisten einmal anzuschauen. So wird Ihnen Ihr eigener Entwicklungsprozess deutlich. Sie können dann an sich selbst beobachten, was Maslow als das Bedeutungswechselprinzip beschrieben hat *(s. Fokus 1: Selbstmotivation – zu den Quellen Ihrer Energie).*

Machen Sie einen Termin mit sich selbst.

Es hat sich als sinnvoll erwiesen, mindestens einmal im Jahr sich eine derartige Rechenschaft vor sich selbst abzulegen. Gerade am Anfang kann es aber auch nicht schaden, schon nach sechs Monaten einmal gründlicher hinzuschauen, was sich bei einem getan hat.

Machen Sie doch gleich in Ihrem Terminplaner einen Termin mit sich selbst, um diese Arbeit spätestens dann wieder aufzugreifen. Viele Teilnehmer unserer Seminare nutzen die *»Tage zwischen den Jahren«*, also die Zeit zwischen Weihnachten und Neujahr oder den Beginn der zweiten Urlaubswoche für diese Arbeit.

(In der Fortsetzung des Prozesses gehen wir jetzt zunächst mal davon aus, dass das Wertesystem, das Sie jetzt ermittelt haben, für Sie auch dem entspricht, was Sie sich wünschen. Natürlich können Sie aber Ihr Wertesystem auch jederzeit ändern, sowohl was die einzelnen Werte als auch was ihre Rangfolge betrifft. Wir werden auf dieses Thema später im

Teil II zurückkommen, in dem wir uns mit den Fallstricken und der Überwindung von Hindernissen gründlich beschäftigen.

Es steht Ihnen aber selbstverständlich bereits jetzt gleich frei, neue Werte in die Liste aufzunehmen, sich von alten zu verabschieden und Rangfolgen zu verändern, so dass Sie erste Schritte eines Veränderungsprozesses einleiten.)

fokusflow.de

5. Schritt: Rangfolge der zehn wichtigsten Werte erstellen

Meine derzeit zehn wichtigsten Werte sind (Rangfolge nach Prioritäten geordnet):

1. ______________________
2. ______________________
3. ______________________
4. ______________________
5. ______________________
6. ______________________
7. ______________________
8. ______________________
9. ______________________
10. ______________________

Datum: ______________

Wiedervorlage: ______________

6. Schritt: Erfüllungsgrad festlegen und visualisieren – Das Integritätsrad

6. Schritt: Das Intergritätsrad ermöglicht, den derzeitigen Grad an Zufriedenheit festzustellen

Es empfiehlt sich, eine grafische Darstellung in Form eines Integritätsrades anzufertigen (s. Abb. 11). Der Name der Darstellung beruht darauf, dass ein Mensch, der in einem hohen Ausmaß tatsächlich das lebt und erfährt, was wert-voll für ihn ist, von anderen als integer, reif und in sich ruhend, wenig von außen beeinflussbar wahrgenommen wird. Mit dem Grad der persönlichen Werteerfüllung wächst die persönliche Integrität eines Menschen und seine Identität erfährt eine immer individuellere Ausprägung.

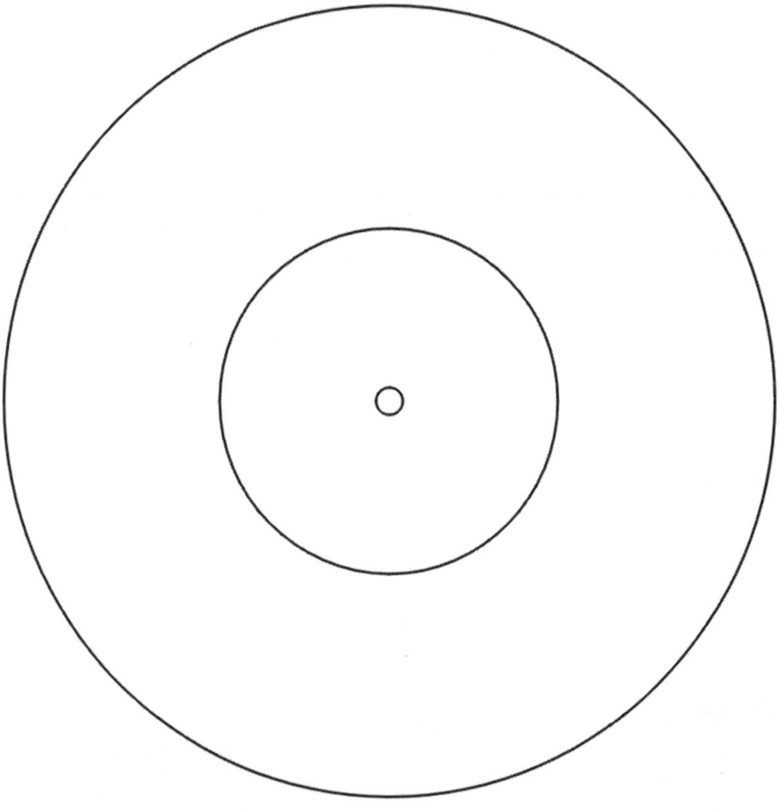

Abb. 11: Das Integritätsrad (noch nicht ausgefüllt)

Falls Sie die Formulare nicht aus dem Internet abrufen, sollten Sie sich jetzt zunächst ausreichende (vergrößerte) Kopien des noch nicht ausgefüllten Integritätsrades anfertigen.

Teilen Sie *erst dann* den inneren Kreis in zehn Sektoren auf und tragen Sie zunächst Ihre zehn wichtigsten Werte (in beliebiger Reihenfolge) in diese Sektoren ein. Verlängern Sie dann die Sektoren bis zur Peripherie des äußeren Kreises *(s. Abb. 12). (Für die speziellen Lebensbereiche B 1 – 6 (siehe Anlage 1 S. 259 ff.) werden die Integritätsräder nur in sechs Sektoren aufgeteilt.)*

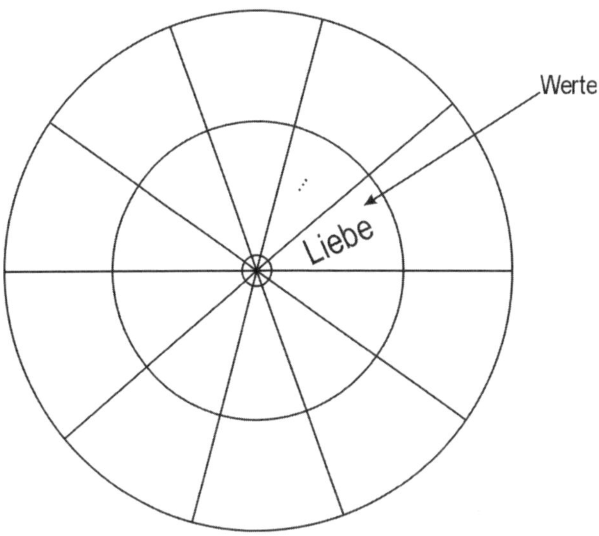

Abb. 12: Beispiel: Integritätsrad – mit dem Wert »Liebe« ergänzt, die weiteren Werte sind entsprechend einzutragen.

Überlegen Sie sich jetzt bei jedem Wert, in welchem Ausmaß in Ihrer gegenwärtigen Lebenssituation dieser Wert Erfüllung findet, wie zufrieden Sie hier sind, und bestimmen Sie einen entsprechenden Prozentsatz zwischen 0 % = gar nicht und 100 % = maximal zufrieden. Füllen Sie sodann den Sektor farbig oder schraffiert aus, um den Grad an Erfüllung bildhaft darzustellen *(s. Abb. 13). (Es kommt hierbei nicht auf Exaktheit an, eine grobe Annäherung reicht völlig aus.)*

So erhalten Sie ein klares Bild Ihrer gegenwärtigen Motivationsstruktur.

So erhalten Sie ein klares Bild Ihrer derzeitigen Motivationsstruktur. Dort, wo Ihr Wert demnach noch nicht zu 100 % erfüllt ist, haben Sie ein Motiv, einen Beweg-Grund, entsprechende Erfüllungs-Aktivitäten zu entwickeln. Im ersten Kapitel haben wir gesehen: Motiv kommt vom lateinischen movere = bewegen. Ein Motiv bewegt etwas in uns oder bewegt uns selbst oder veranlasst uns, etwas in Bewegung zu setzen, damit ein Bedürfnis, ein Wert erfüllt wird. Ein Motiv liefert also einen Grund für eine Bewegung, eine Aktivität, damit wird es zum Beweg-Grund, etwas zu unternehmen, um einen größeren Grad an Erfüllung, an Zufriedenheit zu erlangen.

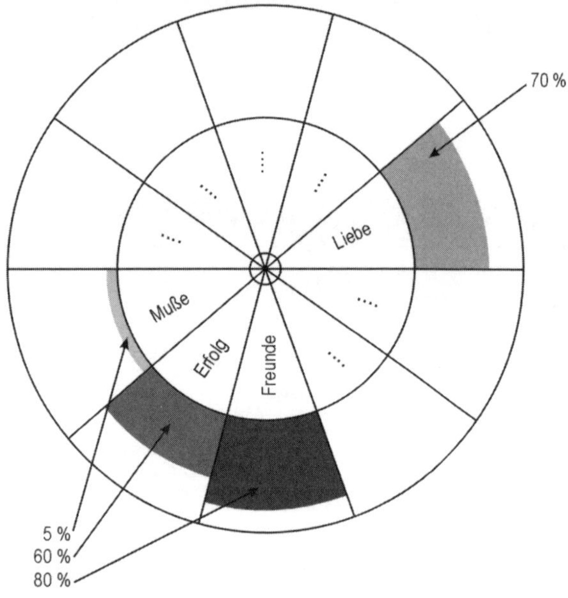

Abb. 13: Beispiel eines (teilweise) ausgefüllten Integritätsrades

Persönlichkeit: Integrität und Charisma

Aus den Defiziten erwächst die Kraft zu Veränderungen, zu persönlichem Wachstum. Hierin steckt die Quelle der Energie zur Verfolgung wichtiger Ziele. Aus den bereits stärker ausgefüllten Sektoren erkennen wir unseren Grad an Erfüllung, an Sinnerfahrung, an persönlicher Authentizität und möglicher Gelassenheit. Ein Mensch, der in hohem Maße sein Wertesystem lebt und erlebt, wird – jedenfalls in unserer

Kultur – von anderen als eine in sich ruhende Persönlichkeit, als ein Mensch mit Integrität und Charisma wahrgenommen.

Das Integritätsrad vermittelt ein Bild über diese Annäherung an ein werte- und damit sinnerfülltes Leben. Doch bitte auch hier: *kein Perfektionismus*. Es geht nicht darum, alle Sektoren zu 100 % auszufüllen. Das ist nach Maslows Untersuchungen ohnehin nicht möglich, da sich die Bedeutungsgehalte der Werte immer wieder in unserem Leben ändern können.

Kein Perfektionismus – es geht um Exzellenz.

Die Bereiche, auf deren Gestaltung wir einen Einfluss nehmen können, sollten wir *möglichst* weit ausfüllen, d. h. nach unseren *Möglich*keiten und nicht darüber hinaus.

Da unsere Ressourcen, Kräfte und unsere Zeit begrenzt sind, können wir allerdings nicht gleichzeitig unsere Energie in allen zehn Bereichen einsetzen. Es gilt, von Zeit zu Zeit innezuhalten und sich zu entscheiden, worauf Sie Ihre AUFMERKSAMKEIT und Energie konzentrieren wollen. Alles wollen und alles gleichzeitig wollen heißt, gar nichts zustande zu bringen.

Die Antriebskräfte erkennen und die erwünschten *auswählen:* Alles wollen und alles gleichzeitig wollen heißt, gar nichts zustande zu bringen.

Es sind dabei unterschiedliche Zeitperspektiven denkbar: kurzfristige (momentane), mittelfristige (sechs bis 18 Monate) und langfristige Werterealisierung.

7. Schritt: Konzentrieren Sie sich auf das Wesentliche – zwei bis drei Werte auswählen

7. Schritt: Die drei wichtigsten Werte auswählen: Beginnen Sie mit einer mittelfristigen Zeitperspektive von zwölf bis 18 Monaten.

Um es überschaubar zu handhaben, empfiehlt es sich, zunächst einmal für einen mittelfristigen Zeitraum von ca. zwölf bis 18 Monaten zwei bis drei Werte herauszugreifen, deren Erfüllungsgrad Sie deutlich erhöhen möchten. Markieren Sie die entsprechenden Sektoren mit einem Pfeil *(s. Abb. 14)*.

Sobald Sie eine gewisse Erfahrung mit dieser Methode gesammelt haben, empfiehlt es sich, den ganzen Prozess mit einer Perspektive von fünf, zehn oder 15 Jahren für die langfristigen Visionen zu wiederholen.

Und nichts spricht dagegen, sich auch die nächsten sechs Monate oder sogar einen einzelnen Tag, ja, eine einzige Stunde einmal unter diesem Gesichtspunkt anzuschauen.

Das ist die Essenz von Selbstmotivation: Klarheit über das, was persönlich wertvoll ist, zu erlangen und eine bewusste Auswahl zu treffen, worauf in einem bestimmten Zeitraum die besondere AUFMERKSAMKEIT bei dem Einsatz von Zeit und Energie gerichtet werden soll.

Und auch hier soll noch einmal darauf hingewiesen werden, dass dieser bewusste Prozess immer auch vor dem Hintergrund Ihrer Gefühle, Ihrer basalen Motive *(»Ist es ein Weg mit Herz?«)* stattfinden sollte.

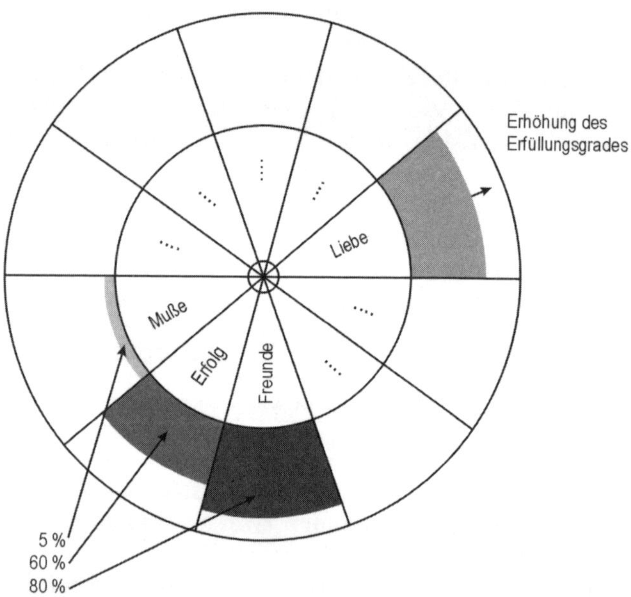

Abb. 14: Auswahl der mittelfristig verstärkt zu realisierenden Werte (im Beispiel: Markierung im Sektor »Liebe«)

8. Schritt: Bedeutungsgehalt der ausgewählten Werte beschreiben

8.Schritt: Welchen Bedeutungsgehalt geben Sie Ihren Werten?

Im nächsten Schritt kommt es jetzt darauf an, dass Sie für sich selbst beschreiben, welche Bedeutung diese Werte für Sie haben. Ein erstaunliches Phänomen: Wir verwenden all diese Begriffe ständig, aber wir unterhalten uns höchst selten darüber, was denn die einzelnen Werte für uns wirklich bedeuten. Und wir machen uns selten selbst Gedanken darüber.

Werte werden von den Menschen individuell recht unterschiedlich mit Bedeutungsgehalt versehen: Die Sprache ist trügerisch – sie gaukelt uns Eindeutigkeit nur vor.

In unseren Seminaren stellen wir immer wieder fest, dass diese Begriffe, die wir in der Werteliste (s. S. 88 f.) gesammelt haben und die ja zunächst nur schlichte Wörter sind, von den Menschen mit höchst unterschiedlichen Inhalten ausgefüllt werden. Es gibt auch keine festliegenden Definitionen. Wir sind zu unserem eigenen Verständnis darauf angewiesen, diese Begriffe selbst mit Bedeutungsgehalt zu füllen. Ein spannendes Unterfangen. Was bedeutet eigentlich »*Liebe*«, was bedeutet »*Freiheit*«, was bedeutet »*Abenteuer*« oder »*Erfolg*« für Sie?

Beschreiben Sie in ein oder zwei Sätzen, was es für Sie heißen würde, wenn sich der betreffende Wert in einem wesentlich höheren Ausmaß als derzeit in Ihrem Leben erfüllen würde. Und lesen Sie bitte auch an dieser Stelle nicht weiter, bevor Sie diesen praktischen Schritt nicht gemacht haben. Sie haben sonst wirklich nichts von dem Rest des Buches, wenn Sie an dieser Stelle nicht ein paar Minuten investieren. Unser Vorschlag: Gönnen Sie sich etwas Gutes, wenn Sie sich an diese Arbeit machen. Vielleicht eine gute Tasse Kaffee oder Tee, eine schöne Hintergrundmusik oder eine Yoga- oder Meditationsübung, bevor Sie beginnen.

Beispiel:
Berufliche Professionalität bedeutet für mich, dass ich in Beratungsgesprächen meinem Gesprächspartner gut und aufmerksam zuhöre und die Dienstleistungen meines Unternehmens auf die Bedürfnisse der Kunden zugeschnitten anbiete.

fokusflow.de

(1. Wert:) ________________ bedeutet für mich, dass

____

____

(2. Wert:) ________________ bedeutet für mich, dass

____

____

(3. Wert:) ________________ bedeutet für mich, dass

____

____

So entstehen unsere Wünsche.

Die Beschreibung der Bedeutung eines Wertes, der zur Zeit noch gar nicht oder nicht ausreichend erfüllt ist oder dessen stabile ständige Erfüllung uns am Herzen liegt, ist nichts anderes als die Beschreibung eines Wunsches, den wir haben.

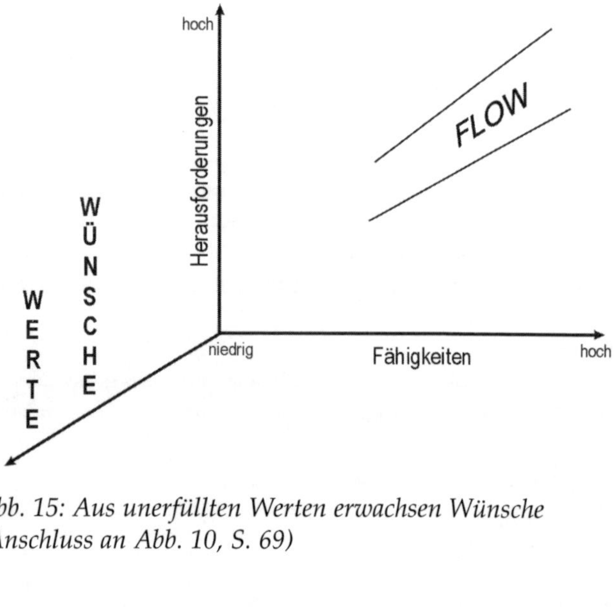

Abb. 15: Aus unerfüllten Werten erwachsen Wünsche (Anschluss an Abb. 10, S. 69)

Aus der genauen Beschreibung der Bedeutung des jeweiligen Wertes und aus dem Ausmaß, in dem dieser Wert in Ihrem Leben noch nicht oder nicht ausreichend erfahren wird, ergeben sich die Wünsche nach Erfüllung in diesem Bereich.

9. Schritt: Wünsche verwirklichen – Das Zielszenario

9. Schritt: Ein Zielszenario entwerfen

Es gibt nahezu niemanden, der wunschlos glücklich ist. Jeder Mensch hat Wünsche. Allerdings sind nur 5 % der Menschen in der Lage, aus ihren Wünschen tatsächlich Wirklichkeit werden zu lassen. Der Rest von 95 % entwickelt möglicherweise einige Aktivitäten, belässt es im Großen und Ganzen jedoch beim Hoffen. Was macht den Unterschied aus? Was unterscheidet die 5 % vom Rest?

Die vorausschauende Kraft der Fantasie mobilisieren

Die Menschen, die ihre Wünsche realisieren, entwickeln in ihrer Fantasie ein Bild, das die Erfüllung ihres Wunschtraumes darstellt. Sie können die vorausschauende Kraft ihrer Fantasie zielgerichtet einsetzen und schaffen sich so ein vorgestelltes Bild, ein ganzes *Szenario* der Erfüllung ihrer Werte.

Sie sehen sich selbst innerhalb dieses Szenarios und sie freuen sich in ihrer Vorstellung, das Gewünschte bereits erreicht zu haben. Wünschen sie sich z. B. den Erwerb bestimmter Sprachkenntnisse, so denken diese Menschen nicht, es wäre schön, Italienisch verstehen und sprechen zu können. Nein, sie sehen sich in ihrer Phantasie bereits in einem stimmungsvollen Restaurant in Rom in einer anregenden Unterhaltung mit einem sympathischen Einwohner dieser Stadt über eine am Tag zuvor erlebte Opernaufführung in Verona. Oder sie erleben sich bei einer Jahrestagung der Familientherapeuten in Mailand dankend den Applaus entgegen nehmend nach einem von ihnen in italienischer Sprache gehaltenen Kurzvortrag. Oder sie sehen sich einen Kontoauszug ihrer Bank mit einem bestimmten Guthabenbetrag in ihren Ordner einheften, erleben sich beim Pflanzen eines Orangenbaumes auf ihrem Feriengrundstück oder bei der Übernahme einer Funktion mit größerer Verantwortung in ihrer Firma.

Es geht also darum, sich ein anschauliches Bild einer persönlich erlebten Zukunft zu schaffen, in der ein

Jedesmal, wenn ich mir meinen Erfolg vor meinem geistigen Auge vorstelle, kommt er leichter zu mir.
Liah Kraft-Macoy

Visualisieren heißt, sich etwas so vorzustellen, dass diese Vorstellung zur Realität wird.
Shakti Gawain

Wert, bei dem zur Zeit ein starkes Defizit besteht, deutlich stärker erfüllt erlebt wird. Es geht um die Erschaffung eines Zielszenarios, um den Prozess der Zielsetzung und die klare innere Entscheidung, dieses Ziel auch tatsächlich erreichen zu wollen (*»Commitment«).*

Um die eigenen Wünsche realisieren zu können, benötigen wir

- eine lebhafte sinnliche Vorstellung über den Zielzustand und
- eine konkrete, schriftlich festgehaltene Zielformulierung, die anschauliche Beschreibung oder bildhafte Darstellung eines Zielszenarios.

Wünsche entstehen aus nicht zufrieden stellend erfüllten Werten.

Ziele helfen, Wünsche zu verwirklichen.

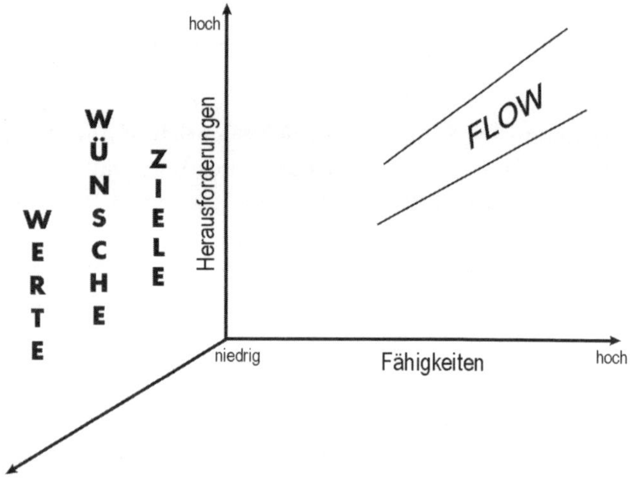

Abb. 16: Wünsche realisieren sich durch Zielszenarien

Sie können jetzt nachvollziehen, wie sich der FLOW-*Raum füllt: von den Werten (S. 69, Abb. 10), über die Wünsche (S. 102, Abb. 15) zu den Zielszenarien (Abb. 16, oben).*

Wegen der großen Bedeutung dieses Themas haben wir der Frage des Entwurfes eines Zielszenarios *ein eigenes Kapitel gewidmet. Das weitere Vorgehen wird in Fokus 4: Das Zielszenario beschrieben (s. S. 109 ff.).*

In diesem Kapitel haben Sie mit der Werteliste A 1 (Seite 88 f.) zunächst einen Überblick über Ihr *gesamtes* Wertesystem gewinnen können. In Anhang 1 (Seite 259 ff.) können Sie sich darüberhinaus einen Einblick in einige *spezifische Bereiche des Lebens* verschaffen. Sie finden dort die einzelnen spezifischen Wertelisten (B1 – B6). Die Vorgehensweise ist dann identisch mit den hier für die Werteliste A1 erarbeiteten Schritten 1 – 9, (beginnend auf S. 87), so dass wir im Anhang den Anleitungstext nicht wiederholen. Sie finden dort aber auf der ersten Spalte eine kurze Checkliste zur Wiederholung des Vorgehens. Wenn Sie zu einem späteren Zeitpunkt auch die Wertelisten im Anhang 1 durchgearbeitet haben, können Sie die Ergebnisse auf der nun folgenden Seite zusammenfassen.

Sie können die Werteklärung in sechs speziellen Lebensbereichen vertiefen:

1. *Persönliches Wachstum (Persönlichkeitsentwicklung)*
2. *Beruf, Karriere, Unternehmen*
3. *Persönliche Beziehungen, Freundschaft, Liebe, Familie, Zuhause*
4. *Körper, Gesundheit, Sport, Spiel, Freizeit, Urlaub, Erholung*
5. *Materielles, Besitz, Vermögen*
6. *Wertschätzung durch andere, Prestige, Anerkennung, gesellschaftliche Rolle*

Näheres siehe Anhang 1, Seite 259 ff. Wenn Sie sich dort Klarheit verschafft haben, können Sie an diese Stelle zurückkehren. Die Integration aller Bereiche gelingt dann mit den nächsten beiden Seiten, mit deren Hilfe Sie sich eine gute Übersicht verschaffen können, über das, was Ihnen am wichtigsten ist.

Sechs weitere Wertelisten finden Sie ab Seite 259 ff.

Übersicht über künftig stärker erfüllte Werte:

1. Werteübersicht A: »sämtliche Lebensbereiche« Hier können Sie – maximal – drei Werte ein tragen, (s. Schritte 7 und 8, S. 99 ff.)

1. ______________________________

2. ______________________________

3. ______________________________

Wenn Sie die Wertelisten im Anhang 1 (Seite 259 ff.) bearbeitet haben, können Sie die Ergebnisse hier eintragen.

Bei den jeweiligen besonderen Lebensbereichen (siehe Anhang1) jeweils nur einen Wert eintragen:

B 1: Persönliches Wachstum, Persönlichkeitsentwicklung

____

B 2: Beruf, Karriere, Unternehmen

____

B 3: Persönliche Beziehungen, Freundschaft, Liebe, Partnerschaft, Familie, Zuhause

____

B 4: Körper, Gesundheit, Sport, Spiel, Freizeit, Urlaub, Regeneration

____

B 5: Materielles, Besitz, Vermögen

____

B 6: Wertschätzung durch andere, Prestige, Anerkennung, gesellschaftliche Rolle

____

fokusflow.de

(1. Wert:) bedeutet für
mich, dass

(2. Wert:) bedeutet für
mich, dass

(3. Wert:) bedeutet für
mich, dass

(4. Wert:) bedeutet für
mich, dass

(5. Wert:) bedeutet für
mich, dass

(6. Wert:) bedeutet für
mich, dass

fokusflow.de

Für mich ist einer der erstaunlichsten Vorgänge,
wie neue Ideen und Möglichkeiten denen zufallen,
die entscheiden,
was sie wirklich wollen,
und den Mut haben,
ihren Entscheidungen nachzugehen.

Von allem, was ich kenne,
kommt das echter Zauberei am nächsten.

Michael LeBoeuf

Das ist die typische Eigenschaft schöpferischer Ideen:
Zuerst muss man sie ins Leben rufen,
auf ein bestimmtes Ziel hinlenken
und sie zu verwirklichen streben,
bis sie schließlich aus eigener Kraft
jeden Widerstand beiseite fegen.

Ideen aktivieren geistige Kräfte,
die zwar unsichtbar sind,
die aber dennoch eine weit größere Macht entfalten als das Gehirn,
in dem sie entstanden sind.
Sie leben sogar noch weiter, wenn das Gehirn,
dem sie einmal entsprungen sind,
längst zu Staub geworden ist.

Napoleon Hill

Fokus 4: Das Zielszenario – die Konzentration der Kräfte

»People are not lazy. They simply have impotent goals – that is, goals that do not inspire them.« Anthony Robbins

Das eigentliche Geheimnis der Selbstmotivation erschließt sich Ihnen, sobald Sie den Unterschied zwischen *Wünschen* und *Zielen* verstehen.

Menschen sind nicht faul, ihnen fehlen lediglich kraftvolle, anspornende Ziele, die ihre Inspiration und Begeisterung wecken.
Anthony Robbins

Ein *Wunsch* ist es, ein exzellenter Sportler zu sein. Ein *Ziel* ist es, bei den Olympischen Spielen im Jahre X in einer bestimmten Disziplin die Goldmedaille zu erringen.

Ziele sind die Beschreibungen zukünftiger Zustände, die man für persönlich erstrebenswert hält. Im Unterschied zu bloßen Wunsch-Vorstellungen sind Ziele konkret erreichbar. Man kann sich wünschen, gesund, reich und glücklich, selbstbewusst, herzlich, erfolgreich, fürsorgend, liebevoll, ausgeglichen, weise zu sein – aber man wird nie so ganz genau wissen, bin ich es nun oder bin ich nach wie vor nur auf dem Weg, es zu werden.

Mit anderen Worten, Wünsche beschreiben eine Ausrichtung, sind Ausdruck dessen, was uns wichtig und wertvoll ist. Ihre Erfüllung erleben wir in einzelnen Momenten zu einem mehr oder weniger großen Anteil, nie jedoch ganz. Wenn wir jedoch ein Ziel erreichen, wissen wir: Jetzt ist es geschafft. Jetzt, in diesem Moment, ist das zur Realität geworden, was ich mir vor drei Jahren oder sechs Monaten oder ein paar Wochen vorgenommen hatte.

Ziele sind die Leuchtfeuer für das Handeln.
Dietrich Dörner

Ein Ziel unterscheidet sich von einer bloßen Wunschvorstellung vor allem dadurch, dass *die Verwirklichung exakt erkennbar ist.*

Im bloßen Wünschen bleiben Narren untätig. Wo aber ein Wille ist, findet die Weisheit ihren Weg.
George Crabbe

Man kann sehen, anfassen, fühlen, zählen, riechen, schmecken, dass nun das vorhanden ist, was man sich bis zu diesem Zeitpunkt nur vorgestellt hat. Wir können die Bedeutung dieser Unterscheidung von gedanklichen Wünschen und klaren, anschaulichen Zielen, nicht stark genug betonen.

Earl Nightingale hat (mit Blick auf die USA) darauf hingewiesen, dass zwar alle Menschen irgendwelche unerfüllten Wünsche haben, dass aber nur etwa 5 % der Menschen klar formulierte, selbst gesteckte Ziele verfolgen. Und er betonte, dass es einen direkten Zusammenhang gäbe zwischen der Realisierung von Vorhaben und einem klaren Bild von dem Erstrebten.

Menschen tendieren dazu, zu dem Bild zu werden, das sie sich von sich selber machen. Sie konstruieren sich eine Realität und werden dadurch zu dieser Realität.
Carole Maleh, Matthias zur Bonsen

Erst wenn aus einem Wunsch ein klares, anschauliches Vorstellungsbild entwickelt wird, entfalten sich die Kraft und Ausdauer (= die Selbstmotivation), die nötig sind, um aus einem Bild eine neue Wirklichkeit werden zu lassen. Nur selten erfüllen sich Wünsche von selbst. Wir sprechen dann von Zu-Fällen, von Glücks-Fällen. Meistens allerdings gehört eine gehörige Portion eigenen Einsatzes dazu, um selbst gesteckte Ziele zu verwirklichen. Oft bedarf es der Unterstützung durch andere Menschen und der Überwindung äußerer (recht häufig aber auch sogar innerer) Hindernisse auf dem Weg zum Gelingen.

Wir sprachen zu Beginn dieses Buches vom richtigen Umgang mit Energien, Informationen und Zeit. Das ist kein mechanischer Vorgang, bei dem durch einen bestimmten Input einen bestimmten Output produziert wird, sondern eine gestaltende Kunst, die Unvorhergesehenes einbezieht, sich überraschen lässt, das Leben nicht in ein Korsett zwingen will, aber andererseits auch nicht passiv und schicksalsergeben alles von anderen bestimmen lässt.

Es geht um die persönliche Bewährungsprobe, immer und immer wieder den schmalen Grat der Bewegungsmöglichkeit zwischen *Freiheit und Schicksal (Rollo May)* auszuloten und den momentanen Bereich eigener Wirkungsmöglichkeit mit Mut und Fantasie auszugestalten. Es gilt insbesondere auch den Begriff Freiheit in diesem Zusammenhang nicht nur als ein »frei sein von« sondern als ein »frei sein für etwas« zu begreifen. Ziele zu formulieren wird von manchen Menschen als eine Einschränkung ihrer Freiheit verstanden. Aber was für einen Wertgehalt hat Freiheit, wenn wir sie gar nicht nutzen?

Niemand ist frei, der nicht über sich selbst Herr ist.
Matthias Claudius

Freiheit bleibt ein inhaltsloser, abstrakter Begriff, wenn wir nicht von Zeit zu Zeit die Freiheit auch tatsächlich einsetzen, leben und nutzen für zielführende Entscheidungen, für Festlegungen und den Abschied (das Wort Ent-Scheidung hat hat ja nicht zufällig den Bestandteil des Trennens, des Scheidens in sich) von anderen Möglichkeiten.

Freiheit heißt nicht nur »frei von« zu sein, sondern auch »frei für« zu sein.

Das Ausrichten auf ein klar formuliertes Ziel hat in sich eine hohe Qualität von Freiheit, weil es erlebte, tatsächliche Freiheit ist, die sich aus dem diffusen Bereich des nur theoretisch Möglichen als neue Wirklichkeit entfaltet.

Dieses bewusste Gestalten konzentriert unsere AUFMERKSAMKEIT wie unsere Energien, kann uns Kraft und Ausdauer schenken. Und möglicherweise ist dieser Umgang mit der schöpferischen Kraft der Fantasie den Menschen schon seit Urzeiten vertraut – er gerät wohl nur immer mal wieder in Vergessenheit und jede Generation muss für sich eine Sprache finden, in der diese Art des Vorgehens Überzeugungskraft gewinnt.

Am Anfang war das Bild

Nutzen Sie ein Prinzip, das schon vor 13.000 Jahren eingesetzt wurde.

Nehmen Sie sich etwas Zeit für das Betrachten der nächsten Abbildung, einer Höhlenmalerei aus Niaux in Südfrankreich, knapp 13.000 Jahre alt.

Dieses Bild wie viele inzwischen entdeckte ähnliche Höhlenbilder u. a. in Frankreich, in der Sahara und in Südafrika gehört zu den ältesten Zeugnissen menschlichen Wirkens, die uns erhalten sind. Es sind häufig Jagdszenen, die wir in den Höhlen sehen. Bilder von erlegten Tieren. Die Jagdwaffen, Pfeile, Speere stecken noch in ihren Körpern.

Manchmal tauchen auf den Bildern auch Menschen auf, in Strichen dargestellt:

Menschen, die sich der Herausforderung stellen.

Uns sind nur die Bilder überliefert, nicht die Zusammenhänge, aus denen heraus sie geschaffen wurden. Wir sind auf Vermutungen angewiesen, was die frühen Künstler bewogen hat, genau diese Momente festzuhalten.

Abb. 17: Der »Bison mit den Einschusslöchern« aus Niaux (aus dem Buch von Louis-René Nougier »Die Welt der Höhlenmenschen«, mit freundlicher Einwilligung des Artemis Verlages, Düsseldorf)

Die Forscher sind immer noch damit beschäftigt, mehr über diese frühen Zeichnungen herauszufinden. Wir wollen uns hier nicht mit den verschiedenen Hypothesen aufhalten, warum unsere Vorfahren so viel Energie und Geschicklichkeit tief verborgen in einem Höhlensystem investiert haben. Aber es liegt nahe, dass es zum einen der Wunsch war, etwas Aufregendes, etwas Spannendes, etwas Abenteuerliches, etwas Bewegendes einzufangen.

Darüber hinaus können wir vermuten, dass die Bilder noch einem zweiten Zweck dienten, dass sich die Menschen damals vor diesen Bildern versammelt haben, bevor sie wieder zur Jagd zogen, um sich auf das Zukünftige, das Gefährliche, das ihnen bevorstand, einzustellen, vorzubereiten – den Mut und die Entschlusskraft zu sammeln, die nötig sind, um großen, wilden Tieren zu begegnen.

Und wir können uns vorstellen, aus welcher Not heraus unsere Vorfahren sich auf diese Kämpfe eingelassen haben. Ein Mensch muss schon ziemlich großen Hunger haben, wenn er sein Leben riskiert, um sich Nahrung zu verschaffen.

In diesen Bildern ist das Gelingen vorweggenommen. Es ist eine Szene des Sieges über die gefährliche Kreatur manifestiert.

Mit der vorausschauenden Kraft der Fantasie haben die Urzeitmenschen bereits gehofft, ihre Zukunft zu beeinflussen, ihre Realitäten nicht nur dem blinden Schicksal zu überlassen. Sie haben in ihren einfachen und doch großartigen Zeichnungen das Nichtsichtbare sichtbar gemacht: die Hoffnung, den Kampf, den Mut, die Entschlossenheit und den Sieg, das Gelingen, den Triumph, das Sattwerden, die Versorgung ihrer Artgenossen, das Überleben.

Die Fähigkeit, aus Gedanken Realität werden zu lassen, ist eine der beeindruckendsten menschlichen Möglichkeiten, in einer ihm feindlich gesonnenen Umwelt zu überleben und ihr seinen Gestaltungswillen aufzuprägen.

Ob wir an die ersten Höhlenmalereien vor über 10.000 Jahren denken, mit denen sich Menschen auf die Jagd nach wilden Tieren geistig vorbereitet haben, oder an die Golden Gate Bridge über den Pazifik bei San Franzisko, den Ausflug von Neil Armstrong auf den Mond, die aus einer kleinen Silberscheibe hervorgebrachte Musik oder an ein Bild von Picasso – was immer es sein mag: Alles war ursprünglich erst einmal eine Idee im Kopf eines Menschen. Was immer der menschliche Geist ersinnen kann und glauben kann zu schaffen, kann Realität werden.

Große Ziele wecken große Energien. Und Größe ist hier aus der individuellen Sicht eines einzelnen Menschen zu verstehen. Große Ziele: Das ist auch der eigene kleine Blumenladen, das eigene Geschäft, das ist ein Zeitungsartikel, der abgedruckt, eine Fotografie, die veröffentlicht wird, es kann ein gelungenes Examen sein, die Versöhnung mit einem Gegner, die Bewältigung einer Krise. Es ist das neugeborene Kind in den Armen der Mutter und eine Elterninitiative, die sich erfolgreich um den Abbau von Gewalt in der Schule kümmert.

Ein Mensch ohne Ziel ist wie ein Schiff ohne Ruder. *Carlyle*

Die unbeirrte, beständige, zielstrebige Verfolgung eines persönlich wichtigen Vorhabens stärkt unser Selbstbewusstsein, vergrößert unsere Selbstachtung und unser persönliches Wertgefühl. Ohne ein Ziel sind wir wie ein Schiff ohne Ruder, wie der Dichter Carlyle schrieb, richtungslos, verloren, ein Nichts.

Doch auch an dieser Stelle bereits – wir werden später auf diesen Punkt zurückkommen – ein äußerst wichtiger Hinweis: Die Verknüpfung unseres Selbstwertgefühls an Handlungen zur Erreichung eines Zieles sollte einzig und allein in der augenblicklich jeweils bestmöglichen (d. h.: frei von jedem Perfektionismus) *Ausführung* dessen, was wir tun, bestehen. Unser *Selbstwertgefühl* sollten wir jedoch *niemals* von dem *tatsächlichen Erreichen eines Zieles abhängig machen*.

Die Fähigkeit glücklich zu sein befreit einen, zumindest größtenteils, von der Herrschaft äußerer Einflüsse. *Rober Louis Stevenson*

Als Mensch sind Sie ein derartig großartiges Wunder, dass Ihr Selbstwertgefühl ausreichend stark auf Ihrer bloßen Existenz beruhen kann. Wie viele Einflüsse spielen eine Rolle, ob wir ein Ziel erreichen können oder nicht, die nicht von uns selbst abhängig sind? Wir würden uns zu schnell von den äußeren Kräften abhängig machen und unser Selbstwertgefühl in die Hände anderer legen, wenn wir eine von außen bestimmte Beziehung zuließen zwischen dem persönlichen Glücksgefühl und dem Erreichen von selbst gesteckten Zielen. Es geht darum, diesen Bereich sich selbst vorzubehalten, das Glück des Gelingens zu genießen, sich aber auch Fehlschläge zuzugestehen und im Falle des Misslingens nach neuen Möglichkeiten und Wegen Ausschau zu halten.

Zugegeben, das mag in dieser Kürze jetzt sehr paradox und widersprüchlich klingen, aber wie versprochen werden wir diesen Aspekt des *»detached involvements«* (Parikh) später noch einmal aufgreifen und dann erläutern, welcher Sinn in dem Satz steckt: *»Der Weg ist das Ziel«* – oft zitiert und vielfach missverstanden als gute Entschuldigung, sich bloß keine Ziele zu setzen. Der Satz erfährt seinen Bedeutungsgehalt erst, wenn man *»den Weg mit Herz«* geht, womit wir wieder beim Ausgangspunkt unserer Überlegungen angekommen sind.

»detached involvement«

Ist es ein Weg mit Herz?

Warum setzen sich aber so wenige hin und schreiben sich ein wichtiges Ziel auf? Warum machen sich die Menschen so häufig nur recht flüchtige Gedanken über ihre Ziele und nehmen sich nicht die Zeit, ihre Antriebsmotive kennen zu lernen und eine Richtung zu entwickeln, statt sich immer nur zu bewegen? Was hindert sie daran, ihr Leben langfristig positiv zu gestalten?

Wir wollen hier keine lange Motivforschung bei Fremden betreiben. Vielleicht hatten sie einfach bisher keine Möglichkeit, kein Wissen darum, wie ein wertvolles Ziel überhaupt zu finden ist, was man tun muss, um die eigene Richtung herauszufinden, welche Begeisterung die Verwirklichung eines persönlichen, lohnenswerten Ideals auslösen kann.

Wir möchten Ihnen als unserem Leser, unserer Leserin jedenfalls jetzt alles weitergeben, was wir darüber in Erfahrung gebracht haben, wie ein der zunächst rein mentalen Welt angehörender Wunsch in die fassbare Welt der Realität hinein verdichtet werden kann. Ganz kurz heißt das erst einmal: *Vom Kopf aufs Papier.* Von der geistigen Welt hinein in die materielle Welt. Und nun die etwas ausführlichere Version: Die folgenden

Life is
– to make
the invisible
visible.

zehn Aspekte des Entwurfes eines Zielszenarios helfen Ihnen, persönliche – private wie berufliche – Wünsche Wirklichkeit werden zu lassen. Sie werden die Motive, die Gründe finden, etwas in Bewegung zu setzen. Wenn Sie den jetzt folgenden Prozess durchführen, erschließen Sie sich eine der stärksten und noch immer am wenigsten genutzten Energieressourcen dieser Erde: die in Ihnen ruhende Kraft, sich selbst zu motivieren. Sie gewinnen persönlich Zugang zu dem Zauber einer Kraft, die den Menschen seit mehr als 10.000 Jahren in die Lage versetzt hat, über seine Grenzen hinauszuwachsen und Großes zu vollbringen.

In gewisser Weise sind Menschen Zielerreichungsorganismen.

Basierend auf Grundlagenforschungen u. a. von Miller, Galanter, Pribram und dem von Maltz begründeten Konzept der Psycho-Kybernetik kann der Mensch als ein Ziel-Realisierungs-System beschrieben werden. Jeder Mensch besitzt einen Erfolgsmechanismus als Steuereinheit, der ihn unweigerlich zu seinen Zielen bringt. Von der Qualität unserer Ziele hängt es ab, ob wir in unserem Leben glücklich oder unglücklich sind. Ziele funktionieren als eine Art Leuchtturm, der unserem Schiff auf dem Ozean die Richtung zum nächsten Hafen weist.

Entscheidend ist für die Gestaltung eines ganzen Lebens, das sich ja letztlich nur aus vielen einzelnen Stunden und Tagen zusammensetzt, ob wir uns von den kleinen alltäglichen Zielen steuern – schärfer ausgedrückt: herumtreiben – lassen, den Zielen der einzelnen Stunden und Tage, oder ob wir uns langfristige, größere, begeisternde Ziele gesteckt haben.

Ohne richtungweisende innere Zielbilder sind wir nicht nur orientierungslos, sondern genau genommen sogar handlungsunfähig. Was immer wir auch tun, sei es eine Seite in einem Buch umzublättern oder ein neues Produkt zu entwickeln, wir müssen vorher eine Zielvorgabe dafür in unserem Gehirn hervorgebracht, einen »Plan« gemacht haben. Je klarer und präziser die Zielvorgabe, desto wirksamer arbeitet unser Erfolgsmechanismus, um entsprechende Ergebnisse zu produzieren.

Warum hat das Festlegen auf ein Ziel einen derart großen Stellenwert? Ihr Leben wird für Sie selbst erst dann eine kontinuierlich wachsende Bedeutung erhalten, wenn Sie nicht nur gute Ideen haben, sondern wenn Sie auch in der Lage sind, diese zu verwirklichen, d. h., wenn Sie zu den 5 % der Menschen gehören, denen die Umwandlung ihrer Wunschträume in greifbare Realität gelingt. Es ist ein kleiner, aber entscheidender weiterer Schritt, den die Menschen unternehmen, deren Wünsche zu Realität werden. Der Zusatzaufwand besteht darin, dass diese Menschen sich einen bestimmten Bereich ihrer Zukunft *sehr anschaulich und genau vorstellen* und diese Vorstellung als ein bildhaftes **Zielszenario** *schriftlich festhalten.* Und das, was sich so einfach anhört, »ein Ziel schriftlich festzulegen«, ist ziemlich schwer, wenn das weiße Papier vor Ihnen liegt. Wenn Sie sich festlegen sollen. Aber ohne dieses Ritual des Aufzeichnens stände kein Haus, gäbe es kein Fortbewegungsmittel und unsere Speisen würden so schlicht zubereitet wie in der Steinzeit. Und es gilt für die großen wie auch für die ganz kleinen Dinge des Lebens. Üben Sie doch einfach schon einmal mit kleinen, alltäglichen Wünschen, bevor Sie dann die größeren, wertebasierten Ziele in Angriff nehmen.

Das Zielszenario – entscheidend für kleine, alltägliche Ziele ebenso wie für die bedeutenderen Ziele, die wir aus unserem Wertesystem entwickeln.

Wenn wir die wesentlichen Eigenschaften eines bedeutenderen, wertebegründeten Zielszenarios kurz zusammenfassen, haben Sie den Schlüssel zu allen kulturellen Errungenschaften in der Hand:

- Entwicklung einer Vorstellung vom Gewünschten aus dem Wertesystem heraus,
- Verdichtung auf ein anschauliches, konkretes Vorstellungsbild, das *Zielszenario,*
- die eigenen Talente, Erfahrungen, Fähigkeiten und Interessen in eine Problemlösung, Aufgabenbewältigung oder Beseitigung eines Engpasses bei anderen einbringen,
- dieses dann schriftlich oder bildlich festhalten
- und schließlich das Geschriebene regelmäßig lesen und in der Fantasie ausmalen (oder das Bild betrachten), bis es seine Eigendynamik entwickelt und die Idee Gestalt werden lässt.

Ein Zielszenario entwickeln

Ein Blick in die eigene Zukunft – aktivieren Sie die schöpferische Kraft Ihrer Fantasie – das ist allemal spannender, als Horoskope zu lesen.

Eine Möglichkeit, eine packende und begeisternde Zielformulierung zu entwickeln, besteht darin, dass Sie sich Zeit ganz für sich allein nehmen und sich mit geschlossenen Augen ein erfolgreiches Lebens-Szenario vorstellen – vielleicht genauer in drei, vielleicht in fünf oder zehn Jahren, noch vage und unschärfer in den späteren Zeitabschnitten, in zehn oder 15 Jahren –, in dem alle Ihre wirklich wichtigen Wertvorstellungen Wirklichkeit geworden sind, in dem Sie auf der materiellen, finanziellen, emotionalen, psychologischen, physiologischen und spirituellen Ebene Ihre Wünsche und Bedürfnisse verwirklicht und erfüllt haben.

Es ist besser, eine Kerze anzuzünden, als über die Dunkelheit zu klagen.
Chinesisches Sprichwort

Achten Sie einmal auf den Unterschied im Denken. Viele Menschen antworten auf die Frage, was ihre Ziele sind, mit einer Aufzählung negativer Dinge, die sie aus ihrem Leben vertreiben möchten. *»Ich möchte nicht mehr diesen Job da machen.« »Ich möchte nicht, dass sich meine Schwiegermutter so oft einmischt.« »Wenn mein Chef nicht wäre ...«* Fragt man sie aber einmal genau, was sie denn eigentlich möchten, kommt oft ein großes Zögern oder eine lange Pause. Es ist offensichtlich nicht einfach, das Positive zu formulieren, das wir in unser Leben hineinlassen möchten. Nehmen Sie sich also ausreichend Zeit für diese Arbeit!

Sie werden nicht darauf warten wollen, bis eine gute Fee bei Ihnen an der Tür klingelt und Ihnen großzügig die Erfüllung all Ihrer Wünsche anbietet. Werden Sie deshalb selbst ein wenig zum Zauberer Ihrer Wünsche. Ihre »Zauberformel« ist ganz einfach: Beginnen Sie, aus Ihren persönlichen Wünschen ganz konkrete Zukunftsszenarien für Ihr Leben abzuleiten und schreiben Sie sie auf.

Hier schließen wir also jetzt unmittelbar an die Arbeit im letzten Kapitel an, in dem Sie ja aus Ihrem Wertesystem einige wesentliche Wünsche herauskristallisiert haben. Jetzt geht es um nicht mehr und nicht weniger als um die tatsächliche Realisierung dieser Wünsche.

Wie formulieren Sie Ihr Zielszenario?

Für die Formulierung Ihrer Ziele empfiehlt sich eine ganz bestimmte Vorgehensweise. Wenn Sie diese Regeln beachten, werden sie Ihnen helfen, die nötige Ausdauer und Energie zur Verwirklichung Ihrer Ziele aufzubringen. Sie werden erleben, dass bereits das Bewusstsein und die klare Formulierung Ihrer Ziele ganz reale Auswirkungen auf Ihr Leben haben!

Teilen Sie sich die Arbeit in zwei Phasen auf: Überlegen Sie zunächst, was Sie erreichen wollen, was Sie bekommen, erleben oder erfahren möchten.

In der zweiten Phase (s. S. 136 ff.) machen Sie sich dann Gedanken darüber, was Sie bereit zu geben sind, welche Talente, Erfahrungen, Fähigkeiten, Interessen, Neigungen und Besonderheiten Ihrer Person oder Ihres Lebens Sie einzubringen bereit und in der Lage sind. Wo liegt Ihre besondere Kompetenz, Probleme, die andere haben, zu lösen? Wo können Sie Aufgaben bewältigen, die anderen schwerer fallen als Ihnen, welche Engpässe können Sie möglicherweise beseitigen, die sich negativ für andere Menschen, Organisationen oder Unternehmen auswirken oder die Sie in Ihrem eigenen Unternehmen feststellen?

Die nachfolgende Abbildung verdeutlicht, dass wir es hier mit einem Systemzusammenhang zu tun haben. Wir haben die Darstellung hier dem beruflichen Bereich entnommen und die Zusammenhänge zwischen dem Individualsystem Mensch einerseits und dem größeren Systemzusammenhang des Unternehmens, in dem er arbeitet, andererseits abgebildet und darunter den noch größeren Systemzusammenhang grob vereinfacht skizziert, in den sich das Unternehmen einbringen muss, damit es seine Produkte und/oder Dienstleistungen an andere Menschen oder Unternehmen erfolgreich veräußern kann.

Wenn Sie etwas aus einem anderen System gewinnen wollen, müssen Sie einen adäquaten Output leisten, also Nutzen bieten oder Freude bereiten oder einen künstlerisch schöpferischen Beitrag erbringen, der als Input wahrgenommen wird und eine entsprechende Wertschätzung bei anderen auslöst. Das andere System ist dann seinerseits bereit, einen Output zu leisten (im beruflichen Bereich sind das dann Entlohnung, Urlaub, Prämien, Weiterbildungsmöglichkeiten, Karrierechancen, Sicherheit usw.).

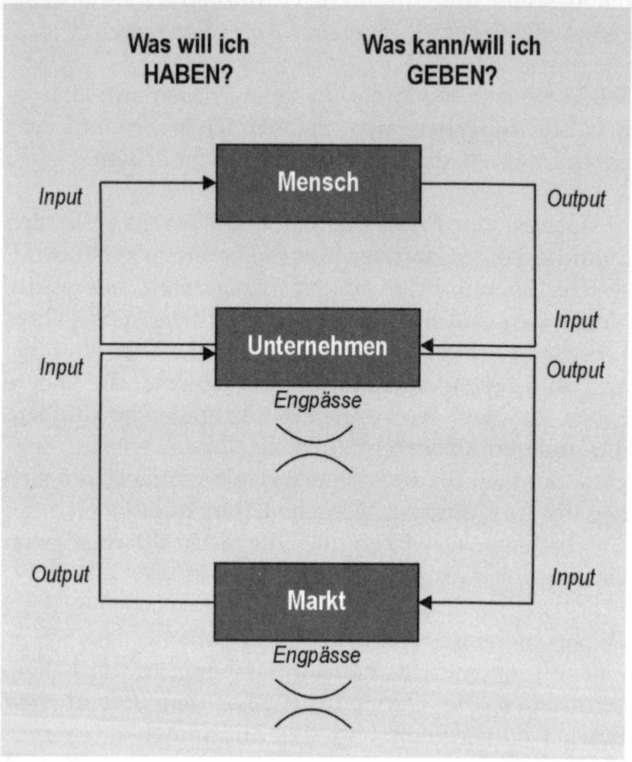

Abb. 18: Der Mensch als System innerhalb von Systemen (nach Wolff, Frank, Mewes)

Aber Sie können diese Systemzusammenhänge auch auf alle anderen Lebensbereiche *(sinnvollerweise mit entsprechenden Modifikationen)* übertragen. Entwerfen Sie Ihr eigenes Systembild, genau für Ihre spezifische Situation, und lassen Sie sich durch unsere Darstellung allenfalls anregen, keinesfalls aber in ein bestimmtes Bildschema hineinpressen.

Wenn Sie z. B. ein Zielszenario im Bereich B 4 (Körper, Gesundheit, Sport, Spiel, Freizeit, Urlaub, Regeneration) entwerfen wollen (siehe Anhang 1, Seiten 270 ff.), könnten Sie sich zunächst den Systemzusammenhang zwischen einem gesunden Körper und dem, was Sie als Person davon haben, deutlich machen. Tragen Sie also statt des Begriffes in die Grafik jeweils »Körper«, »Gesundheit« oder eines der anderen in diesem Zusammenhang einschlägigen Wörter ein und Sie können dann genaue Vorstellungen entwickeln, was Sie einerseits von Ihrem Körper erwarten oder wie sich Ihre Gesundheit für Sie auswirken soll und andererseits können Sie sich klarmachen, was Sie an Bewegung, Training, Ernährung, Lebensgewohnheiten etc. für Ihren Körper, Ihre Gesundheit bereit sind zu geben. In diesem Fall könnte das untere Rechteck der Grafik entfallen.

Wenn Sie aber z. B. Zielszenarien im Bereich B 3 (persönliche Beziehungen, Freundschaft, Liebe, Partnerschaft, Familie, Zuhause, s. S. 267 ff.) verfassen, ließe sich wieder eine Systemkonstellation auf drei Ebenen vorstellen: Mensch (also Sie) – Partner – Partnerschaft, wobei es hier zu der Besonderheit käme, dass der von Ihnen zu erbringende Output sich nicht nur auf die zweite Ebene, den Partner oder die Partnerin oder die Kinder usw. auswirkt, sondern sowohl Ihr Output als der Output der zweiten Systemebene sich gleichzeitig auch immer auf die untere dritte Systemebene, die Partnerschaft auswirken würde – mit den entsprechenden Input-Folgen auf der linken Seite, die sich dann auch auf die darüber gelagerten Ebenen wohltuend ausdehnen.

Der dargestellte Systemzusammenhang verdeutlicht zwei Prinzipien, die unbequem sind, denen aber ein ewiger Wahrheitsgehalt innewohnt und an denen man sich auf mittlere oder längere Sicht niemals vorbeimogeln kann:

1. Prinzip: *Something for nothing* – gibt es nicht!

2. Prinzip: Erst *Output,* dann *Input*

Das zweite Prinzip, an das wir denken müssen, geht vom ersten Prinzip aus, betont aber stärker die Wichtigkeit der richtigen Reihenfolge des Denkens

Hinweis zur Verkürzung des Pozesses:
In vielen Alltagssituationen liegen Ihre möglichen Beiträge auf der Hand. Wenn Sie z. B. etwas für Ihren Körper tun wollen (siehe Werteliste B 4, Anlage 1, Seite 270 ff.), fragen Sie sich direkt nach dem, was Sinn macht und was Ihnen liegt. Sie können dann das Verfahren, das auf den Seiten 136 bis 169 dargestellt ist, überspringen und **gleich auf der Seite 169** mit der Formulierung des Zielszenarios **weitermachen**. *(Zumindest beim ersten Lesen des Buches sollten Sie diese Seiten allerdings zumindest kurz zur Kenntnis nehmen, damit der Sinn des Folgenden deutlich wird.)* (siehe auch unseren Hinweis auf Seite 60)

und Vorgehens. Es lautet: »*Ofen wärme mich, und wenn ich warm bin, beschaffe ich dir Holz*« – **funktioniert nicht**! Sie müssen immer *erst* das Holz schlagen (und das oft mit klammen Fingern), *dann* gibt es Wärme. Die Gefängnisse sind voll von Leuten, die es andersherum probiert haben.

Oder – wie es ein von Sprenger zitiertes spanisches Sprichwort sagt: »*Tue, was du willst, sagte Gott, und zahle dafür.*«

Machen Sie einen Termin mit sich selbst.

Nach diesen Vorüberlegungen können Sie jetzt mit der Praxis weitermachen. Bei der schriftlichen Ausarbeitung eines Zielszenarios ist eine Vielzahl von Aspekten zu beachten, die wir anschließend aufzählen. Das ist also keine Beschäftigung zwischen Tür und Angel. Sie sollten sich also einen Termin mit sich selbst machen und zu diesem Zeitpunkt die vollständige AUFMERKSAMKEIT sicherstellen. Nehmen Sie sich zwei bis drei Stunden Zeit, in denen Sie völlig ungestört sind. Ziehen Sie sich in die Natur zurück oder schaffen Sie sich eine behagliche Atmosphäre daheim. (Bei den kleineren, alltäglichen Zielen können Sie natürlich den Aufwand etwas flacher halten). Dann überlegen Sie:

Phase 1: Was will ich HABEN?

1. Aspekt: Verschaffen Sie sich Klarheit über den Zweck, den Sie mit der Erreichung des Zieles verfolgen

Vor jeder Formulierung eines Zielszenarios, gleich ob auf der individuellen Ebene, sei es beruflich oder privat oder auf der Ebene einer Organisation oder eines Unternehmens: Zunächst geht es um eine sorgfältig erforschte Klarheit über das Wertesystem und den speziellen Wert oder die Summe von Werten, die durch ein bestimmtes Ziel verwirklicht werden sollen.

Wenn Sie das vorangegangene Kapitel durchgearbeitet haben, finden Sie diesen Zweck in der Beschreibung der Bedeutung eines Wertes wieder, der zur Zeit nicht ausreichend erfüllt erlebt oder gelebt wird, und dessen stärkere Erfüllung Sie (oder das Unternehmen) sich dringend wünschen (»Formulierung eines Wunsches«, s. S. 101 f.).

Es ist sehr zu empfehlen, den Fokus 3: »Werte – die Antriebskräfte erkennen«, beginnend ab S. 61, tatsächlich durchzuarbeiten, bevor Sie mit dem Zielszenario beginnen, wenn es sich um wichtigere Lebensthemen handelt.

2. Aspekt: Fixieren Sie Ihre Ziele schriftlich

Schreiben Sie sich Ihre Ziele für jeden Lebensbereich, der Ihnen wichtig ist, auf: für Ihren Beruf, für Ihre persönliche Entwicklung, für Ihr Beziehungs- und Privatleben, für Ihr körperliches, geistiges und materielles Wohlbefinden und/oder für Ihr Verhältnis zu Ihren Mitmenschen und das Ihrer Mitmenschen zu Ihnen. In der mangelnden Bereitschaft, sich die Mühe zu machen, das Zielszenario wirklich aufs Papier zu bringen, liegt die Hauptursache für Erfolglosigkeit, innere Unzufriedenheit, Spannungen und Mangel an Motivation.

Wenn Sie ein klares Bild des Erstrebten haben, es aber nicht fertig bringen, es auch aufzuschreiben, zu zeichnen oder sich ein entsprechendes Bild zu verschaffen, fragen Sie sich nach den Gründen, warum Sie Sabotage an sich selbst betreiben:

- Ist das Ziel gar nicht mein wirkliches Ziel? Ist das nicht der Weg mit Herz? Möglicherweise haben Sie bei der Frage, auf welche Art und Weise sich der betreffende Wert realisieren lässt, ein Ziel gefunden, das gar nicht für Sie stimmig ist. Dann macht es Sinn, nach einer Alternative Ausschau zu halten.

- Gibt es tiefer liegende Gründe, die mich davon abzuhalten versuchen, mein Ziel tatsächlich zu erreichen?

Falls Sie Vermutungen in diese Richtung haben, lohnt sich ein gründliches Beschäftigen mit den Hindernissen auf dem Wege der Zielverwirklichung und ihrer

Überwindung (s. S. 221 ff.). Hier können Wertekonflikte oder entgegenstehende innere Grundüberzeugungen eine Rolle spielen, mit denen Sie sich dann auseinander setzen müssen, bevor Sie das Ziel weiterverfolgen können.

3. Aspekt: Formulieren Sie mit Ich-Bezug

Beziehen Sie Ihre Ziele ganz konkret auf sich, indem Sie Ihre Formulierung mit dem Wort »Ich« beginnen.

4. Aspekt: Benutzen Sie ein Tätigkeitswort, das Ihre Begeisterung ausdrückt

Ehrliche, herzliche Begeisterung ist einer der wirksamsten Erfolgsfaktoren.
Dale Carnegie

Benutzen Sie ein Wort oder beschreiben Sie ein Gefühl, das Ihre Begeisterung für das angestrebte Zielszenario ausdrückt. Ihnen kommt dieses Wort *Begeisterung* ein bisschen zu übertrieben und aufgesetzt vor? Stellen Sie sich lebendige Bilder, vielleicht kleine Filmausschnitte oder Videosequenzen der Situation vor, die Sie sich erträumen, und erspüren Sie Ihre Gefühle einmal im Voraus, die Sie haben werden, wenn das Zielszenario tatsächlich verwirklicht ist.

Wenn Sie sich selbst z. B. genau bei der Arbeit sehen, die Sie schon immer tun wollten. Das ist ein Grund zur Freude, also schreiben Sie es ruhig so auf. Oder Sie pflanzen den ersten Kirschbaum in Ihrem eigenen Garten, Ihnen wird die Examensurkunde zum Abschluss Ihres Studiums überreicht – was immer Ihre Augen zum Leuchten bringt: Stellen Sie sich Ihre Freude vor und beschreiben Sie dieses Gefühl im Voraus.

Auf Ihrem Blatt steht dann also *»Ich freue mich darüber, dass …«* oder *»Ich bin so glücklich, dass ich jetzt …« oder »Ich bin völlig fasziniert davon, dass …«*. Als junger Mensch finden Sie es vielleicht *»krass geil, dass …«* oder haben gerade schon wieder eine neue Ausdrucksmöglichkeit erfunden. Hauptsache ist, dass die gefundene Formulierung Ihrem eigenen Sprachgefühl genau entspricht und wirklich einen freudigen Schauer über den Rücken laufen lässt, wann immer Sie sich vorstellen, dass das Gewünschte tatsächlich Wirklichkeit geworden ist.

5. Aspekt: Formulieren Sie das Ziel in der Gegenwartsform

Was Ihr Zielszenario von diffusen Wünschen unterscheidet, ist, dass es sich dabei um die Formulierung einer konkreten Gestaltungsaufgabe für Ihr Gehirn handelt. Wählen Sie daher für Ihre Zielformulierung die Gegenwartsform, denn wenn Sie schreiben würden: *»Ich werde dann und dann ...«*, schieben Sie die Realisierung in eine ungewisse Zukunft hinein. Zukunft ist nicht mehr konkret, sondern abstrakt, nicht wirklich fassbar.

Mit einiger Wahrscheinlichkeit spielt hier die unterschiedliche Aufgabenverteilung der beiden Hemisphären des Großhirns eine Rolle. Das sprachliche Fixieren und der Umgang mit der chronologisch ablaufenden Zeit sind bei etwa 90 % der Menschen in unserer Kultur vorzugsweise Aktivitäten der sprachlichen (meist, aber nicht immer linken) Hemisphäre.

Die bildhaft arbeitende andere Großhirnhälfte kann sich zwar an Vergangenes erinnern und entwickelt Hoffnungen oder auch Befürchtung im Hinblick auf die Zukunft, aber sie arbeitet nur in der Gegenwart. Mit einem Satz wie: *»Ich werde ...«*, kann sie wenig oder gar nichts anfangen. Ein solcher Satz spricht bei den meisten Menschen ausschließlich die sprachliche Großhirnhälfte an. Diese kann dann zwar auch das Ziel zu erreichen versuchen, verfolgt dann aber einen sehr anstrengenden Weg, denn es ist die nicht-sprachliche Gehirnhälfte, die bei den meisten Menschen über ihre emotionalen Verarbeitungszentren und ihre starken nervlichen Verknüpfungsstrukturen mit dem darunter liegenden Limbischen System die Vernetzung mit den motivierenden Emotionen herstellen kann und damit die eigentliche Energiequelle liefert.

Insofern wäre es ein grober Kunstfehler, auf die Zusammenarbeit mit der emotionalen Seite zu verzichten. Ziele, die wir mit *beiden* Seiten unseres Großhirns anstreben, werden wir bedeutend leichter verwirklichen, als wenn wir nur unsere rationalen, logischen Strukturen bemühen. Ein in der Gegenwartsform formulierter Satz schaltet die kraftspendenden Bereiche Ihres Gehirns mit ein, mobilisiert Ihre emotionale Intelligenz.

6. Aspekt: Formulieren Sie positiv

Jetzt noch ein ganz besonders wichtiger Hinweis:

Formulieren Sie positiv! Benutzen Sie in Ihrer Zielformulierung **auf gar keinen Fall** *Verneinungen,* da diese nur von der sprachlichen Gehirnhälfte verstanden werden. Die Gehirnbereiche, die durch das Zielszenario angesprochen werden sollen, die emotionalen Bereiche des nicht-sprachlichen Gehirns, besitzen keine Verarbeitungsmöglichkeiten für Wörter wie *»nicht«, »ohne«, »keine«, »frei von ...«* und auch nicht für alle Zusammensetzungen mit *»un- ...«* usw.

Diese Verneinungen erreichen die nonverbale Großhirnhälfte nicht, so dass Sie bei einer Missachtung dieser Regel mit einiger Wahrscheinlichkeit das genaue Gegenteil von dem erreichen würden, was Sie eigentlich wollen. Prüfen Sie die fertig geschriebene Zielsetzung auf jeden Fall noch einmal auf diesen Punkt.

7. Aspekt: Machen Sie den Moment der Erreichung des Zieles erkennbar

Das Zielszenario wird mit der vorausschauenden Kraft der Fantasie sehr bildhaft, anschaulich und vor allem *qualifizierbar* und *quantifizierbar* beschrieben und in einer Weise, dass Sie selbst darin vorkommen. D. h., es sollten die Art und Weise der Ausgestaltung des zu verwirklichenden Szenarios, Einzelheiten der Zielvorstellung sowie Größen- und Mengenangaben so genau geschildert sein, dass Sie später, wenn das Ziel erreicht ist, den Moment genau erkennen können, in dem die Beschreibung verwirklicht ist. Psychologen nennen einen derartigen Grad an im Voraus beschriebener Erkennbarkeit der Zielerreichung *»Operationalisierbarkeit«*. Das unterscheidet, wie wir oben bereits betont haben, bloße Wünsche von Zielen. Man kann am Tag der Verwirklichung des Zielszenarios feststellen, dass nun das vorhanden ist, was man sich bis zu diesem Zeitpunkt nur vorgestellt hat, indem man es *sehen oder anfassen, fühlen, zählen, hören, riechen oder schmecken kann.*

Wie schmeckt Ihr Ziel?

Und damit Sie sich nicht selbst beschränken, können Sie bei Mengen- und Größenangaben auch gern die Wörter »*... und mehr*« hinzufügen.

Es hat sich immer wieder gezeigt, dass es einen eigenartigen, nicht erklärbaren Zusammenhang zwischen der Klarheit der Zielvorstellung und der Schnelligkeit der Zielverwirklichung gibt. Es lohnt sich also sehr, in die Beschreibung des Szenarios Zeit zu investieren. Machen Sie einen Termin mit sich selbst, reservieren Sie sich mindestens zwei bis drei Stunden, in denen Sie völlig ungestört an den Formulierungen feilen können. Gönnen Sie sich etwas Gutes, ziehen Sie sich an einen Ort zurück, an dem Sie sich wohl fühlen und lassen Sie Ihre Inspiration von einer guten Tasse Kaffee oder Tee beflügeln.

8. Aspekt: Legen Sie einen (möglichst) genauen Zeitpunkt der Zielerreichung fest

Fragen Sie sich nach dem genauen Zeitpunkt, an dem Sie Ihr Ziel erreichen wollen (und auch können) und schreiben Sie dieses Datum auf. Schätzen Sie diesen Zeitpunkt für sich realistisch ein, nicht übertrieben pessimistisch, aber auch nicht zu übertrieben optimistisch. Wenn Sie sich selbst erst in einer allzu fernen Zukunft am Ziel angekommen sehen, wird das Ziel für Sie seine Faszinationskraft verlieren. Wenn Sie aber von sich selbst verlangen, all Ihre Ziele von einem Tag auf den anderen zu erreichen, sind Ihr Scheitern und die daraus resultierende Frustration vorprogrammiert.

Statt eines fixen Datums in der Zukunft können Sie auch einen Zeitraum festlegen: »*... in der Zeit zwischen dem ... und dem ...*«, und es bleibt immer auch, wenn Ihnen die Festlegung eines festen Datums nicht behagt, die Möglichkeit zu schreiben: »*... genau zur* *richtigen Zeit.«* Und gehen Sie nicht davon aus, dass mit der Festlegung eines Verwirklichungs-Datums gleichsam auf magische Weise auch die Realisierung des Zieles genau zu diesem Zeitpunkt garantiert sei.

Es kann sein, dass das Ziel tatsächlich zu diesem Zeitpunkt verwirklicht ist, es kann sehr viel schneller gehen, aber es kann auch deutlich länger dauern als vorher geplant. Dazu gibt es einfach zu viel Faktoren, die bei der Zielverwirklichung eine Rolle spielen, auf die wir nicht den geringsten Einfluss haben.

9. Aspekt: Realistisch bleiben

Denken Sie an den FLOW-Kanal und katapultieren Sie sich nicht selbst in den Bereich der Überforderung hinein: Zielszenarien sollen keine Utopien sein! Andererseits muss das Ziel attraktiv genug sein, damit es Sie aus der Zone der Bequemlichkeit auch tatsächlich herauslockt. Der Ausgang des Unternehmens, auf das Sie sich einlassen, sollte also offen sein. Das Geheimnis des Glücks ist halt, dass es nur ein ganz schmaler Kanal ist, in dem wir unsere FLOW-Erlebnisse haben. Sonst wären wir ja auch alle und ständig glücklich. Das würde wahrscheinlich dann gar keinen Spaß mehr machen.

Gerade wenn Sie Ihre Ziele zum ersten Mal formulieren, sollten diese aber für Sie noch relativ leicht und schnell erreichbar sein. Das Erfolgserlebnis, das Sie bei der Verwirklichung eines Ihrer Ziele empfinden werden, hilft Ihnen, ein stärkeres Vertrauen zu sich selbst und zu den angestrebten Zielen zu gewinnen. Mit diesem Vertrauen können Sie sich dann Ihre nächsten Ziele weiter und höher stecken. Wandeln Sie dabei genau auf dem Grat zwischen möglich und unmöglich. Für erste Bemühungen in diesem Bereich hat sich ein Zeitrahmen von zwölf bis 18 Monaten als sinnvoll herausgestellt.

Es ist auch hier wieder eine Frage der Übung. Nach einigen praktischen Erfahrungen wird es Ihnen leichter gelingen, den Zeitraum herauszufinden, in dem die

Begeisterung sich wegen der Faszination der Zielvorstellung stark genug entzündet und andererseits der Gefahr der Überschätzung vorgebeugt wird.

Sie sollten zumindest in irgendeinem Winkel Ihres Herzens an die Realisierung Ihres Zielszenarios glauben können. Aber es muss schon auch ein bisschen verrückt sein, damit es Sie auch wirklich mobilisiert. Zugegeben, alles etwas widersprüchlich, aber so funktioniert unser emotionales rechtes Gehirn nun einmal, das ja letztlich die Energie liefern soll (s. o.).

Schutz gegen zu viel Stress? Nutzen Sie die Formulierung *»Dies erreiche ich auf eine leichte, gelassene, harmonische, gesunde und für alle Beteiligten positive Art und Weise.«*

– und unnützem Stress vorbeugen:

Erfahrene Zielformulierer fügen Beschreibungen hinzu, die übermäßigem Stress vorbeugen sollen: *»Dies erreiche ich auf eine leichte, gelassene, harmonische, gesunde und für alle Beteiligten positive Art und Weise.«*

10. Aspekt: Achten Sie auf Klarheit und auf die Folgen

Denken Sie auch daran, dass die Verwirklichung einer jeden Zielvorstellung die kleine oder große Welt um Sie herum verändert. Dehnen Sie Ihre Fantasie so weit aus, dass Sie sich den schlussendlich erreichten Zustand so real wie möglich vorstellen können und fragen Sie sich, ob das alles genau so ist, wie Sie es haben möchten (siehe dazu auch den abschließenden »*Ökocheck*«, S. 169).

Wenn die Zielerreichung oder bereits die Verfolgung eines bestimmten Zieles Folgen und Auswirkungen für andere hat, machen Sie sich eine schriftliche Aufstellung. Schreiben Sie zunächst die einzelnen Personen untereinander und dann rechts daneben, ob es positive oder negative Auswirkungen für die Betreffenden hat. So können Sie rechtzeitig Widerständen vorbeugen oder Verbündete oder Unterstützer für sich gewinnen.

Bei einem wichtigen Projekt lohnt es sich, für jede Person, die in irgendeiner Weise mit der Zielverwirklichung zu tun hat, einige Notizen zu machen und die Konsequenzen detailliert aufzuschreiben und den sich daraus ergebenden notwendigen oder möglichen Umgang mit dieser Person (s. S. 131).

Wer ist involviert?	Folgen: (+) Vorteile (–) Nachteile

Menschen können sehr heftig reagieren, wenn sie nicht rechtzeitig informiert oder einbezogen werden, und sie können sich außerordentlich unterstützend und hilfreich verhalten, wenn ihnen das erforderliche Vertrauen bereits im Vorfeld von Maßnahmen geschenkt wird.

Und noch ein wichtiger Punkt: Nutzen Sie diese Methode nicht, um jemanden zu manipulieren! Sowohl aus ethischen als auch aus ganz pragmatischen Gründen sollten Sie erst gar nicht auf die Idee kommen, eine ganz bestimmte andere Person mit Hilfe eines Zielszenarios an sich zu binden oder für die Realisierung irgendwelcher Ziele mit einzuspannen. Schlimmstenfalls wird es sogar funktionieren. Aber was dann? Was haben Sie von einem Partner, einer Partnerin zu erwarten,

Folgen der Verwirklichung des Zielszenarios für:

Name, Vorname

____

____

____

____

____

____

____

Möglicher oder notwendiger Umgang meinerseits mit diesen Konsequenzen:

____

____

____

____

____

____

____

____

____

____

die oder den Sie auf diese Art und Weise gewonnen haben? Der betreffenden Person wird nichts anderes übrig bleiben, als sich mit Händen und Füßen gegen diese Verstrickung in ein anderes Energiesystem zu wehren. Sie können in der Zielbeschreibung der gewünschten Realität ja so nahe wie möglich kommen, indem Sie Gestalt, Größe, Augen- und Haarfarbe, Interessen, menschliche Qualitäten und berufliche Qualifikationen usw. beschreiben. Aber erwähnen Sie keine Namen, keine Daten, die ausschließlich auf eine einzige Person zutreffen. Lassen Sie die Identität offen und überlassen Sie alles Weitere dem Universum.

Ein gemeinsames Zielszenario kann sehr kraftvoll sein!

Das gilt natürlich nur, wenn die betreffende Person nichts von alledem weiß. Wenn Sie hingegen eine offene, vertrauensvolle Beziehung oder einen entsprechenden Kontakt zu einem anderen Menschen haben und sich mehr an Nähe oder Verbindlichkeit oder gemeinsame Projekte vorstellen können, spricht natürlich nichts dagegen, ein *gemeinsames* Zielszenario zu entwickeln. Ja, eine Zielsetzung, die von zwei oder mehr Menschen gemeinsam entwickelt wird, ist besonders kraftvoll, und diese Menschen überwinden Hindernisse natürlich viel leichter.

Doch unterschätzen Sie nicht die Schwierigkeiten, tatsächlich aus zwei oder drei Wertesystemen übereinstimmende Wünsche und dann auch noch ein deckungsgleiches Zielszenario zu entwickeln, das dann alle Beteiligten mit demselben inneren Verpflichtungsgefühl verfolgen. Entscheiden Sie sich für gemeinsame Zielszenarien mit einem oder mehreren anderen Menschen nur, wenn Sie dabei im Voraus ein sehr stimmiges gutes Gefühl haben und wenn Sie diese(n) Menschen so gut kennen, dass Sie sein/ihr Wertesystem einigermaßen zuverlässig einschätzen können.

11. Aspekt: Vertrauen und Loslassen und: Veränderungen sind jederzeit möglich

Notwendig ist es, Beharrlichkeit und Ausdauer zu entwickeln, wenn Sie Ihre Ziele realisieren wollen. Daraus sollte aber kein Starrsinn und ein Durchhalten um jeden Preis werden. Entwickeln Sie Vertrauen und vermeiden Sie Fixierungen oder gar eine Idendifikation Ihrer Person mit dem Ziel. Wenn Sie aber in einer Sackgasse gelandet sind oder sich aus anderen wichtigen Gründen von einem selbst gesteckten Ziel wieder verabschieden wollen oder wenn Sie einzelne Formulierungen des Szenarios verändern wollen, sollten Sie sich, natürlich nicht spontan, sondern nach gehöriger reiflicher Überlegung, zu den entsprechenden Konsequenzen entschließen. Machen Sie sich aber gegebenenfalls die endgültige Trennung von einem Ziel dann auch emotional deutlich: durch Zerreißen oder Verbrennen Ihrer Aufzeichnungen. Bei Veränderungen, Korrekturen oder Erweiterungen Ihres Zielszenarios sollten Sie immer erst die Neufassung in einer zufrieden stellenden Art und Weise formuliert haben, bevor Sie die alte Fassung zerstören. Aber auch hier muss die Zerstörung sinnlich für Ihre nonverbale Gehirnhälfte deutlich werden, damit Sie sich von den alten Vorstellungen auch wirklich verabschieden können.

Vertrauen und Loslassen (s. a. S. 176); ausführlicher dazu Teil II, S. 193 ff.

Hier nun ein kleines Beispiel für ein schriftliches Zielszenario:

(Dieses Beispiel beschreibt zunächst nur die Phase 1, auf den zweiten Satz, in dem Sie formulieren, was Sie einbringen, kommen wir später zurück.)

Sie haben sich z. B. das Ziel gesetzt, am 30. Mai 5 kg abgenommen zu haben. Sehen Sie sich selbst, wie Sie schlanker geworden sind, versuchen Sie sich vorzustellen, wie erleichtert Sie sich fühlen, wie beweglich Sie geworden sind, wie gut es Ihnen geht. *»Ich freue mich darüber, dass ich spätestens am 30. Mai dieses Jahres nur noch ... kg oder weniger wiege. Ich erreiche dies auf eine gesunde, leichte und angenehme Art und Weise. Wenn ich mich im Spiegel betrachte, gefalle ich mir viel besser, meine Kleidung passt wieder und meine Bewegungen sind fließend und harmonisch.«*

Oder es ist Ihr Ziel, am 12. Oktober einen Vertrag mit einem Auftragsvolumen von 120.000 Euro zum Abschluss zu bringen. Stellen Sie sich dann die Unterschrift auf dem Vertrag vor, den Händedruck Ihres Vertragspartners. Stellen Sie sich vor, wie Sie Ihren Mitarbeitern, Ihrer Familie von dem Vertrag erzählen, wie Sie gemeinsam darauf anstoßen. Entwickeln Sie zu Ihren Zielen Ihre persönlichen Bilder, jedes Mal, wenn Sie den Text laut vorlesen. Bilder, die Sie faszinieren, die Sie glücklich machen und die Ihnen die Motivation und die Energie geben, Ihr Ziel zu verfolgen.

Übungsbeispiel

Bevor Sie sich an Ihr erstes eigenes Zielszenario heranwagen, versetzen Sie sich in die Lage der Person, die den Abschluss von 120.000 Euro am 12. Oktober erreichen möchte. Wie müsste diese Person ihr Zielszenario formulieren?

Checkliste: Zielszenario

Phase 1: »Was will ich HABEN?«

1. Aspekt: Verschaffen Sie sich Klarheit über den Zweck, den Sie mit der Erreichung des Zieles verfolgen

2. Aspekt: Fixieren Sie Ihr Ziel schriftlich

3. Aspekt: Formulieren Sie mit Ich-Bezug

4. Aspekt: Benutzen Sie ein Tätigkeitswort, das Ihre Begeisterung ausdrückt

5. Aspekt: Formulieren Sie das Ziel in der Gegenwartsform

6. Aspekt: Formulieren Sie positiv (Keine Verneinungen benutzen!)

7. Aspekt: Machen Sie den Moment der Erreichung des Zieles erkennbar

8. Aspekt: Legen Sie einen (möglichst) genauen Zeitpunkt der Zielerreichung fest

9. Aspekt: Realistisch bleiben

10. Aspekt: Achten Sie auf Klarheit und auf die Folgen

11. Aspekt: Vertrauen und Loslassen und: Veränderungen sind jederzeit möglich

Phase 2: »Was kann/will oder soll ich GEBEN?« (s. S. 136 ff.)

Phase 3: Das vollständige Zielszenario (HABEN und GEBEN) (s. S. 169 f.)

fokusflow.de

Haben Sie schon den Termin für das Verfassen des Zielszenarios mit sich vereinbart und schriftlich festgehalten?

Und »vergessen« Sie nicht Phase 2: »Was kann, will, oder soll ich GEBEN?« (s. nächste Seite).

Das vollständige Zielszenario finden Sie als Mustersatz auf den Seiten 169 -170.

Hinweise für ein verkürztes Vorgehen finden Sie auf den Seiten 60 und 121.

Phase 2: Was kann, will oder soll ich GEBEN?

Das Ziel wird für Sie selbst-*verständlicher* erreichbar, wenn Sie sich klar darüber sind, *weshalb* Sie es erreichen werden, was Sie Ihrerseits dafür zu tun bereit sind, dass sich dieses Ziel realisiert. Wenn Sie sich Klarheit darüber verschaffen, was Ihr Beitrag sein wird, machen Sie gleichzeitig die sehr angenehme Erfahrung, dass es eine ganze Menge guter Gründe gibt, weshalb Sie Ihre Ziele verwirklichen sollten. Sei es, dass es sich dabei um das produktive Ausschöpfen bestimmter Merkmale Ihrer Persönlichkeit handelt oder um den Einsatz spezieller Fähigkeiten, die Sie in besonders ausgeprägter Form besitzen und mit denen Sie anderen einen wertgeschätzten Nutzen bieten können.

Sowohl im beruflichen wie im privaten Leben gilt die Regel: Keine Leistung ohne Gegenleistung. Wenden Sie diese Regel auch auf alle Ihre Ziele an: Fragen Sie sich bei jedem Ziel, was Sie dafür geben können – welchen Nutzen, oder welche Anregungen und Freude können Sie in Ihrem beruflichen Tätigkeitsbereich, aber z. B. auch im zwischenmenschlichen, im kulturellen oder sozialen Bereich anderen Menschen, Unternehmen oder Organisationen bieten? (Und wenn es um Ihre Gesundheit geht, fragen Sie sich, was kann ich meinem Körper, seinen Organen, seinen Funktionen geben?)

Schauen Sie sich jetzt noch einmal die Darstellung der systemischen Zusammenhänge an (s. S. 120). Nach der Klärung der Frage: »*Was will ich haben?*«, geht es darum zu klären: »*Was kann ich geben? Welchen Nutzen kann ich bieten? Welche Freude, welche Bereicherung ideeller oder materieller Art kann durch mich anderen zugute kommen?*« Oder z. B. auch: »*Was kann ich meinem Körper, meinen Nerven, meinem Herzen usw. Gutes tun?*« Sinngemäß lässt sich diese Fragestellung auf alle sechs Lebensbereiche übertragen. Richten Sie Ihre AUFMERKSAMKEIT nun auf das, was Sie anderen geben können: Ihren Output.

Überlegen Sie sich, welche persönlichen Stärken, Begabungen, Talente und Fähigkeiten, aber auch welche

Neigungen und Interessen Sie haben, und machen Sie sich Ihre Besonderheiten klar, die Dinge, wo Sie anders sind als andere Menschen.

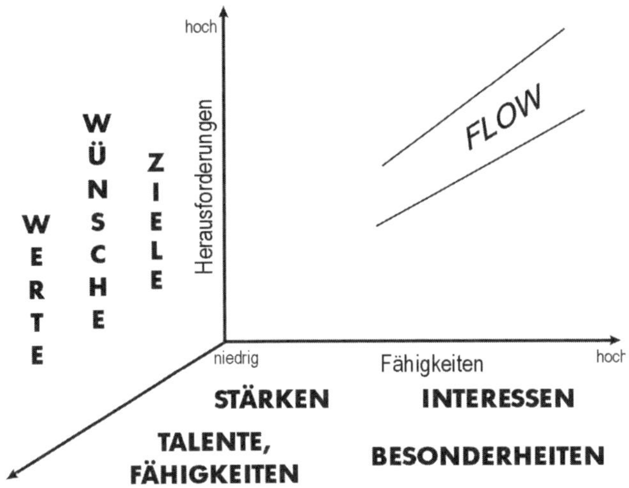

Was kann ich geben?
- Meine Stärken

Was will ich geben?
- Meine Interessen

Was soll ich geben?
- Meine Pflichten

Abb. 19: Der FLOW-*Raum und seine Basis: Talente, Interessen und Besonderheiten*

Die nächsten Schritte werden Ihnen ermöglichen, Ihre besondere Einzigartigkeit zu beschreiben. So können Sie dann auch sehr exakt herausfinden, wo Ihr Ansatzpunkt ist, an welcher Stelle Sie sich mit der größten Aussicht auf Erfolge einbringen oder wirksam werden können.

Und Sie brauchen sowohl eine eigene Klarheit über die Art Ihrer Leistung als auch die Bereitschaft, sie tatsächlich zu erbringen.

Wenn Sie bis jetzt nur mit der »Werteliste A« (s. S. 88 f.) gearbeitet haben, also zwei oder drei wichtige Zielszenarien aufgeschrieben haben (s. S. 118 – 135), so sollten Sie zunächst entscheiden, welchen der sechs Lebensbereiche (siehe nächste Seite) diese Ziele zuzuordnen sind.

Die sechs Lebensbereiche sind:

Sechs wichtige Lebensbereiche (Details siehe Anhang 1, Seite 259 ff.)

1. Persönliches Wachstum (Persönlichkeitsentwicklung)

2. Beruf, Karriere, Unternehmen

3. Persönliche Beziehungen, Freundschaft, Liebe, Partnerschaft, Familie, Zuhause

4. Körper, Gesundheit, Sport, Spiel, Freizeit, Urlaub, Erholung

5. Materielles, Besitz, Vermögen

6. Wertschätzung durch andere, Prestige, Anerkennung, gesellschaftliche Rolle

Das erste Ziel liegt im Bereich

____

Das zweite Ziel liegt im Bereich

____

Das dritte Ziel liegt im Bereich

____

fokusflow.de

(Es machte keinen Sinn, die weiteren Schritte auf der Ebene aller Lebensbereiche weiterzuführen, wie sie in der Werteliste A zusammengefasst sind. Wenn Sie sich die von Ihnen formulierten Zielszenarien anschauen, werden Sie feststellen, dass sie jeweils in einen der sechs Lebensbereiche hineinpassen. Das, was Sie jeweils einzubringen haben, lässt sich dann viel genauer und klarer für den betreffenden Lebensbereich beschreiben.)

Es kommt darauf an, die eigenen Stärken, also Ihre Talente und Fähigkeiten herauszufinden, die Sie brauchen, um das *jeweilige* Ziel zu verwirklichen. Sehen Sie sich also zunächst einmal alle sechs Lebensbereiche an und entscheiden Sie, zu welchem der sechs Bereiche die ersten drei Ziele gehören. Wenn ein Ziel in mehr als einen Bereich hineinpasst, wählen Sie den Bereich, der in Bezug auf die Realisierung des Ziels Ihren größten Einsatz erfordert.

Das ambivalente Schwanken zwischen zwei nahezu gleichwertigen Zielen ist eine der gefährlichsten Lebensweisen überhaupt.

Achten Sie bei dieser Gelegenheit auch noch einmal darauf, ob sich diese unterschiedlichen Ziele *gleichzeitig* realisieren lassen oder ob es möglicherweise zu Spannungen und Widersprüchen kommen kann, weil die Verwirklichung des einen Zieles der Realisierung eines anderen im Wege steht. Sollte das der Fall sein, sind Überlegungen angebracht, welches Ziel wichtiger ist, leichter zu realisieren sein wird oder aufzugeben ist. Manchmal lassen sich derartige Konflikte auf überraschend einfache Weise lösen, indem man die Gleichzeitigkeit aufhebt und eine zeitliche Aufeinanderfolge festlegt. *Das ambivalente Schwanken zwischen zwei nahezu gleichwertigen Zielen ist eine der gefährlichsten Lebensweisen überhaupt. Man erreicht schlussendlich weder das eine noch das andere Ziel, erlebt seine Tage in Lähmung und kann möglicherweise sogar ernstlich erkranken.*

Die Wahl der richtigen Strategie

Eine Strategie ist der wohl überlegte Einsatz der vorhandenen Ressourcen an der richtigen Stelle, um die größtmögliche Wirkung zu erzielen. Fragen Sie sich deshalb, welche Strategie Sie einsetzen wollen, bevor Sie sich auf den Weg zu Ihrem Ziel begeben. Welche Ressourcen können und wollen Sie in welcher Weise einsetzen? Wir sind auf unserem Weg jetzt an einer sehr entscheidenden Stelle angekommen. Es gibt zwei sehr unterschiedliche Richtungen, in die Sie gehen können, wenn Sie sich die Frage stellen, was Sie einbringen wollen. Es gibt zwei ganz unterschiedliche Strategien, sein Leben zu führen. Diesem Buch liegt die Strategie zugrunde, von den ureigenen Talenten auszugehen und seine *Stärken zu verstärken*. Also in den

Strategie I: Die Stärken verstärken.

Bereichen besser zu werden und Herausforderungen zu suchen, in denen man ohnehin schon gute Voraussetzungen mitbringt. Zum einen haben wir uns bereits vor mehr als 20 Jahren zu Beginn der Beratungs- und Trainingstätigkeit auf Basis einer Vielzahl von Beobachtungen und Überlegungen für diese Strategie als Grundlage unserer Arbeit entschieden, zum anderen haben breit angelegte empirische Untersuchungen (in Deutschland u. a. von Wolfgang Mewes, in den USA und international von der Gallup Organisation) den hohen Erfolgsgrad dieses Ansatzes bestätigt.

Strategie II: Die Kompensationsstrategie – aus einer vorhandenen Schwäche eine Stärke machen.

Daneben gibt es aber noch eine ganz anders ausgerichtete Strategie: Die *Kompensationsstrategie*. Hier geht es darum, aus einer vorhandenen Schwäche (oder gar einem Handikap, einer Behinderung) eine Stärke zu machen. Diese Strategie kann ungeheure Energien mobilisieren. Sie ist aber von ganz spezifischen persönlichen Voraussetzungen abhängig. Diese könnten eher in einer persönlichen Beratung, in einem Coaching ermittelt und erarbeitet werden, nicht wirklich gut im Rahmen dieses Buches.

You gain strength, courage and confidence by every experience in which you stop to look fear in the face. You must do the thing which you think you cannot do.
Eleanor Roosevelt
s.a.: **fokusflow.de**

Wenn Sie sich von dieser Strategie aber mehr angesprochen fühlen, könnten Sie sich z. B. durch Biografien großer Menschen, die ihre Handikaps überwunden haben, inspirieren lassen: Demosthenes (berühmter Redner trotz großem Sprachfehler und starker Schüchternheit), Wilma Rudolph (Goldmedaillengewinnerin im 100-m- und 200-m-Lauf sowie in der USA-Staffel bei den Olympischen Spielen 1960 in Rom trotz Kinderlähmung und anderer schwerer Kinderkrankheiten), Helen Keller (Schriftstellerin, blind und taub), Beethoven (Komponist trotz Taubheit) usw. sind charakteristische Beispiele dafür, was Menschen schaffen können, die aus Schwächen Stärken machen.

Es gibt mitunter allerdings auch Konstellationen, in denen eine Kombination beider Strategien Sinn macht, oder es kann sich als erforderlich herausstellen, sich mit einer bestimmten Schwäche korrigierend auseinander zu setzen, da ohne die Überwindung dieser Schwäche vorhandene Talente und Stärken gar nicht ausgelebt und weiterentwickelt werden können. Das werden Sie im konkreten Fall dann allerdings auch selbst wissen oder entscheiden können, wenn Sie sich jetzt zunächst einmal wieder der ersten Strategie zuwenden und ein tieferes Verständnis für den Sinn dieses Vorgehens entwickelt haben. Beenden wir damit den kurzen Ausflug in die Kompensationsstrategie und wenden wir uns wieder dem Konzept *Stärken verstärken* zu.

Hinweis zur Verkürzung des Verfahrens:

Bitte beachten Sie dazu die Randbemerkung auf Seite 121.

Konzentrieren Sie sich jetzt also auf jeweils einen Lebensbereich und fragen Sie sich:

1. Schritt: Welches sind meine Stärken, also meine Begabungen, Talente, Fähigkeiten und besonderen Kenntnisse?

Lassen Sie sich zunächst durch die folgenden Zusammenstellungen und Listen anregen, achten Sie aber darauf, dass Sie tatsächlich vor allem Ihre eigenen Begabungen und Talente herausfinden. Konzentrieren Sie sich vor allem auf die Fähigkeiten, die Sie schon immer besaßen, bei deren Einsatz Sie sich also nicht besonders anstrengen müssen. Hier kommen Ihre besonderen Anlagen und Vorteile zum Vorschein.

Es kommt zu Beginn dieser Überlegungen besonders darauf an, Ihre eigentlichen Talente und Begabungen herauszufinden, nicht so sehr das, was Sie irgendwann dazugelernt haben. Also nicht: *Klavier spielen können,* sondern: *Fingergelenkigkeit* oder schnellstmögliche *Bewegungskoordination.*

Sie gewinnen mehr Klarheit über Ihre eigenen Möglichkeiten und Potenziale, wenn Sie Talente und Begabungen einerseits und Kenntnisse, Fähigkeiten, Fertigkeiten und Erfahrungen andererseits scharf voneinander unterscheiden lernen. Marcus Buckingham und seine Kollegen, die im Auftrag der Gallup Organisation Hundertausende von Menschen auf ihren Umgang mit Stärken und Schwächen untersucht haben, beschreiben Talente als *»wiederkehrendes Denk-, Gefühls- oder Verhaltensmuster, das sich produktiv einsetzen* *lässt.«* Nach ihrem Verständnis liegen *»Begabungen in dem, was man gerne und häufig, also gewohnheitsmäßig tut«*.

Fertigen Sie im Anschluss an die nachfolgenden Hinweise erst eine Liste all Ihrer Begabungen und persönlichen Fähigkeiten an, die Ihnen einfallen, und wählen Sie anschließend die *sechs* Talente und Fähigkeiten aus, die bei Ihnen besonders gut ausgeprägt sind.

Konzentrieren Sie sich bei dieser abschließenden Auswahl dann zum Schluss auf die Stärken, die Sie wirklich zukünftig einsetzen wollen. Ein entsprechendes Formular finden Sie auf Seite 161.

A. Herausfinden der vielfältig einsetzbaren Grundtalente

a) Was sind vielfältig einsetzbare Grundtalente?

Vielfältig einsetzbare Grundtalente sind die Fähigkeiten, die Sie seit jeher haben und die bei Ihrer zukünftigen beruflichen Tätigkeit möglicherweise in einer neuen Variation Anwendung finden können.

Wir wollen an dieser Stelle zunächst einmal klären, was unter dem Begriff »Talente« zu verstehen ist, und beziehen uns dabei auf die Gedanken von John C. Crystal und Richard N. Bolles, die sich in unerreichter Präzision und Klarheit mit diesen Fragen beschäftigt haben:

Wenn man einen Menschen nach seinen Stärken fragt, bekommt man meist eine aus zwei Teilen bestehende Antwort: Zum einen würden ca. sechs grundsätzliche Aussagen getroffen, wie z. B.: *»Ich kann gut Probleme lösen«* oder *»Ich kann gut mit Menschen umgehen«*, und zum anderen würden die Befragten Fähigkeiten aufzählen, die sie in der Schule oder an anderen Bildungseinrichtungen (Berufsschule, Fachschule, Universität usw.) erworben haben. Bei genauerer Betrachtung fällt aber auf, dass man Fähigkeiten in drei Kategorien aufteilen kann:

I. Fähigkeiten, bei deren Einsatz die betreffende Person sich anstrengen muss und bei denen sie Probleme hat, die auch Dritten auffallen.

II. Fähigkeiten, bei denen die betreffende Person einen großen Einsatz leisten muss und bei denen sie Probleme hat, die allerdings Dritten nicht auffallen.

III. Fähigkeiten, die leicht von der Hand gehen und bei denen ein Außenstehender den gleichen Eindruck hat.

Wenn man Sie nach Ihren Fähigkeiten fragen würde, dann würden auch Sie sich wahrscheinlich zunächst an die Fähigkeiten der Kategorie I erinnern, dann an die der Kategorie II und als Letztes an die der Kategorie III.

Daraus lässt sich folgern: Je größer die Fähigkeiten eines Menschen in einem bestimmten Bereich sind, desto weniger werden sie als Fähigkeiten wahrgenommen. *Das, was Schwierigkeiten macht, wird eher bewusst wahrgenommen als das, was mühelos gelingt.*

Dazu ein Beispiel: Nehmen wir an, Sie befänden sich mit Ihrer Fähigkeit, ohne hinzuschauen mit zehn Fingern die Tastatur Ihres Computers zu bedienen, auf der Stufe I, beim Skilaufen auf Stufe II und auf III ließen sich Ihre handschriftlichen Fähigkeiten einordnen. Wenn Sie nun unvermittelt nach Ihren Fähigkeiten gefragt würden, dann würden Sie sich zunächst an das Schreiben am Computer erinnern, dann an das Skilaufen und am wenigsten an Ihre Fähigkeit, mit der Hand zu schreiben.

Je größer die Fähigkeiten eines Menschen in einem bestimmten Bereich sind, desto weniger werden sie von ihm selbst als Fähigkeiten wahrgenommen – mit den eigenen Talenten ist man viel zu vertraut, als dass man sie noch wahrnimmt.

Das bedeutet: *Je länger man etwas ohne Anstrengung betrieben hat, desto selbstverständlicher ist einem diese Fähigkeit geworden und desto weniger wird es einem in den Sinn kommen, wenn man nach seinen Fähigkeiten gefragt wird.* Bei einigen ganz vertrauten Fähigkeiten wird man sich nicht einmal daran erinnern können, wie lange man sie schon beherrscht.

Aus diesen Erkenntnissen ergibt sich ein ganz neuer Ansatz. Zunächst einmal müssen wir uns fragen, ob wir mit diesen drei Abstufungen bereits alle Ausprägungen von Fähigkeiten erfasst haben. Die Antwort ist: Nein, denn bei näherer Betrachtung stellt sich heraus, dass es eine *vierte Kategorie* von Fähigkeiten gibt:

Die Talente, die immer schon vorhanden sind und die man von Anfang an ohne Anstrengung eingesetzt hat.

Die Fähigkeit des Schreibens auf einer Schreibmaschine oder Computertastatur z. B. könnte man abhängig von der befragten Person auf einer der drei Stufen einordnen, aber nie in die vierte Kategorie.

Hierhin gehört vielmehr solch ein Grundtalent wie Fingergelenkigkeit oder schnelle Koordination der Feinmotorik. Gerade weil man schon immer mit diesem Talent ausgestattet war und man Fingerfertigkeit nicht zu erwerben brauchte, ist sie einem vielleicht nie richtig bewusst geworden. Jedenfalls würde man bei einer Aufzählung am wenigsten darauf kommen. Es sind aber gerade die *angeborenen oder in Kindheit und Jugend entwickelten Talente,* die unsere *größten Stärken* darstellen und die wir im Berufsleben am effektivsten und leichtesten einsetzen können.

Um den Fähigkeiten auf die Spur zu kommen, müssen wir an dieser Stelle beginnen, noch feinere und deutlichere sprachliche Unterschiede zwischen Begriffen zu machen, die ansonsten bunt gemischt nebeneinander stehen. Marcus Buckingham und Donald O. Clifton sowie Curt Coffman haben im Verlauf ihrer langjährigen Befragungen und Auswertungen durch die Gallup Organisation mit mehr als einer Million Menschen aus über 100 Unternehmen und in 63 Ländern die *Identifizierung von Talenten* an die Spitze aller Überlegungen gestellt. Eine ausführliche Anleitung, wie Talente *erkannt* werden können, finden Sie in dem Buch »Erfolgreiche Führung gegen alle Regeln« von Buckingham/Coffman (dort Seite 222 ff.). Die 34 für das Berufsleben bedeutsamen Talente werden in dem Buch »Entdecken Sie Ihre Stärken JETZT!« von Buckingham/Clifton näher erläutert. Auf der dritten (inneren) Umschlagseite dieses Buches finden Sie dann auch einen Code, mit dessen Hilfe Sie auf der WebSite von Gallup (www.strenthsfinder.com) einen Test (auch in deutscher Sprache, bei der Einstellung gleich am Anfang darauf achten!) - den sogenannten »Strengthsfinder« – zur Ermittlung Ihrer persönlichen Talente machen können.

Talente haben die Eigenschaft der *Unveränderlichkeit* und des *guten Gefühls.* Buckingham, Clifton

(Die nachfolgende Beschreibung der Talente ist mit freundlicher Einwilligung des Campus Verlages, Frankfurt, übernommen worden und soll Sie inspirieren und Ihnen helfen, bei dem Entdecken der eigenen Talenten leichter fündig zu werden.)

b.) Was sind meine eigenen *Grundtalente?*

Analytisches Talent

Menschen mit einem stark ausgeprägten Talent für analytisches Denken sind ständig auf der Suche nach Gründen und Ursachen. Sie machen sich ein genaues Bild sämtlicher Faktoren, die eine bestimmte Situation beeinflussen könnten.

Anpassungsfähigkeit

Menschen mit einer stark ausgeprägten Anpassungsfähigkeit schwimmen gerne mit dem Strom. Sie leben in der Regel im Heute und nehmen die Dinge, wie sie kommen, jeden Tag aufs Neue.

Arrangeur

Menschen mit einem stark ausgeprägten Talent zum Arrangieren verfügen zudem über Flexibilität, durch die diese Fähigkeit ergänzt wird. Sie machen sich gerne Gedanken darüber, wie alle zur Verfügung stehenden Mittel für eine maximale Produktivität organisiert werden können.

Autorität

Menschen mit einer stark entwickelten Autorität verfügen über Präsenz. Sie sind immer Herr der Lage und haben keine Schwierigkeiten, Entscheidungen zu treffen.

Bedeutsamkeit

Menschen, für die Bedeutsamkeit eine wichtige Rolle spielt, möchten in den Augen anderer gerne als wichtig erscheinen. Sie zeichnen sich durch ein starkes Unabhängigkeitsgefühl aus und streben nach Anerkennung.

Behutsamkeit

Menschen mit einer stark entwickelten behutsamen Vorgehensweise kann man an der Ernsthaftigkeit identifizieren, mit der sie Entscheidungen treffen. Schwierigkeiten erkennen sie bereits im Voraus.

Bindungsfähigkeit

Menschen mit einer stark entwickelten Bindungsfähigkeit streben enge Beziehungen mit anderen an. Sie erleben eine tiefe Befriedigung, wenn sie mit Freunden zusammen hart für ein gemeinsames Ziel arbeiten.

Disziplin

Menschen mit einer stark ausgeprägten Disziplin haben ihre Freude an Routine und Struktur. Ihre Welt lässt sich am besten durch die von ihnen erschaffene Ordnung beschreiben.

Einfühlungsvermögen

Menschen mit einem stark ausgeprägten Einfühlungsvermögen können die Gefühle von anderen nachvollziehen und sich in das Leben bzw. in die Lage von ihren Mitmenschen hineinversetzen.

Einzelwahrnehmung

Menschen mit einer stark differenzierten Wahrnehmung sind fasziniert von den einzigartigen Eigenschaften jedes einzelnen Menschen. Sie haben einen Blick dafür, wie einzelne Personen ihr Verschiedensein in eine konstruktive Zusammenarbeit einbringen können.

Entwicklung

Menschen mit einem starken Talent für Entwicklung erkennen und kultivieren Potential in anderen Menschen. Sie haben einen sicheren Blick für noch so kleine Verbesserungen und ziehen hieraus ihre Befriedigung.

Fokus

Menschen mit einem stark ausgeprägten Fokus setzen sich Ziele und verfolgen diese, während sie eventuell erforderliche Korrekturen vornehmen. Sie legen zunächst Prioritäten fest und handeln dann in Übereinstimmung mit diesen.

Gerechtigkeit

Menschen mit einem stark entwickelten Sinn für Gerechtigkeit achten streng darauf, andere gerecht zu behandeln. Sie streben danach, jedem einzelnen Menschen Gerechtigkeit widerfahren zu lassen und stellen klare Regeln auf, an die sie sich selbstverständlich auch selber halten.

Harmoniestreben

Menschen mit einem stark ausgeprägten Harmoniestreben sind immer auf der Suche nach Übereinstimmung. An Konflikten haben sie keine Freude und bemühen sich daher um gegenseitiges Verständnis.

Höchstleistung

Menschen mit einem stark entwickelten Streben nach Höchstleistung konzentrieren sich auf Stärken, um sowohl auf persönlicher Ebene als auch in der Gruppe möglichst perfekte Ergebnisse zu erreichen. Ihr Bestreben ist es, ausgeprägte Stärken maximal auszubauen.

Ideensammler

Menschen, die gerne Ideen sammeln, möchten gerne mehr erfahren. Leidenschaftlich gerne sammeln und archivieren sie Informationen aller Art.

Integrationsbestreben

Menschen mit einem stark ausgeprägten Integrationsbestreben nehmen andere an. Sie haben einen Blick für Menschen, die sich ausgeschlossen fühlen und integrieren diese in ihre Gruppe.

Intellekt

Menschen mit einem stark entwickelten Intellekt sind geistig aktiv, beobachten sich selber gerne und schätzen Diskussionen mit intellektuellem Anspruch.

Kommunikationsfähigkeit

Menschen mit einer stark ausgeprägten Kommunikationsfähigkeit fällt es leicht, ihre Gedanken in Worte zu fassen. Sie sind gute Gesprächspartner und Moderatoren.

Kontaktfreudigkeit

Menschen mit einer stark ausgeprägten Kontaktfreudigkeit haben Freude daran, auf Unbekannte zu zu gehen und diese für sich zu gewinnen. Es macht ihnen Spaß, das Eis zu brechen und Kontakt zu einem fremden Menschen herzustellen.

Kontext

Menschen mit einem stark entwickelten Sinn für den Kontext machen sich gerne Gedanken über die Vergangenheit. Sie verstehen die Gegenwart, indem sie die Vergangenheit untersuchen.

Leistungsorientierung

Menschen mit einer stark ausgeprägten Leistungsorientierung verfügen über Durchhaltevermögen und sind in der Lage, ausdauernd zu arbeiten. Produktives Tätigsein verschafft ihnen eine tiefe Befriedigung.

Positive Einstellung

Menschen mit einer stark ausgeprägten positiven Einstellung sind in der Lage, mit ihrer eigenen Begeisterung andere anzustecken. Mit ihrem Optimismus reißen sie andere mit.

Selbstbewusstsein

Menschen mit einem stark ausgeprägten Selbstbewusstsein sind davon überzeugt, dass sie ihr Leben meistern werden. Sie verfügen über eine Art inneren Kompass, aus dem sie die Zuversicht beziehen, dass ihre Entscheidungen richtig sind.

Strategie

Menschen mit einem stark ausgeprägten Talent für strategisches Denken halten ständig Alternativen bereit. In jeder beliebigen Situation haben sie einen Blick für die relevanten Muster und finden auch unkonventionelle Wege zum Ziel.

Tatkraft

Menschen mit einer stark ausgeprägten Tatkraft setzen Gedanken in die Realität um. Geduld ist oft nicht ihre Stärke.

Überzeugung

Menschen mit einer starken inneren Überzeugung verfügen über ein stabiles Wertesystem, aus dem sie ihren Lebenssinn beziehen.

Verantwortungsgefühl

Menschen mit einem stark entwickelten Verantwortungsgefühl fühlen sich den Zusagen, die sie einmal gemacht haben, verpflichtet. Für sie zählen Werte wie Ehrlichkeit und Loyalität.

Verbundenheit

Menschen mit einem starken Gefühl der Verbundenheit sind davon überzeugt, dass alle Dinge miteinander verbunden sind. Sie glauben nicht an den Zufall und gehen davon aus, dass so ziemlich alles, was geschieht, irgendeinen Sinn hat.

Vorstellungskraft

Menschen mit einer starken Vorstellungskraft lassen sich von Ideen faszinieren. Sie sind in der Lage, zwischen anscheinend zusammenhanglosen Phänomenen Verbindungen zu sehen.

Wettbewerbsorientierung

Menschen mit einer stark entwickelten Wettbewerbsorientierung vergleichen ihre eigene Leistung mit der anderer. Sie lieben Wettkämpfe und streben in jedem Fall den Sieg an.

Wiederherstellung

Menschen mit einem stark entwickelten Talent zur Wiederherstellung gehen geschickt mit Schwierigkeiten aller Art um. Schnell finden sie heraus, was schief läuft und beheben das Problem im Handumdrehen.

Wissbegierde

Menschen mit einer stark ausgeprägten Wissbegier lernen für ihr Leben gerne. Sie interessieren sich mehr für den Lernprozess als solchen als für das Lernergebnis.

Zukunftsorientierung

Menschen mit einer stark ausgeprägten Zukunftsorientierung lassen sich von den kommenden Dingen inspirieren. Ihre Vorstellungen von der Zukunft wirken auf andere anregend.

c.) What Color is Your Parachute?

Einen anderen, ebenfalls eher pragmatisch gewählten Ansatz verfolgt Richard N. Bolles, der (seit 1970 jährlich überarbeitet) sein Standardwerk »*What Color Is Your Parachute?*« für alle, die eine neue Arbeit suchen wollen oder müssen, herausgibt. Die deutsche Ausgabe ist unter dem Titel »*Durchstarten zum Traumjob*« im Campus Verlag erschienen. Bolles hat ein sehr umfangreiches und ausgeklügeltes System entwickelt, den eigenen Fähigkeiten auf die Spur zu kommen. Im Wesentlichen unterscheidet er drei Schwerpunktbereiche, in denen Sie Ihre Talente wiederfinden können, wenn Sie sich fragen:

Möchte ich vorwiegend meine Fähigkeiten

- im Umgang mit *Menschen* einsetzen oder
- in der Handhabung von *Gegenständen und Sachen* oder
- in der Arbeit mit *Daten und Informationen*?

(Details siehe Bolles, S. 119 ff. Auf S. 126 finden Sie eine Liste mit 240 Fähigkeiten in Verbform, eine reiche Fundgrube zur Anregung.)

B. Ergänzung der Talente durch Fremdeinschätzung

Zur weiteren Anregung für Ihre eigene Suche nach den vorhandenen Stärken sprechen Sie vor allem auch einmal mit Menschen, die Sie gut kennen, darüber, was diese für Ihre besonderen Stärken halten. Manchmal findet sich da im eigenen »*blinden Fleck*« ein Talent, das anderen längst aufgefallen und bewusst ist, das man selbst aber, weil man sein Leben lang damit vertraut ist, für so wenig erwähnenswert hält, dass man die Potenziale, die in der spezifischen Begabung stecken können, nicht einmal ausschöpft.

Tragen Sie dann all Ihre Stärken in den Kasten *»Liste meiner Stärken« (auf S. 153)* ein. Hier können Sie auch später immer wieder Ergänzungen vornehmen, wenn Sie z. B. im Gespräch mit einem Menschen, der Sie gut kennt, auf neue Stärken gebracht werden, die Sie bisher als selbstverständlich gar *nicht bewusst* wahrgenommen haben.

Wählen Sie dann die sechs größten Stärken aus, wobei Sie gleichzeitig überlegen, welche der Stärken Sie auch tatsächlich gerne beruflich einsetzen möchten. Vorzugsweise sollten Sie sich hierbei auf »Talente« konzentrieren, also die Fähigkeiten, die Ihnen leicht fallen, die für Sie selbstverständlich sind.

Übertragen Sie jetzt diese sechs Stärken in das Integritätsrad »Geben« (s. S. 155) und zwar in sechs Felder innerhalb des Sektors oben links.

Bewerten Sie sich anschließend nacheinander hinsichtlich jeder Stärke selbst. Urteilen Sie, inwieweit Ihre entsprechenden Fähigkeiten durchschnittlich ausgeprägt sind, weniger als der Durchschnitt oder stärker ausgeprägt als Sie Ihrer Einschätzung nach bei dem Durchschnitt der menschen ausgeprägt sind, die einer ähnlichen Tätigkeit nachgehen. Es kommt hier nur auf Ihre eigene, subjektive Einschätzung an. Der mittlere Kreisbogen zwischen den Feldern, in die Sie Ihre Stärken eintragen und der Peripherie des äußeren Kreisbogens zeigt dabei die Ausprägung des Durchschnitts an. Sie sehen in der nächsten Abbildung auf Seite 154 zunächst ein Beispiel und dann auf Seite 155 ein leeres Integritätsrad, in das Sie Ihre eigenen Stärken eintragen können.

Die weitere Auswertung erfolgt später (ab S. 160).

Liste meiner Stärken, Talente, Begabungen:

fokusflow.de

Meine derzeit sechs ausgeprägtesten Stärken sind:

1. ______________________________

2. ______________________________

3. ______________________________

4. ______________________________

5. ______________________________

6. ______________________________

Wählen Sie Ihre größten Stärken aus.

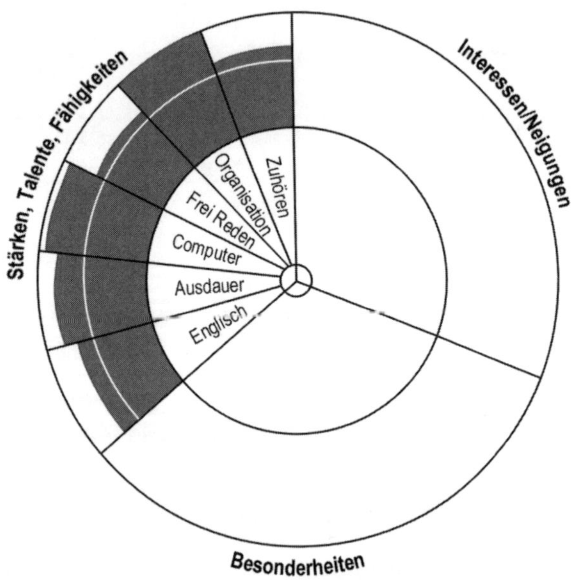

Abb. 20: Integritätsrad »Geben«, Beispiel für die Auswahl und Ausprägung der Stärken

fokusflow.de

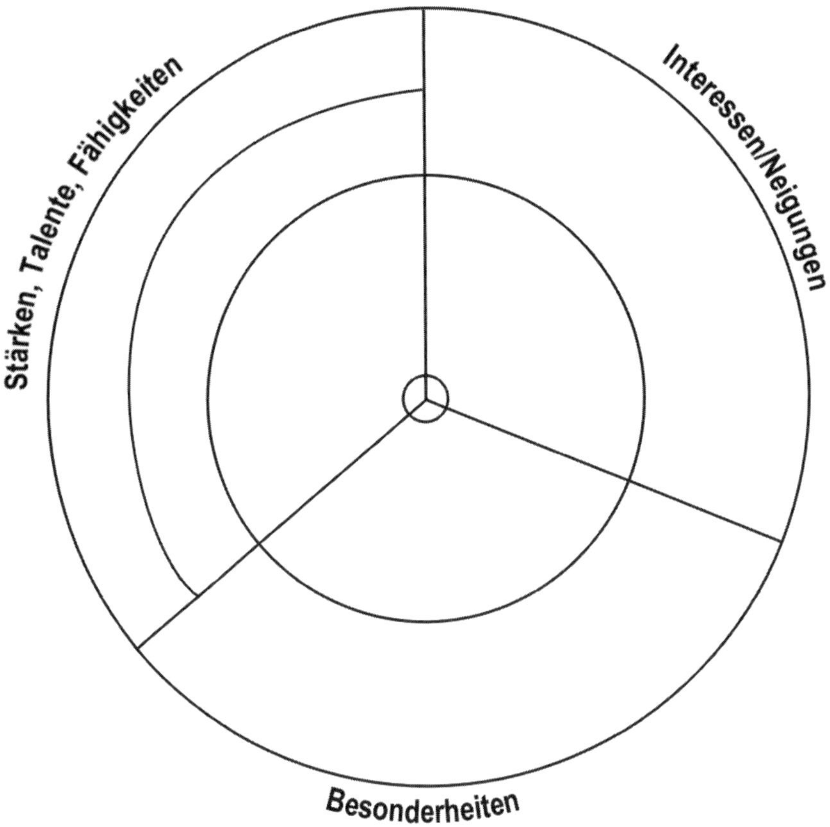

Abb. 21: Integritätsrad »Geben«, Formular für eigene Auswertung

2. Schritt: Was sind meine Interessen und Neigungen?

Als Nächstes fragen Sie sich nach Ihren Interessen und Neigungen in dem jeweiligen Bereich. Es ist jedoch durchaus sinnvoll, auch einmal an dieser Stelle nach Interessen und Neigungen aus den anderen Bereichen zu fragen, möglicherweise ergeben sich da ganz überraschende Kombinationsmöglichkeiten. Sie brauchen sich an dieser Stelle auch noch keineswegs festzulegen oder zu entscheiden. Folgen Sie Ihren intuitiven Impulsen und schreiben Sie erst einmal alles auf, was Ihnen einfällt. Die Auswahl und Auswertung erfolgt auch hier später. Jetzt ist nach den Beschäftigungen gefragt, die Ihnen Spaß machen.

Aber mehr als das: Sie sollten hier nur die Aktivitäten erfassen, die Ihnen Energie verleihen, die Ihnen einen Kick geben, die Ihre Batterie wieder aufladen. Es gibt etliche Beschäftigungen, die zwar Spaß machen, aber anschließend ist man energielos, ausgepowert, ohne Antrieb, innerlich erschöpft. Derartige Interessen bleiben unerwähnt (es sei denn, die Erschöpfung ist eine rein körperliche und nach der Erholung des Körpers fühlen Sie sich seelisch gestärkt und inspiriert).

Sie sollten hier nur auflisten, was Ihnen einen zusätzlichen Energieschub gibt. Dabei spielt es keine Rolle, ob Sie das Betreffende zur Zeit tun oder nicht. Vielleicht sind Sie früher einmal geritten, haben jetzt aber keine Zeit mehr dazu, aber es würde Sie noch genauso begeistern wie vor zehn Jahren. Dann schreiben Sie schnell »Reiten« auf. *(Das ist übrigens ein sehr typisches Beispiel dafür, dass eine Anstrengung körperlich ermüden, seelisch aber in starkem Maße aufbauen kann.)* Erfassen Sie zunächst alles, was Sie antörnt und was Sie nicht von vornherein grundsätzlich aus Ihrem Berufsleben heraushalten möchten. (Das können auch auf den ersten Blick belanglose *»Leidenschaften«* wie etwa das Telefonieren sein.) Sie können zwischen mindestens zwei und maximal sechs Interessen wählen.

Sobald Sie sich entschieden haben, tragen Sie diese Interessen in den zweiten Sektor (oben rechts) in das Integritätsrad »Geben« (s. S. 155) ein. Ermitteln Sie dann die Stärkegrade der Interessen im Verhältnis zueinander und tragen Sie in dem jeweiligen Sektor einen entsprechenden Pfeil ein. Stärkstes Interesse: längster Pfeil – schwächstes Interesse: kürzester Pfeil (siehe Beispiel in der Abbildung auf der nächsten Seite). Denken Sie daran, auch in diesem Punkt sich bei Gelegenheit die Fremdeinschätzung eines guten Freundes, einer guten Freundin einzuholen.

Sie werden ohnehin sehen: Wenn Sie den ganzen Prozess einmal durchgespielt haben, werden Sie mit all den gewonnenen Einsichten diese ersten, spontanen Aussagen noch einmal modifizieren oder revidieren wollen.

fokusflow.de

Meine ausgeprägtesten Interessen und Neigungen sind (Eintragung anschließend in das Integritätsrad »Geben«, s. S. 155):

1. ______________________________
2. ______________________________
3. ______________________________
4. ______________________________
5. ______________________________
6. ______________________________

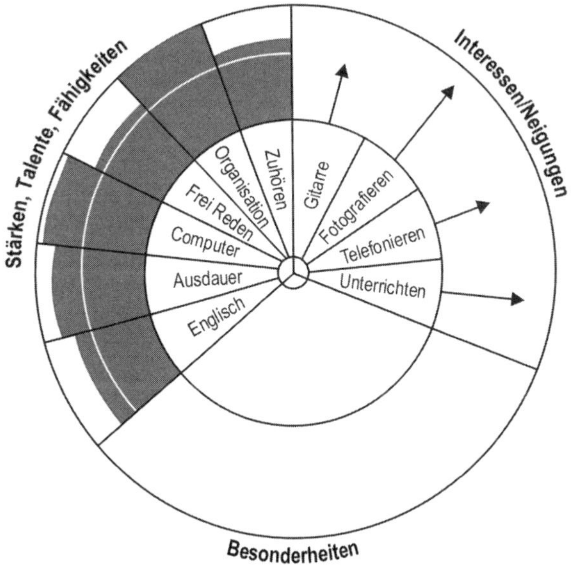

Abb. 22 Integritätsrad »Geben«, Beispiel für Eintragung der Interessen und Neigungen (praktische persönliche Durchführung s. S. 155 f.)

3. Schritt: Was sind meine Besonderheiten?

Im dritten Sektor des Rades erfassen Sie nun all die Merkmale und Besonderheiten Ihrer Person oder Ihres Lebens, wo Sie anders als die anderen sind oder sich so erleben.

Das können

- *physische Besonderheiten sein*

– fragen Sie hier nicht nur nach Stärken, auch Schwächen können eine Besonderheit sein. Nicht zu früh werten. Es kommt nur darauf an, zu erkennen, worin Sie sich von anderen unterscheiden. Wolff/ Frank *(»Berufszielfindung«)* nennen ein Beispiel: *Selbständiger Schlosser. Unfall. Beinamputation. Zukunft: Schwerbeschädigtenschicksal? Verbitterung? Nein! Tatsache: Entwicklung zum Spezialisten für maßgenaue Anfertigung von Hilfsgeräten für beinamputierte Autofahrer für jede Automarke. Hilfe für Beinamputierte. Erschließung neuer Käuferschichten für Kraftfahrzeuge. Großer Erfolg. Einleuchtend?*

- *oder auch psychische Besonderheiten*

– ein Großteil der klassischen und romantischen Musik ist von Menschen komponiert worden, etliche große Werke der Literatur sind von Menschen geschrieben worden, die psychisch labil waren (um uns da mal ganz vorsichtig auszudrücken). In psychischen Besonderheiten kann ein Schlüssel zu besonderen schöpferischen Leistungen versteckt sein. Nicht von ungefähr gibt es den Bezug von *»Genie und Wahnsinn«*.

- *oder Besonderheiten im Lebenslauf*

– besondere Leistungen, Erlebnisse – auch negativer Art, Schicksalsschläge etc., Auszeichnungen, öffentliche Anerkennung, Zivilcourage, Mut (Lebensrettung usw.).

und schließlich:

- *Besonderheiten im Image/Fremdbild*

– Wirkung auf andere. Was trauen andere Ihnen zu? Usw.

Wählen Sie jetzt zwei bis sechs »Besonderheiten« und tragen Sie diese in das Integritätsrad ein (dritter Sektor in Abbildung 21, s. S. 155). Ermitteln Sie dann die Stärkegrade der Besonderheiten im Verhältnis zu dem vermuteten Häufigkeitsgrad dieser Aspekte bei anderen Menschen in Bezug auf die Gesamtbevölkerung und tragen Sie die Pfeile mit der entsprechenden Länge in die Sektoren ein. Eine Besonderheit, die nur bei ganz wenigen Menschen überhaupt wahrscheinlich ist *(z. B. Sie haben einmal mindestens 100.000 Euro oder mehr im Lotto gewonnen)* kennzeichnen Sie mit einem besonders langen Pfeil, Besonderheiten, die häufiger auch bei anderen auftreten *(Sie sind z. B. Brillenträger),* werden mit einem entsprechend kürzeren Pfeil markiert. Nachdem Sie diese Selbstanalyse beendet haben, sollten Sie sich, wie bereits betont, darum bemühen, das so gewonnene Bild zu ergänzen, zu hinterfragen und möglicherweise auch zu korrigieren, indem Sie einige Menschen, die Ihren Lebensweg für kürzere oder längere Zeit begleitet haben, nach deren Einschätzung zu diesen Aspekten Ihrer Persönlichkeit befragen *(»Fremdeinschätzung«).* Verschaffen Sie sich auf diese Weise

Meine Besonderheiten sind (Eintragung anschließend in das Integritätsrad »Geben«, s. S. 155):

1. ______________________________

2. ______________________________

3. ______________________________

4. ______________________________

5. ______________________________

6. ______________________________

fokusflow.de

durch Menschen, denen Sie vertrauen können, ein Bild von *»außen«*. Betrachten Sie sich selbst durch die Brille der anderen.

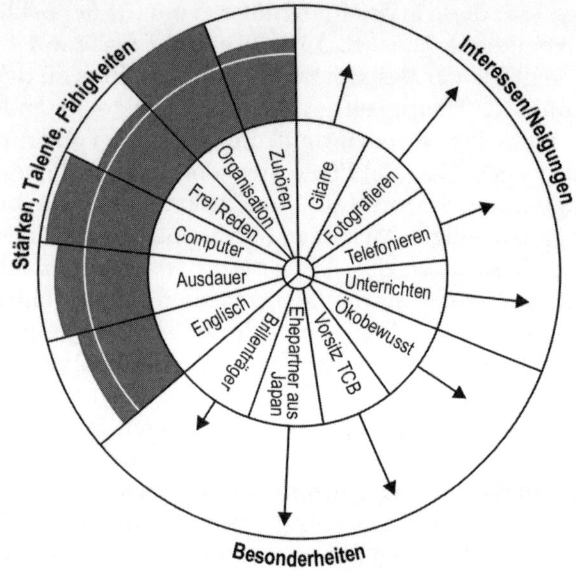

Abb. 23: Integritätsrad »Geben«, Beispiel für Eintragung der Besonderheiten (praktische Durchführung s. S. 155

4. Schritt: Auswertung

Da wir ja die Strategie verfolgen: *Die Stärken verstärken* (s. S. 139), wählen Sie jetzt aus jedem der drei Bereiche die zwei besonders herausragenden Merkmale aus und schreiben Sie diese in einer Liste untereinander auf (S. 161).

Diese Kombination von Stärken, Interessen und Besonderheiten stellt ein ganz spezifisches Profil Ihrer Person dar. Nicht sehr differenziert – wir wissen, dass Sie weitaus vielschichtiger und komplexer sind. Aber diese holzschnittartige Schärfe kann zu einer Klarheit in der Beantwortung der nächsten Frage führen:

Welche Aufgaben und Probleme, welchen Engpass kann ein Mensch mit einem derartigen Profil beson-

ders gut lösen? Es kann durchaus sein, dass Sie hier bei der Spontanauswertung zu recht überraschenden Kombinationen kommen, die vielleicht Fragen aufkommen lassen wie die, ob Sie nicht besser als Flohzirkus-Direktor auftreten sollen.

Halten Sie Ihren inneren Zensor oder Kritiker zurück und lassen Sie derartige plötzliche Eingebungen durchaus zu, schreiben Sie alles auf, was Ihnen einfällt (Spontanauswertung A), die *Gedanken sind* bekanntlich *frei.*

Später können Sie, nach reiflicher Überlegung, Selbsterkundung und Einholen von Fremdeinschätzungen jederzeit das *Integritätsrad Geben* (S. 155) überarbeiten und eine »durchdachte Auswertung (B)« (5. Schritt, S. 163 ff.) zusätzlich durchführen.

Das Hinausspringen aus den gewöhnlichen Mustern kann aber sehr anregend und inspirierend sein. Erwarten Sie nicht gleich eine ganz weise Antwort, weitere Ideen werden in den kommenden Tagen und Wochen folgen. *Lassen Sie sich auf einen inneren Dialog ein und gönnen Sie sich die erforderliche Zeit.*

A: Mein Profil
Stärken (Talente, Begabungen, Fähigkeiten):

1. ____________________

2. ____________________

Interessen und Neigungen:

1. ____________________

2. ____________________

Besonderheiten:

1. ____________________

2. ____________________

fokusflow.de

A: Spontanauswertung

Ideen für einen möglichen Einsatz dieses Profils:

5. Schritt: Lernen Sie Ihre Problemlösungs-Kompetenz kennen

Lassen Sie sich wie im *4. Schritt* bereits beschrieben auf eine spontane Ideenfindung ein, halten Sie in den nächsten Tagen weitere Einfälle fest – immer gleich schriftlich! *Schnell sind sie in der Hektik des Alltags wieder vergessen.*

Lassen Sie dann all diese Überlegungen zusammen mit den Informationen, die Sie in der Folgezeit verarbeiten, reifen. Wiederholen Sie dann, wenn es Ihnen sinnvoll scheint, den ganzen Prozess (ab S. 136), so dass Sie zu einem neuen Integritätsrad GEBEN gelangen und eine »durchdachten Auswertung (B)« durchführen können.

B: Durchdachte Auswertung

Machen Sie sich also zunächst klar, welche Stärken, Interessen und Neigungen Sie *tatsächlich einsetzen* wollen. In dieser Phase können Sie Ihr Profil dann erweitern und brauchen es nicht mehr auf nur zwei Aspekte zu reduzieren. Behalten Sie aber das Grundprinzip unserer Strategie »*Stärken verstärken*« im Auge!

fokusflow.de

Liste der Stärken (Talente, Begabungen, Fähigkeiten), Interessen, Neigungen und Besonderheiten, die ich tatsächlich einsetzen möchte (s. S. 153 – von dieser Liste eine neue Auswahl treffen):

____

____

____

____

____

Liste der Stärken (Talente, Begabungen, Fähigkeiten), Interessen, Neigungen und Besonderheiten, die ich tatsächlich einsetzen möchte (s. S. 153) (Fortsetzung):

fokusflow.de

Dann erst beschäftigen Sie sich erneut mit der Frage, was und wie Sie Ihrerseits »Geben« wollen und können. Entwerfen Sie eine Beschreibung Ihrer speziellen Problem-Lösungs- oder Engpass-Beseitigungs-Kompetenz(en). Es kann sein, dass Ihnen gleich bei der spontanen Beantwortung ein Problem oder eine Engpasssituation oder vielleicht sogar mehrere eingefallen sind, deren Lösung Sie sich zutrauen, so dass Sie diesen Weg jetzt weiterverfolgen können.

Genauso gut kann es aber auch einige Tage oder sogar längere Zeit dauern, bis Ihnen das eigentlich ideale Tätigkeitsfeld, Ihre Mission, klar wird. Lassen Sie ruhig auch Ihr nonverbales Gehirn in Träumen, in Assoziationen arbeiten. Schreiben Sie zunächst in den Kasten auf der nächsten Seite einfach alles auf, was Ihnen so einfällt.

Machen Sie dann, wenn es Ihnen sinnvoll scheint, eine weitere Analyse, um das herauszufinden, was das für Sie wirklich **Aussichtsreichste** sein könnte (s.S. 167).

Ein besonders wirkungsvolles strategisches Vorgehen ergibt sich, wenn Sie sich nicht nur danach befragen, welche Probleme, die anderswo auftreten, Sie besonders gut lösen können, sondern wenn Sie sich fragen, ***welchen Engpass es gibt, für dessen Lösung Sie besonders kompetent sind****. Engpässe sind Konstellationen in der Natur, von oder zwischen Menschen, in oder zwischen Organsiationen und Unternehmen, bei denen es an irgendetwas Wesentlichem mangelt oder ein schädlicher Überfluss herrscht. Mehr zu der dann einzusetzenden »Engpass-orientierten Strategie« auf unserer Web-Site.*

Widerstehen Sie möglichst auch der Versuchung, kleinere oder größere »Fluchten« zu fantasieren. Mit großer Wahrscheinlichkeit liegen die größten Chancen ganz nahe und meistens dort, wo Sie sich gerade befinden. Sie wollen nur mit der nötigen AUFMERKSAMKEIT entdeckt werden. Denken Sie an den Farmer, der in Südafrika seine blühende Farm verkaufte, um sich auf die Suche nach Diamanten zu begeben, als damals die ersten Nachrichten von entsprechenden Funden die

fokusflow.de

Menschen elektrisierten. Auf der Suche in immer ferneren Regionen verlor er sein Vermögen und endete kläglich. Der Käufer seiner Farm entdeckte alsbald eigenartige Steinbrocken, die sich als Edelsteine entpuppten und wurde einer der reichsten Männer seiner Zeit. Manchmal verhalten sich die Menschen wie die Kühe, die sich den Hals durch den Zaun verrenken, weil sie glauben, jenseits des Drahtes gäbe es fettere Weiden. Die größte Chance, Ihr eigenes »Diamantenfeld« zu entdecken, besteht dort, wo Sie sich auskennen, in Ihrer Firma, in Ihrem Umfeld, bei Ihren Kunden und Ihren Lieferanten.

Beschreibung von Aufgaben und Problemen oder Engpässen, die ich besonders gut lösen kann bzw. möchte:

fokusflow.de

Dieses persönlich erfolgversprechende Kompetenzfeld tragen Sie dann in den nachfolgenden Kasten ein. *Und wenn Sie soweit sind, gratulieren Sie sich und feiern Sie diesen Moment!*

Mein *aussichtsreichstes* Aufgabenfeld (ein Problem oder ein Engpass, für dessen Lösung ich spezielle Voraussetzungen besitze):

Gönnen Sie sich jetzt etwas Gutes – Sie haben allen Grund zum Feiern, wenn Sie es in der Integration all der Aspekte des Prozesses soweit geschafft haben!

fokusflow.de

6. Schritt: Die persönliche Zielgruppe herausfinden

Im nächsten Schritt überlegen Sie sich genau, wo bzw. für wen Sie Ihre persönlichen Ressourcen am besten einsetzen können. Sie befinden sich mit Ihren Zielen nicht auf einer einsamen Insel, sondern Sie sind umgeben von Menschen, die ebenso wie Sie ganz bestimmte Bedürfnisse, Wünsche und Ziele haben.

Denken Sie darüber nach, wie Sie mit Ihren Stärken Ihren Mitmenschen, Ihren Kunden oder Mitarbeitern, Ihrem Vorgesetzten oder Chef, den Eigentümern Ihres Unternehmens oder – um zu erinnern, dass Sie diese Arbeitsprinzipien auch auf die anderen fünf Lebensbereiche übertragen können – Ihrem Partner, Ihrer Partnerin, Ihren Kindern, Ihren Eltern, anderen Verwandten, Ihren Freunden oder sich selbst (Ihrem Geist, Ihrer Seele, Ihrem Körper) einen Nutzen bieten oder eine Freude machen können, die mit den jeweils spezifischen Bedürfnissen und Wünschen der jeweiligen »Zielgruppe« übereinstimmt.

Bei wem, wo oder wie kann ich meine Stärken am wirkungsvollsten einsetzen? Meine persönliche Zielgruppe:

____

____

____

____

____

____

____

____

____

Der Sinn des Lebens ist, der Menschheit zu dienen.
Tolstoi

fokusflow.de

Entwickeln Sie für Ihre berufliche und private Umwelt ein eigenes klares Profil und machen Sie sich mit diesem Profil vertraut. Setzen Sie Ihre Stärken so ein, dass sie/Sie sich wie ein lang gesuchtes Puzzlestück in das Puzzle anderer Menschen einfügen. Die richtige Strategie zu wählen heißt nichts anderes, als seine Kräfte an der richtigen, wirkungsvollsten Stelle einzusetzen.

Phase 3: Das vollständige Zielszenario (HABEN und GEBEN):

Sie können nach Abschluss dieser Arbeit Ihr Zielszenario, bei dem Sie bisher festgelegt haben, was Sie bekommen möchten, ergänzen durch den zweiten Teil, mit dem Sie beschreiben, was Sie zu geben bereit und in der Lage sind.

Eine derart aus dem Wertesystem heraus entwickelte Zielsetzung, die sich außerdem mit Ihrer ganz spezifischen Persönlichkeit und ihrer Einmaligkeit verbindet, hat eine ganz andere Durchsetzungskraft als Zielsetzungen, die Ihnen von anderen einsuggeriert werden oder die Sie spontan aus einer bestimmten Stimmung heraus aufgreifen.

Wenn es im ersten Teil heißt:

«Ich freue mich darüber, dass ich ... «

(es folgt das Zielszenario – eine anschauliche und positiv formulierte, mit einem Datum versehene Beschreibung des Erstrebten, in der Gegenwartsform [mit einem Tätigkeitswort, das Freude und Begeisterung ausdrückt], die das Ziel quantifizierbar und qualifizierbar definiert, so dass der Moment des Erreichen des Zieles eines Tages exakt erkennbar ist)

Der zweite Teil des Zielszenarios

(die Checkliste für den ersten Teil siehe Seite 135) – die ausführliche Entwicklung des Zielszenarios beginnt auf Seite 118 *so heißt es im zweiten Teil des Zielszenarios:*

»Dies erreiche ich dadurch, dass ich meine Stärken

(________________________________)

(es folgt eine Beschreibung Ihrer besonderen Stärken, also Ihrer Talente, Fähigkeiten und Fertigkeiten – und jetzt brauchen Sie sich nicht mehr nur auf die sechs ausgeprägtesten Stärken zu beschränken, sondern können alle Stärken, die Sie im jeweiligen Lebensbereich einsetzen können und wollen, eintragen. Stärken, die vorhanden sind, die Sie aber aus bestimmten Gründen gar nicht mehr so gerne einsetzen wollen, lassen Sie folgerichtig an dieser Stelle weg)

zusammen mit meinem Interesse an

(________________________________)

(hier entscheiden Sie sich nunmehr, welche(s) Interesse(n) Sie in dem jeweiligen Lebensbereich tatsächlich aktivieren wollen; Sie entscheiden jetzt z. B., ob Sie ein bisher vielleicht nur privat verfolgtes Interesse auch beruflich einsetzen wollen oder ob Sie diese Energiequelle weiter ausschließlich Ihrem Privatleben vorbehalten, ob Sie ein bisher vielleicht nur im Beruf verfolgtes Interesse nun auch auf Ihre sportlichen Aktivitäten ausdehnen usw.)

und

(________________________________)

(es folgt eine Beschreibung Ihrer ***Besonderheiten****, soweit Sie sie im jeweiligen Lebensbereich einsetzen wollen oder können)*

einsetze, um

(________________________________)

> *(es folgen **Aufgabe(n)/Problem(e)/Engpass/Engpässe**, deren Lösung Sie sich vorstellen können)*
>
> **bei ______________________ zu lösen.«**
>
> *(es folgt eine Beschreibung, **wo oder bei wem** Sie ein Problem, einen Engpass feststellen konnten – Ihre persönliche Zielgruppe, Ihr Zielbereich, das können also im beruflichen Bereich Probleme im Unternehmen, in der eigenen Abteilung, bei Marktteilnehmern, Kunden usw., im Falle Ihrer Gesundheit der Bereich »fehlende Ausdauer« oder »Bewegungsfaulheit« etc. sein.)*

Ökocheck

Und um ganz auf der sicheren Seite zu sein, sollten Sie an dieser Stelle des Prozesses Ihr Zielszenario mit einem Ökologie-Check überprüfen. Damit ist ein Rundumblick über die möglichen Veränderungen Ihres Lebens als Folgen der Realisierung des Zielszenarios gemeint.

Passt mein Zielszenario zu meinem Leben?

- Überprüfen Sie, ob es sich bei Ihren Zielen um Ihre eigenen Ziele handelt. Vielleicht haben Sie sich auch von Modetrends oder anderen Menschen zu Aktivitäten verleiten lassen, die Ihnen gar nicht wirklich am Herzen liegen?

- Wird das neu formulierte Zielbild in Ihr Leben passen? Überprüfen Sie alle wesentlichen Menschen und Aktivitäten in Ihrem Leben, um sicherzugehen, dass die Veränderungen, die sich aus Ihrem Zielszenario ergeben, völlig positiv sein werden.

- Gibt es irgendeinen Aspekt, der einen Widerstand auslöst? Was ist die positive Absicht hinter diesem Widerstand?

Wie können Sie das Zielszenario so umformulieren, dass es vollständig für Sie stimmig ist?

Schließen Sie einen Vertrag mit sich selbst

Die Zielformulierung ist ein bedeutneder Vertrag mit sich selbst und sollte daher mit Ort, Datum und der eigenen Unterschrift versehen werden. Auf diese Weise schaffen Sie eine innere Bindung zwischen sich selbst und dem Ziel.

Doch mit dem Aufschreiben ist der Prozess nicht abgeschlossen. Entscheidend ist jetzt der Transfer in den Alltag. Und da gibt es ein Geheimrezept, das so alt wie wirkungsvoll ist und trotzdem wieder nur von wenigen wirklich genutzt wird: Sie werden sich Ihrem Ziel am sichersten nähern, wenn Sie sich die Gewohnheit aneignen, sich *das Zielszenario täglich zweimal (und wenn es irgendwie geht: laut) vorzulesen.*

Wenn Sie den ganzen Weg bis hierhin mit uns gefolgt sind, dürfen wir Sie herzlich beglückwünschen: Sie können jetzt sicher sein, dass Sie zu dem Anteil der 5 % der Bevölkerung gehören, die aus Wünschen Realitäten werden lassen. Ihre AUFMERKSAMKEIT ist ab sofort fokussiert, Ihre Energie ist ausgerichtet und stark und Sie haben das Geheimnis der Selbstmotivation für sich entschlüsselt.

Diesen Zugang zu den eigenen inneren Kraftquellen kann Ihnen niemand mehr nehmen und Sie sind darüber hinaus jederzeit in der Lage, neue Feinabstimmungen vorzunehmen oder Ihre Selbstmotivation auch wieder ganz neu einzustellen.

Wir haben Ihnen versprochen, Sie nicht in irgendeine Abhängigkeit von Dritten, die Sie motivieren wollen, hineinzuführen, und wir haben uns daher auch davor gehütet, unseren Text mit Motivierungselementen anzureichern, wie Sie das ja vielleicht in dem ein oder anderen Buch aus diesem Themenbereich schon kennen gelernt haben.

Zugegeben, der Weg ist nicht ganz leicht, Sie mussten ihn allein und unter Aufbietung einiger Energien gehen. Aber jetzt können Sie stolz auf sich sein und sich, abgesehen von dem guten Gefühl, das Sie gewiss jetzt ohnehin haben werden, eine ordentliche Belohnung gönnen. Anregungen dazu finden Sie in Hülle und Fülle in Anlage 2 (Seite 280 ff.).

Bevor Sie sich in den zweiten Teil unseres Buches hineinstürzen, schauen Sie im Anhang in unseren Belohnungslisten nach, ob Sie nicht etwas entdecken, was Ihre gute Laune jetzt auf den Höhepunkt treiben könnte – und gönnen Sie sich das jetzt. So viel extrinsische Motivation muss an dieser wichtigen Stelle einmal gestattet sein.

Und nachdem wir so lange mit dem »kühlen Kopf« gearbeitet haben: Jetzt ist es Zeit, das Herz mit dem Herausgefundenen zu verbinden. Es lohnt sich, an diesem Text immer wieder zu arbeiten und zu feilen, bis er sich für Sie beim lauten Vorlesen richtig stimmig anhört. Es ist wie die Arbeit eines Schriftstellers: Das Geschriebene muss ein faszinierendes inneres Vorstellungsbild in Ihnen auslösen (oder in der Sprache der Wissenschaft: Es muss die verbale Gehirnhälfte sich mit der bildhaften, emotionalen Hirnhälfte verbinden, es muss zu einer Synchronisierung beider Hemisphären kommen).

Leben Sie mit kühlem Kopf und heißem Herz!

Da es über die Verbindungswege zwischen rechter Großhirnhälfte und darunter liegendem Limbischen System zu einer emotionalen Anreicherung der Absichten kommt und vom Limbischen System wiederum Resonanzkreise des autonomen Nervensystems angesprochen werden, die u. a. unser Herz erreichen, können wir dann, wenn wir beim Lesen unseres Szenarios ein gutes, stimmiges Gefühl verspüren, davon ausgehen, dass wir unseren »*Weg mit Herz*« gefunden haben. So können Kopf und Herz eine außerordentlich kraftvolle und segensreiche Verbindung eingehen, die Ihnen alle Selbstmotivation liefert, die Sie benötigen, um Ihre Zielszenarien zu verwirklichen.

Es kommt auf Regelmäßigkeit und Kontinuität der Arbeit an, damit Sie wirklich etwas tun und nicht nur davon träumen. Ausdauer ist der gemeinsame Nenner aller erfolgreichen Menschen, nicht Intelligenz, nicht Mut, nicht Kapital. Ein klares Ziel mit Beständigkeit verfolgt, das schafft Mut, das stimuliert Ihren Geist, Ihre Kreativität und das kann dann auch Realitäten schaffen.

Unser Leben wird sinnvoll, wenn wir die Herausforderungen annehmen, deren Bewältigung uns persönlich Grenzüberschreitungen ermöglicht.

Der »*Weg mit Herz*« ist der Weg, der für Sie Sinn macht. Sinn macht das, was Ihren Werten entspricht. Klarheit über die eigenen Wertvorstellungen ist die Voraussetzung jeder guten Entscheidung und nur, wer klare Entscheidungen fällen kann, kann Ziele erreichen.

Damit ist dann auch eine solide Grundlage gelegt für die vielen Hunderte von kleinen Momenten des Alltags, in denen Ihr Gehirn entscheiden muss, was soll verarbeitet, behalten, später wieder erinnert werden und was ist unwichtig, was kann sofort wieder vergessen werden.

Ein Mensch mit einer klaren Zielsetzung hat automatisch Klarheit darüber, was wichtig ist.

Ein grosses JA ist nötig, um diese kleinen Neins aussprechen zu können.
Stephen Covey

Ohne ein klares Ziel verzetteln wir uns, sagen hier ja und dort nein und erreichen nichts. Wir können nicht alles und schon gar nicht alles gleichzeitig in unserem Leben verwirklichen. Wir müssen sehr oft NEIN sagen, wenn uns tägliche Ablenkungen ein klein wenig Lustgewinn versprechen, um uns die Zeit und Energie und Konzentration zu bewahren, die wir zur Realisation unserer wahren Lebensträume brauchen. Wie Covey es schrieb: »*Ein großes JA ist nötig, um diese kleinen Neins aussprechen zu können.*«

Und wir haben gesehen, dass unser Leben dann Sinn macht, wenn wir die Herausforderungen in den Bereichen suchen, in denen wir unsere Werte erfüllen können. Klarheit über das eigene Wertesystem, seine noch unerfüllten Anteile, lässt Wünsche deutlich werden, die wir über die Entwicklung eines Zielszenarios dann realisieren können.

So wurde aus dem zweidimensionalen Bild des FLOW-Kanals ein dreidimensionaler Raum. Aber es fehlte zunächst noch seine Basis. Die haben wir jetzt ebenfalls vorbereitet. Die stabile Basis des Raumes für FLOW-Erfahrungen ist die Nutzung unserer Talente und die Entwicklung unserer Fähigkeiten. Unsere Kompetenz wird stärker und stärker, wenn wir unsere Talente einsetzen und Fähigkeiten durch ständiges Lernen erweitern. Im Sinne von Csikszentmihalyi wächst dadurch unsere Komplexität, unser Selbst.

FLOW-Erfahrung: harmonische Verbindung von Differenzierung und Integration

Sofern es uns gelingt, unser Wissen und unsere Fähigkeiten in gleicher Weise anwachsen zu lassen wie unser Verständnis der Zusammenhänge, also Differenzierung und Integration harmonisch miteinander verbinden, werden wir FLOW-Erfahrungen sammeln. Ein durchgängiges Gefühl des Gelingens wird unser Leben prägen:

Und wenn das Wissen, das Sie sich aus vorhandenen Quellen verschaffen können, nicht ausreicht, um Ihre Fähigkeiten den Herausforderungen entsprechend auszudehnen, benötigen Sie neues Wissen. Dann ist Ihre Kreativität gefragt. Mit diesem Aspekt wird unser Bild nunmehr endlich abgerundet.

Viele Menschen arbeiten mit ausgeklügelten Programmen an ihrer körperlichen Fitness. Mit dem oben in der Abbildung dargestellten System können Sie ab sofort Ihre geistig-seelische Fitness, Ihren Mind trainieren. Ein gesunder Geist braucht einen gesunden Körper – aber es gibt keinen gesunden Körper ohne einen starken Geist.

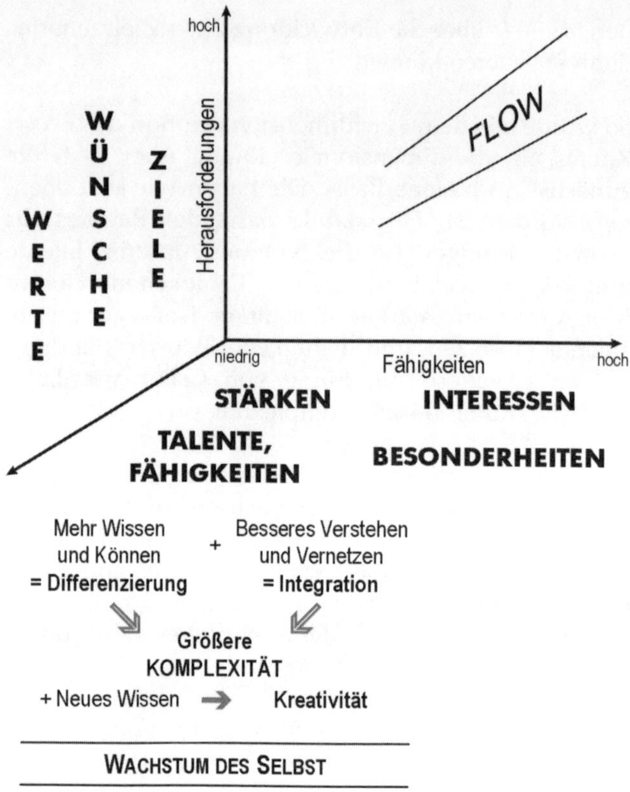

Und wenn neues Wissen erforderlich ist: Mobilisieren Sie Ihre Kreativität.

Abb. 24: Das Wachstum des Selbst durch Zunahme von Komplexität und die Expansion durch Kreativität

Phase 4: Die Kunst des »detached involvements« – lassen Sie Ihre Ziele wieder los

Jetzt werden Sie überrascht sein: Lernen Sie, Ihre Ziele auch wieder loszulassen. Damit wird das, was Sie bisher gehört haben, keineswegs relativiert. So wichtig es ist, sich seiner Ziele stets bewusst zu sein und ihnen zu folgen, so wichtig ist es auch, die Ziele nur als Werkzeug zu betrachten und nicht selbst zu einem Werkzeug der eigenen Ziele zu werden.

Koppeln Sie Ihre persönliche Identität, Ihre Zufriedenheit mit dem Leben nicht nur an die Erfüllung Ihrer Ziele. Vermeiden Sie es, sich völlig einem selbst geschaffenen Leistungsdruck unterzuordnen. Ihre Ziele sind nur Markierungen, die Ihrem Leben Richtungen und Wege weisen, sie sind nicht das Leben selbst. Wir werden uns in Teil II noch etwas näher mit diesem »detached involvement« (Jagdish Parikh) beschäftigen (s. S. 194 f.).

Überprüfen Sie Ihre Zielverträge regelmäßig

Außerdem sollten Sie Ihre Zielformulierungen nicht als etwas Statisches, Unveränderbares ansehen. Sie sind wie das Leben und können, ja müssen sich mitunter sogar im Laufe der Zeit immer wieder dem Verlauf Ihrer Entwicklung und Ihrer Lebenssituation anpassen. Aufgrund der ständigen Veränderung in uns und um uns herum sollten wir unsere Ziele kontinuierlich auf ihre Motivationskraft und Aktualität für uns überprüfen und gegebenenfalls neu formulieren.

Lesen Sie sich Ihr Zielszenario zweimal täglich laut vor

Wenn das Unterbewusstsein dieses Ziel erst einmal als Aufgabe eingepflanzt bekommen hat, wird es dafür sorgen, dass die Aufgabe auch verwirklicht wird. Es wird Sie empfänglich machen für Informationen und Reize, die sonst spurlos an Ihnen vorbeirauschen würden und andererseits dafür sorgen, dass Ihre AUFMERKSAMKEIT und Kräfte nicht für Dinge verschwendet werden, die bei der Verfolgung Ihrer Ziele stören würden. Durch das zweimalige laute Vorlesen wird das Zielszenario mit tieferen Schichten Ihres Geistes verbunden und nach und nach zu einer unbewussten Steuerungsquelle.

»*Was der menschliche Geist sich vorstellen kann, das kann er auch erreichen.*« (Napoleon Hill)

So kommen wir zu einer sehr genauen und motivierenden Definition des Wortes *Erfolg*, wie sie von Earl Nightingale formuliert wurde:

»*Erfolg ist die zunehmende Verwirklichung eines persönlich erstrebenswerten Zieles.*«

Erfolg ist die zunehmende Verwirklichung eines persönlich erstrebenswerten Zieles.
Earl Nightingale

Jeder, der ein Ziel hat, das er kontinuierlich verfolgt, ist erfolgreich. Und zwar in jedem Moment des Weges, nicht erst bei Erreichen des Zieles. Hier liegt die tiefere Bedeutung des Satzes: »*Der Weg ist das Ziel.*«

Wenn wir ein Erfolgsgefühl erst ganz am Schluss bei Erreichen des Zieles entwickeln, geraten wir allzu leicht in die Falle des Verlustes an Gelassenheit oder erliegen schlimmstenfalls sogar dem eifernden Fanatismus, der als Folge einer Fixierung droht.

Legen Sie jetzt, wirklich jetzt, in diesem Moment, nicht später, in Ihrem Terminkalender einen Zeitraum / mehrere zusätzliche Termine fest, an denen Sie aus diesen Ideen konkrete Zielvorstellungen entwickeln. Rechnen Sie für jeden Lebensbereich mit ca. 1,5 bis drei Stunden, in denen Sie völlig allein, ungestört und ohne Unterbrechung an Ihrer Zielformulierung arbeiten können.

(Diese Zeitangabe bezieht sich auf den ersten Schritt. Bei wichtigen Zielen kann sich der Zeitaufwand verdoppeln oder auch verdreifachen. Aber Sie können sich sicher sein: Kaum eine Stunde Ihres Lebens investieren Sie besser als jede Stunde, die Sie auf diese Arbeit verwenden! Es sind Stunden, die sich in Wertwachstum und Zinsen gleichzeitig auszahlen.)

Wie geht es weiter? – Vision und Lebenszweck

Die richtige Lern- und Lebensplanung besteht aus der Kunst der kleinen Schritte. Nicht große Aufgaben planen nach dem Motto: »*Man schafft ja doch immer nur die Hälfte*«, sondern die großen Aufgaben in ganz kleine Happen aufteilen und diese dann auch tatsächlich erledigen – nach dem Prinzip: »*Was ich mir vorgenommen habe, wird auch getan.*« Gehen Sie nicht davon aus, dass das Aufschreiben und zweimal tägliche Vorlesen eines Zielszenarios ausreicht. Das hier ist kein Magie-Buch. Sie haben sich eine Herausforderung geschaffen und diese wird Sie fordern. Es kann sogar sein, dass Teile des Weges außerordentlich steil und steinig sind.

Damit Sie sich diesen Herausforderungen stellen können, bedarf es weiterer Vorbereitung und einiger Geschicklichkeit im Umgang mit Hindernissen (die übrigens nicht nur von außen in den Weg gelegt werden könnten, sondern die Sie sich durchaus auch selbst schaffen können).

Der folgende zweite Teil dieses Buches soll Sie daher auf den ersten Wegstrecken, die Sie nun vor sich haben, begleiten und Sie bei der Realisierung Ihrer Vorhaben unterstützen.

Zuvor noch ein paar Gedanken, die über den Tag hinausgehen und die die Einordnung von Zielen und die Beschäftigung mit künftigen Szenarien Ihres Lebens in den Gesamtrahmen einer tragfähigen Lebensperspektive anregen sollen.

Vision und Lebenszweck: Die Quelle einer charismatischen Ausstrahlung

Wenn Sie einige Erfahrungen mit der Verwirklichung kurz- (bis zu sechs Monate Zeitperspektive) und mittelfristiger (sechs bis 18 Monate) Ziele gesammelt haben, werden Sie sich zunehmend fragen, was ist denn eigentlich der rote Faden? Was ist das Thema, das immer wieder auftaucht? Wohin verdichten sich meine Stärken, Fähigkeiten, Interessen und Besonderheiten? Was macht mich so einzigartig? *»Wofür bin ich auf dieser Welt? Was kann ich Gutes in die Welt bringen?« – Was ist meine Mission?*

Wer die Antworten auf diese Fragen gefunden hat, kann seine Zielentwürfe immer langfristiger anlegen und wird innerlich ruhiger und glücklicher leben können – bei allen möglichen *(und wahrscheinlichen)* äußeren Anforderungen und Zerreißproben. Ziele, die Herausforderungen beinhalten, die mit der ganz ureigenen Berufung realisiert werden können, haben natürlich eine ganz besondere Antriebskraft. Hier erwächst die Selbstmotivation aus dem Kern der eigenen Persönlichkeit heraus.

Höhepunkt des Glücks ist es, wenn der Mensch bereit ist, das zu sein, was er ist.
Erasmus von Rotterdam

Wie entsteht Charisma?

Langfristige Ziele im Einklang mit der Berufung eines Menschen nennt man Vision. Wenn ein Mensch seine langfristigen Ziele mit seiner Berufung in Einklang bringen kann, hat er eine Vision. Wer in Übereinstimmung mit seiner Vision lebt, wer sein Leben so führt, dass sein tatsächliches Verhalten mit seinem Wertesystem übereinstimmt, strahlt die gewinnende Anziehungskraft aus, die *Charisma* genannt wird.

Lebensvision oder »die Idee von uns selbst«

Wie oft fragen wir uns, warum unser Leben so ist, wie es ist. Viele Menschen erleben das Leben als eine mehr oder weniger sinnlose Ansammlung von Zufällen. Sie fühlen sich in die Welt *»geworfen«* und den Irrungen und Wirrungen des Schicksals ausgeliefert. Um dem Leben Struktur und einen gewissen Sinn zu verleihen, übernimmt man Werte und Ziele aus der Umgebung, von der Familie, seiner Clique oder der Gesellschaft. Das schafft eine gewisse Sicherheit und stärkt das Gemeinschaftsgefühl, aber in stillen Stunden oder in einer Krise kann man sich plötzlich nicht länger der Frage entziehen, ob man sich selber wohl wirklich lebt, ob die eigene Identität stimmig ist und der eingeschlagene Lebensweg eine Richtung verfolgt, die uns langfristig mit Kraft und Zuversicht erfüllt.

Wenn wir die Menschen in unserem Umfeld genauer betrachten, wenn wir den Lebensweg bedeutender, schöpferischer und erfolgreicher Menschen anschauen, werden wir immer wieder feststellen, dass diese Menschen einer inneren Berufung gefolgt sind. Diese Berufung kann als eine klare Vision mitunter schon ganz früh in der Kindheit in Erscheinung treten oder – wie es meistens der Fall ist – als eine vage Idee, die sich schemenhaft nur Stück für Stück zeigt und auch immer wieder von anderen Bildern überlagert wird, jahrelang um Durchsetzung ringt. Ja, gar nicht so selten erhält dieses innere Bild bei so manchen *»Late Bloomers«* sogar erst im letzten Lebensdrittel, mit 50, 60 oder 70 Jahren seine eigentliche Verwirklichungskraft. Viele Menschen schaffen es gar nicht, in der täglichen Mischung aus Stress und Routine innezuhalten und auf diese innere Stimme zu lauschen, sich den nötigen Abstand zum Tagesgeschäft zu verschaffen, um die Vision zu entdecken, zu nähren und zu kräftigen. Doch Klarheit über die eigene Vision, die persönliche, einzigartige Bestimmung, stellt sicher, dass Sie sich die tatsächlich wichtigen Herausforderungen auswählen, die zu bewältigen den ganzen Einsatz lohnen, die Ihrer Bestimmung in der Welt entsprechen und deren Bewältigung nicht nur einen intensiven Kick des Glücks im aktuellen Moment auslöst, sondern Ihnen auch später, wenn Sie an Ihrem 70., 80. oder gar noch einem späteren Geburtstag zurückblicken, die tiefe Befriedigung eines sinnvoll erfüllten Lebens vermittelt.

Die spannende Frage ist, woher diese Bilder für die Zukunft kommen. Sind wir bei unserer Geburt ein leeres Blatt, das wir beliebig beschreiben und gestalten können, oder steckt in uns bereits eine Idee von der Person, die wir werden? Ist in uns schon ein *Visionsbild* angelegt, dessen wir »nur« gewahr werden müssen? Dann bestünde unsere Aufgabe und unser Lebensglück darin, dass sich diese Vision entfalten kann und uns deutlich und greifbar wird.

Diese zweite Alternative vertritt mit kraftvoller Entschiedenheit der Psychologe James Hillman: »*Wie ein Eichenbaum aus der Eichel wächst, besitzt jeder Mensch von Anfang an einen Kern, ein innere Idee von sich selbst, in dem bereits alle Aspekte seiner Person enthalten sind.*«

James Hillman

Bei der Lebensvision ginge es demnach nicht um die Realisierung eines beliebig zu erfindenden Bildes, sondern um die Realisierung des eigenen inneren Kerns. Die Römer hätten diesen Geist »*Genius*« genannt. Die Inder fassen dieses Phänomen mit dem Begriff »*Karma*« zusammen, die Indianer nennen es »*Traumseele*« oder »*Geistseele*«.

Die Idee von sich selbst

Picassos Leben ist nach Hillman ein Zeugnis dieser Sichtweise: »*Ich bin erstaunt darüber, welchen Missbrauch die Menschen mit dem Wort Entwicklung zulassen; ich entwickle mich nicht: Ich bin.*« So kann man auch sein Bild

Ich entwickle mich nicht: Ich bin.
Pablo Picasso

»le jeune peintre« (»der junge Maler«), das er kurz vor seinem Tod im 92. Lebensjahr malte, als das Abbild der Eichel verstehen, das die Eiche gemalt hat.

Aber nicht immer ist von vornherein ein klares Bild vorhanden, das sich dann Jahr für Jahr immer weiter nuanciert darstellt. Manchmal versteckt sich dieser Genius vor uns selbst und scheut die vorzeitige Entdeckung, um sich und uns zu schützen. So wird von Charles Lindbergh, dem der erste Alleinflug über den Atlantik gelangt, berichtet, dass er als kleines Kind Alpträume und massive Ängste hatte vor großen Höhen. Kündigte sich in der Wahrnehmung dieser Angst sein Thema, seine große Herausforderung an, diesen gefährlichen und bahnbrechenden Weg durch die Lüfte zu machen, sich mit allen Risiken des Absturzes so vertraut zu machen, dass er schlussendlich das Wagnis voller Selbstvertrauen eingehen konnte?

Manchmal scheint sich der Genius nur in Symptomen und Erkrankungen als Art vorbeugender Arznei zu zeigen, die uns von einem falschen Weg zurückhält.
James Hillman

Es sind oft indirekte und eher problembehaftete oder Hindernisse aufzeigende erste Signale, die wir allenfalls aus der Rückschau deuten können, die die frühen Erscheinungsformen der späteren Bestimmung aufblitzen lassen.

Zahlreiche weitere Biographien belegen Hillmans These. Deutet sich bei dem kleinen spanischen Jungen, der sich ängstlich hinter der Schürze der Mutter vor der Welt versteckte, die Ahnung an, dass er sich als erwachsener Mann mutig in der Arena wilden Stieren entgegenstellt? Der kleine Junge durfte der inneren Bestimmung nicht vor der Zeit gerecht werden, er wäre der Herausforderung des Stierkampfes noch nicht gewachsen gewesen. Mut und Geschicklichkeit mussten reifen. Er brauchte noch einige Jahre, bis er dann als junger Mann der Berufung zum Stierkampf folgen konnte.

Diese Be*stimm*ung tritt oft als innere Stimme in Erscheinung. Diese Stimme hat ihre Eigenarten und wir müssen oft erst über längere Zeit lernen, auf sie zu hören und sie dann auch richtig zu deuten und zu verstehen. Bei Sokrates z. B. sagte sie niemals, was er tun sollte, sondern nur, was er nicht tun sollte. Sie trat also als warnende, hemmende Stimme in Erscheinung.

»Manchmal scheint sich der Genius nur in Symptomen und Erkrankungen als Art vorbeugender Arznei zu zeigen, die uns von einem falschen Weg zurückhält«, so Hillman.

Dieses Konzept weist darauf hin, dass Lebenswege wohl doch nicht beliebig sind, sondern jedes menschliche Leben einen bestimmten Pfad verfolgt, der für diese Person Sinn macht und – wenn er den Rufen der inneren Stimme zuhört – eine Resonanz und Zufriedenheit mit seinem Leben erzeugt. Unsere Aufgabe ist es somit, nicht nur in die Zukunft hineinzuwachsen sondern auch nach unten, zu unseren Wurzeln zurück zu finden, zu dem, was unser Wesen ausmacht, anstatt uns zu sehr von fremden Ideen und Vorstellungen beeinflussen zu lassen. Wieder klingt die Frage von Castanedas Lehrer an: *»Ist es ein Weg mit Herz?«*

Der Zeitpunkt, an dem diese Idee vom eigenen Leben durchbricht, kann sehr variieren. Von Picasso ist bekannt, dass seine Vision schon mit neun Jahren zum Vorschein kam. Bei dem Stierkämpfer mit 20 Jahren. Bei vielen Menschen wird die Vision auch erst viel später deutlich. Das bereits erwähnte Phänomen der Late Bloomers (deutsch: *»Herbstblumen«*) beschreibt das Erkennen und Leben der Bestimmung von Menschen jenseits der 50er/60er Jahre. Im Rückblick erfahren diese Menschen ihr Leben, das ihnen lange Zeit sinnlos und chaotisch vorkam, als sehr reich und erfüllt.

Late Bloomers: im Rückblick ein erfülltes Leben

Die zu Beginn gestellten Fragen nach dem, wofür Sie dankbar sein können, nach dem schon Erreichten, die Beschäftigung mit dem Wertesystem und die nachfolgenden eher intuitiven Vorgehensweisen können Ihnen in der Summe Hinweise auf Ihre *»Idee von sich selbst«* liefern.

Und fragen Sie Ihren besten Freund, Ihre beste Freundin einmal danach, was er oder sie glaubt, was Sie sein könnten oder vom inneren Wesen schon immer sind. Welche Reibungen, Konflikte, Brüche oder gar Zusammenbrüche hat Ihr Genius Ihnen beschert, weil er (noch) nicht sein durfte/konnte, was er sein will?

Lebendige Visionen – tote Visionen

Doch gehen Sie behutsam und sensibel mit dieser Idee um und zwingen Sie sich nicht etwa in ein starres Ideal hinein. Zwanghafte Bilder von Ihrer Vision können auch destruktive Idealvorstellungen erschaffen, die dann zu einer »*toten Vision*« werden können. Das wäre so, als ob der Eichbaum, der an einem Steilhang gekeimt ist und nun wunderbar bizarr Wind und Wetter am Abgrund des Berges trotzt, sich ständig ärgern würde, weil das *eigentliche Bild* eines Eichbaumes doch ein gleichmäßiger, gerade gewachsener Baum inmitten eines großen Eichenwaldes wäre und er dieses Bild nicht erfüllt.

Tote Visionen können Ihr Wachstum behindern.

Tiere und Pflanzen machen sich solche Gedanken nicht, sie leben einfach ihr »Sein«. Menschen können sich das Leben wegen der Differenz zwischen dem Visionsbild, ihrer Idealvorstellung und der lebendigen Realität unnütz schwer machen und mit destruktiven Selbstvorwürfen ruinieren.

Der Gedanke an Ihre Vision, Ihre Idee von sich selbst soll Sie freudig stimmen und Ihnen Energie geben, nicht in Konflikte führen und demotivieren. Prüfen Sie deshalb, ob Sie das Bild Ihrer Vision mit Kraft erfüllt und Sie freudig Ihrer Erfüllung entgegenstreben. Dann ist es eine lebendige Vision. Andernfalls kann es ein lebensfremdes Bild von Ihrer Vision sein, das Sie an Ihrer Entfaltung sogar hindert und Ihre Energien abtötet.

Die Vision liefert Ihnen die Orientierung für Ihren persönlichen Weg des Herzens.

Durch Klarheit über die eigene Vision erschließt sich Ihnen auch die innere Dynamik des FLOW-Kanals: Sie bewegen sich in senkrechter Richtung auf Ihre Vision vom Leben hin und Sie erfüllen, indem Sie sich auf der horizontalen Achse weiterentwickeln und innerlich wachsen, Ihre Berufung, Ihre Mission. Ihre Visionen sind Ihre Vorstellungen von dem, was Sie im Leben realisieren und erreichen möchten, und Ihre Mission ist das, was Sie Ihrerseits den Menschen und diesem Planeten geben können. Wenn beides zusammenpasst, haben Sie das Gefühl, authentisch zu sein, lebendig zu sein, den *Weg mit Herz* zu gehen.

Vielleicht haben Sie Ihr Lebensthema längst gefunden, dann werden Sie diese Passagen allenfalls in dem bestätigen, was Ihre eigene Erfahrung bereits ist. Falls Sie aber noch neugierig sind, schlagen wir Ihnen die folgende geleitete Imagination vor, bei der Sie möglicherweise Ihrer Idee von sich näher kommen können. Im Unterschied zur ersten Imagination eines optimalen (beliebigen) Tages (s.S. 78 ff.) bewegt sich diese Fantasie 5 Jahre in die Zukunft hinein.

Anleitung zur Imagination siehe Seite 71 ff.

Geleitete Fantasiereisen zur Imagination Ihrer Vision

»Ein Tag, an dem die Idee von Ihnen selbst deutlich wird« (nach Naomi Stephan)

Schließe deine Augen und bemerke, wie dein Atem ruhig und gleichmäßig wird. Lass den Atem tief und ohne Anstrengung in dich hinein und lass ihn anschließend ganz ruhig und leicht wieder ausströmen.

Spüre die Bewegungen deiner Brust und deines Bauches.

Empfinde die Schwere deines Körpers angenehm und spüre, wie die Anziehungskraft der Erde dich sanft immer fester auf den Boden zieht.

Die Arme sind ganz schwer.

Die Beine sind ganz schwer.

Der Rumpf ist ganz schwer.

Atme in den Nacken und die Schulter hinein.

Atem und Herzschlag sind ganz ruhig und gleichmäßig.

Stelle dir nun vor, dass du jetzt aus einem schönen, tiefen Schlaf aufwachst an einem Tag, der ungefähr fünf Jahre von jetzt an gerechnet in der Zukunft liegt.

Es ist der Tag, an dem die Idee von dir selbst deutlich wird, aus Fantasie Realität geworden ist:

Du stehst auf und gehst langsam zum Fenster deines Schlafzimmers.

Nimm dir einen Moment Zeit, aus dem Fenster zu sehen und zu beobachten, was zu sehen ist.
Mach deine Morgentoilette und kleide dich an.

Dann gehe hinüber zur Tür deines Schlafzimmers und dann die Treppen hinunter.

Mach auf dem Treppenabsatz eine kleine Pause und schaue zur alten Standuhr aus Großvaters Zeiten. Halte die Zeit fest, bevor du die restlichen Treppen hinuntergehst.

Du holst dir an der Haustür deine Tageszeitung und bist ganz neugierig, weil sie heute einen Artikel über dich enthält.

Mit der Zeitung gehst du zum Frühstückstisch und blätterst die Zeitung durch bis zu dem Teil der Zeitung, in dem dein Artikel erscheint.

Beobachte deine Gefühle, während du den Artikel entdeckst.

Schau dir den Artikel an und merk dir die Überschrift.

Dann schau dir das Foto von dir an, das in dem Artikel abgedruckt ist.

Wie bist du gekleidet?

Wie ist dein Gesichtsausdruck?

Sitzt du oder stehst du?

Bist du alleine oder mit anderen Menschen?

Nimm dir nun Zeit, den Artikel in Ruhe zu lesen, und beobachte deine Reaktionen auf den Text.

In welchem Ton ist der Artikel geschrieben?

Wohlwollend oder kritisch oder sachlich neutral?

Was sagt er über dich?

Welche Einsichten kannst du ihm entnehmen im Hinblick auf deine Vorstellung von deiner Zukunft, deiner Idee von dir selbst oder deiner Mission?

Du bleibst ganz entspannt und ruhig liegen oder sitzen. Deine Augen sind weiter geschlossen. In deiner Fantasie nimmst du jetzt einen Schreibblock und einen Stift und schreibst das erste Wort auf, das dir einfällt, um deinen emotionalen Zustand in Reaktion auf den Artikel zu beschreiben.

Ziehe eine Linie unter dieses Wort und schreibe dann drei Dinge auf, die du heute tun wirst in Verbindung mit deiner Idee von dir selbst.

Lege den Block wieder zurück und komme hier an diesen Ort zurück.

Bewege dich, indem du dich streckst und rekelst. Atme etwas tiefer und öffne dann deine Augen.

Halte jetzt alles in deinem Buch fest, was du von dieser Fantasiereise aufschreiben möchtest.

Ende der Imagination.

Hier einige Hinweise, wie Sie das, was Sie gesehen haben, interpretieren können:

(Denken Sie daran, dass alles, was Sie gesehen haben, von Ihnen kam. So ist alles eine persönliche Information für Sie selbst) Es gibt kein richtig oder falsch, kein gut oder schlecht, nur Dinge, die Sie beobachtet haben.

1. An welchen Stellen hatten Sie Schwierigkeiten, den vorgeschlagenen Bildern zu folgen? Wann konnten Sie überhaupt kein Bild entstehen lassen?

2. Was sahen Sie, als Sie aus dem Schlafzimmerfenster herausschauten?

3. Wie spät war es, als Sie an der alten Standuhr vorbeikamen?

4. Fühlten Sie sich in diesem Moment entspannt, unter Zeitdruck oder sogar gestresst?

5. Wie sah Ihre Bekleidung aus?

6. In welchem Teil der Zeitung erschien der Artikel über Sie? Im Sportteil, im Feuilleton, in der Politik, Wissenschaft, im Lokalteil, im Wirtschaftsteil oder sonst wo?

7. Wie lautete die Titelzeile? Was war der Inhalt des Artikels?

8. Beschreiben Sie das Foto.

9. Wie war Ihre emotionale Reaktion auf den Artikel?

10. Welche Assoziationen erscheinen jetzt zu den Wörtern, die Sie auf den Schreibblock geschrieben haben? Was für Hinweise könnten in ihnen

stecken auf Ihre Idee von sich selbst? Auf Ihre Vision?

11. Welche Dinge sind Ihnen sonst noch aufgefallen?

Was möchten Sie sonst noch festhalten an Gedanken, Gefühlen, körperlichen Empfindungen, an Ideen über sich selbst?

Diese Fantasiereise spricht Aspekte an wie:

In welcher Umgebung möchte ich wohnen, leben, wie soll mein Zuhause aussehen, was werden meine Lebensumstände in fünf Jahren sein?
Für was möchte ich die Wertschätzung, die Anerkennung meiner Mitmenschen gewinnen (was steht darüber im Artikel)?

Wie möchte ich meinen Tagesablauf gestalten?

Wo möchte ich leben?

Wie müssen die Bedingungen beschaffen sein, unter denen ich mich am wohlsten fühle?

Was sagt mir das alles über meine Idee von mir selbst, über meine Mission, über meine Vision?

Vielleicht hatten Sie Schwierigkeiten, den Artikel so klar zu sehen, dass Sie ihn wirklich lesen konnten, vielleicht wollten Sie auch gar nicht in die Zeitung hinein. Machen Sie sich darüber keine großen Gedanken. Arbeiten Sie einfach mit dem, was Ihnen in den Sinn gekommen ist.

Es kommt nicht auf die spezifischen Bilder an, die ich vorgeschlagen habe, sondern auf die Bilder, Gedanken und Gefühle, die diese Fantasiereise auslöst. Das ist Ihr Material und die Einfälle, die Ihnen jetzt dazu kommen, sind das Entscheidende. Bewerten Sie das alles jetzt nicht, es kann sein, da die Visionen sehr unrealistisch oder irrelevant erscheinen. Denken Sie an das Bild der Zwiebel: unter der trockenen braunen Haut steckt ein saftiger weißer Inhalt. Aber die vertrocknete Außenhaut stellt nicht das Wesen der Zwiebel dar. Und so ist diese Fantasiereise und die durch sie möglicherweise entstandene Bilderkomposition keine 1:1 - Vorschau in die Zukunft, sondern dient allenfalls als Anstoß für weitere Imaginationen und als Ideenlieferant. Betrachten Sie es also als reines Rohmaterial, nicht als Prognose *(damit es da keine Missverständnisse gibt).*

The Creative Process

The third dimension of the creative process concerns the deeper aspects of the human being.
Often this realm is thought of as the domain of philosophy, metaphysics or religion. But there is another lens through which to view this aspect of human makeup, one without the limitations of beliefs, dogma, creed, doctrine, or conviction. This lens explores without an idea of what one might find.
This true exploration can open the door to the deepest source of the creative process. For your life to be art, you cannot ignore your own depth, your own reservoir of vitality.
Through the creative process, your true spirit and essence is expressed throughout your life.
When you are in touch with this spirit, you are transformed in many ways.
It impacts your life direction, your understanding of what's important to you, and your quality of life.

It can be a platform from which to stand, a touchstone for deepest values and highest aspirations,
a source of inner strength, and a fountainhead
for amazing intrinsic generative energy.

'Your Life as Art' by Robert Fritz
www.robertfritz.com

TEIL II

DIE IDEEN VERWIRKLICHEN

Energie 1: Die Willenskraft aktivieren – Gelassenheit üben

»Wir werden von allem beherrscht, mit dem sich unser Selbst identifiziert. Wir können alles, von dem wir uns desidentifizieren, beherrschen, leiten und nutzen.«

Roberto Assagioli

Selbstmotivation ist die eine Seite der Medaille, die nötige Willenskraft für die Realisierung der Zielszenarien zu entwickeln die andere. Sehr häufig werden Motivation und Wille miteinander verwechselt, ja häufig werden beide Wörter mit der gleichen Bedeutung versehen und austauschbar eingesetzt. Dem liegt ein fatales Missverständnis zu Grunde, das wir hier ganz schnell ausräumen müssen, bevor wir weiter vorangehen können. Motivation beschreibt immer nur unsere Antriebsenergie, die Quellen unserer Beweggründe, etwas zu tun. Aus den Absichten aber Taten werden zu lassen, bedarf einer zusätzlichen Fokussierung: der Bündelung unserer Willensenergie.

Wenn wir uns also im Teil II des Buches jetzt mit der Realisierung unserer Zielszenarien beschäftigen und uns mit der Überwindung äußerer wie innerer Hindernisse auseinander setzen, beschäftigen wir uns letztlich mit der Frage, wie wir unseren »inneren Schweinehund« überwinden können, der uns trotz aller möglicherweise vorhandenen Motivation immer wieder versucht, einen Streich zu spielen und unsere Absichten zunichte macht.

Glück ist eine andere Bezeichnung für Willensstärke.
Ralph Waldo Emerson

In seinem Buch »*Schulung des Willens*« zeigt Assagioli Wege auf, sich eine der Hauptfunktionen der Willensenergie zu Nutze zu machen: die Regulierung der psychischen Energien. Er macht deutlich, dass es dabei nicht um eine Unterdrückung oder Verdrängung der vitalen Impulse geht, sondern vielmehr darum, sich die Wirksamkeit dieser Kräfte bewusst zu machen und dort, wo die Willensenergie schwach ist oder von

In drei Schritten zum Willen: Erkenntnis, dass der Wille existiert – Einsicht, dass man einen Willen hat – Entdeckung, dass man ein Wille ist. *Roberto Assagioli*

anderen biologischen oder psychischen Energien beherrscht wird, zu einer Klarheit und Stärkung zu gelangen, die uns die Chance zu größerer Selbstsicherheit, Befriedigung und Freude eröffnet.

Auch hier heißt das Zauberwort AUFMERKSAMKEIT. AUFMERKSAMKEIT ist der Schlüssel zur Konzentration und Konzentration verdichtet die Willenskräfte.

Bilder oder mentale Vorstellungen haben die Tendenz, die ihnen entsprechenden körperlichen Zustände und äußeren Taten zu erzeugen.

»Die deutliche und beständige Aufrechterhaltung der Handlungsvorstellungen«, schreibt Assagioli, *»führt zu einer willentlichen Benutzung des motorischen Potenzials, das den Bildern und Ideen innewohnt, was in dem psychologischen Gesetz zum Ausdruck kommt: Bilder oder mentale Vorstellungen haben die Tendenz, die ihnen entsprechenden körperlichen Zustände und äußeren Taten zu erzeugen.«*

Doch so sehr Assagioli die Notwendigkeit einer Schulung der Konzentration und AUFMERKSAMKEIT betont (und dafür auch eine Menge Übungen anbietet), so sehr macht er auch klar, dass der Einsatz des Willens niemals zu einer Fixierung, zur einer ungeklärten Identifikation mit einer Zielvorstellung führen darf.

Sowohl-als-auch anstatt entweder-oder

Das klingt auf den ersten Blick sehr widersprüchlich, sehr paradox und ist unserem westlichen Denken, das an ein durch den alten griechischen Philosophen Aristoteles geprägtes »Entweder-oder-Denken« gewöhnt ist, sehr fremd.

Auf der einen Seite ein Vertrag mit Datum und Unterschrift mit sich selbst, Konzentration und AUFMERKSAMKEIT, ja sogar Commitment, also die innere Verpflichtung, das gesteckte Ziel unter allen Umständen zu erreichen, und auf der anderen Seite die Warnung vor einer Fixierung, vor einem starren Verhaftetsein. Wie verträgt sich das?

Es fällt östlichen Kulturen leichter, in Widersprüchen zu denken und zu leben, und so ist es kein Wunder, dass uns ein Autor aus Indien, Jagdish Parikh, mit seinem Begriff vom *»Management by Detached Involve-*

ment« (nur schlecht mit »Management durch distanziertes Engagement« zu übersetzen) ein Brücke bauen will. In unserer westlichen Tradition müssten wir auf das Denken eines Heraklits zurückgreifen, der hinter allen Widersprüchen das Wirken einer »verborgenen Harmonie« sieht. Ohne Nacht kein Tag, ohne Hass keine Liebe, kein Sommer ohne Winter ... Diese *verborgene Harmonie* gilt es im Prozess des eigenen Lebens als ein ganz entscheidendes Geheimnis zu entdecken, das darin besteht, ein Ziel bewusst zu verfolgen und gleichzeitig das »Loslassen« zulassen zu können, schlicht: Vertrauen in den eigenen Weg zu entwickeln.

Loslassen und Vertrauen in den eigenen Weg entwickeln

Jagdish Parikh schlägt vor, unsere verschiedenen Rollen des Lebens mit all ihren Widersprüchen als ein »Lebensspiel« anzusehen, als einen Sport, den man freudig und spielerisch nach außen betreiben kann, bei aller inneren Konzentration, die einen guten Spieler oder Sportler ausmacht. Das ermöglicht uns, mit all den Veränderungen und Wandlungen zurecht zu kommen, die das Leben uns beschert und auf die wir keinen Einfluss haben. Es gibt nun einmal Kräfte, die stärker sind als unser Wille, aber ohne einen starken Willen können wir den dann doch vorhandenen »Spiel«-Raum zwischen *»Freiheit und Schicksal«* (Rollo May) eben gar nicht ausschöpfen.

Leben: Ausschöpfen des Spielraumes zwischen Freiheit und Schicksal. *Rollo May*

Es gilt vor allem anzuerkennen, dass es neben der Fülle rationaler Überlegungen auch eine Menge irrationaler Kräfte gibt, die unsere inneren Prozesse massiv beeinflussen und unser Verhalten nach außen steuern können. Die Freiheit der Wahl (*als Vorstellung unseres Geistes* – ob es sie letztlich überhaupt faktisch gibt, wird von einigen führenden Gehirnforschern sogar bestritten) verdient ihren Namen erst dann, wenn wir uns in der Ausprägung unseres Willens lösen können von genetischen, biologischen, gesellschaftlichen Kräften, die unser Selbst besetzen, die uns aufgrund von Rollenvorstellungen, Ängsten, Einschüchterungen, Hoffnungen, Wünschen und Begierden beherrschen.

Der widersprüchliche Zustand des Detached Involvements ist erst dann auszuhalten, wenn wir eine innere Gelassenheit gewonnen haben aus der tiefen Erkenntnis, besser gesagt Erfahrung heraus, dass wir ein Ziel erst dann wirklich erreichen können, wenn wir es loslassen können. Es lässt sich kaum mit den doch an die Gesetze der Logik gebundenen Möglichkeiten der Sprache beschreiben, was hierbei innerlich geschieht. Man muss es praktisch erfahren haben, um es begreifen zu können. Und so dient dieser Text eher dazu, Ihnen eine Erklärung zu liefern für das, was Sie empfinden werden, wenn es Ihnen gelungen ist, diesen Zustand zu erreichen, als dass wir direkt dazu beitragen könnten, Ihnen zu diesem Zustand zu verhelfen.

Aber immerhin möchten wir Ihnen eine Übungsmöglichkeit anbieten, die Assagioli vorschlägt, um sich der inneren Gelassenheit nähern zu können.

Diese geführte Meditation zur »Identifikation mit dem bewussten Selbst« hilft zunächst dabei, uns von Verhaftungen mit bestimmten Aspekten unseres Selbst zu lösen, die uns von unseren Zielen ablenken oder uns in Trägheit verharren lassen. Dies geschieht durch Loslösung von Identifikationen, von dem Verhaftetsein, durch das Gewinnen einer inneren Distanz.

Die Lösung von der Identifikation mit Aspekten Ihres Lebens ist ein wichtiger Schritt, um frei zu sein!

Die gelassene Distanz zu verschiedenen Aspekten Ihres Lebens ist ein wichtiger Schritt, um frei zu sein in den Handlungsalternativen in jeder Situation. Menschliches Leben ist einem permanenten Wandel unterworfen. Daraus folgt die Notwendigkeit, sich ständig von gefundenen Strukturen und Sicherheiten wieder verabschieden zu müssen und damit die Identifikationen, die Fixierungen, die Ausdruck dieser Strukturen sind, wieder aufzugeben und ein kreatives Neu-Organisieren zur Bewältigung der sich verändernden Anforderungen von außen und das Realisieren neuer eigener in uns gewachsener Wünsche zuzulassen.

Jede Identifikation mit einem einzelnen Aspekt Ihrer Existenz (z. B. die Fixierung auf eine physische Attraktivität, die Vorstellung, eine emotionale Bindung für alle Zukunft einfrieren zu können, die Durchsetzung einer intellektuellen Idee oder eines ideologischen Anspruchs) oder die Identifikation mit einer Rolle (»Arbeitnehmer«, »Vater« usw.) kann Leid und Enttäuschung hervorrufen bei dem Versuch, »das Alte, was es nicht mehr gibt«, festzuhalten oder zurückzuholen. Dagegen kann man schrittweise lernen, die verschiedenen Persönlichkeits-Anteile und -Aspekte zu einer umfassenden Synthese zu verbinden und offen zu sein für die Realität des Lebens.

Je besser dieses Lösen von den Identifikationen gelingt, desto freier werden Sie von den knechtenden Ansprüchen des primären Antriebssystems und desto echter und freier kann sich die »Selbst«-Motivation des sekundären Antriebsystems über den »inneren Schweinehund« hinwegsetzen.

Erst wenn diese Identifizierungen mit den entwicklungsgeschichtlich archaischeren Anteilen unserer Persönlichkeit auf eine harmonische und vor allem versöhnliche Art und Weise überwunden wird, können wir die starken Willenskräfte entwickeln, die zur Erreichung unserer Ziele, zur Realisierung unserer Werte erforderlich sind.

Lösen von der Identifizierung heißt aber nicht – um kein Missverständnis aufkommen zu lassen –, die Gefühle als solche nicht zuzulassen oder sie zu unterdrücken. Ganz im Gegenteil: Wir können unsere Gefühle, auch wenn sie unangenehm sind, oder angenehmen sind, aber unangenehme Auswirkungen zur Folge haben, als kraftvolle Hinweise wertschätzen lernen. Es sind Informationen, es sind Möglichkeiten, uns und andere tiefer kennen zu lernen.

»Es geht darum, zwischen dem Gefühl und einer möglichen Handlungsreaktion einen Moment von aufmerksamem Bewusstsein zu gewinnen. In solchen Augenblicken haben wir die Chance, die Qualität unseres Lebens zu vergrößern.« (Covey) Wir können dann jeweils entscheiden, ob wir uns mit einem bestimmten Aspekt identifizieren oder *nicht* identifizieren wollen.

Suchen Sie sich möglichst eine feste Zeit aus, während der Sie täglich meditieren, und wählen Sie dafür einen ruhigen Platz, an dem Sie 15 Minuten völlig ungestört sind. Setzen Sie sich bequem mit gerader Wirbelsäule auf einen Stuhl. Rückenlehne nicht berühren. Nehmen Sie auftauchende Gedanken und Gefühle freundlich wahr, lassen Sie sie los und kehren Sie dann zum Meditationsobjekt, dem gedanklichen Fixpunkt (für den Sie sich selbst jeweils entscheiden – siehe folgende Schritte) zurück.

Selbstidentifikationsübung nach Roberto Assagioli

Lesen oder noch besser sprechen Sie nun die folgenden Texte. Machen Sie es sich dabei bequem, entspannen Sie sich.

Lösen von der Identifikation mit dem physischen Aspekt der Wahrnehmung

Mir wird jetzt bewusst, dass es etwas gibt, das mein Körper ist, und dass dieser Körper nicht ich selbst bin.

Ich bin nicht mein Körper. Das, was ich Ich nenne, hat einen Körper, aber es ist nicht dasselbe. Es gibt die Identität meines Körpers und es gibt meine von ihm unterscheidbare eigene Identität. Beides hat miteinander zu tun: Wenn mein Körper gesund ist, merke ich das ebenso wie ich bemerke, dass er krank ist. Ich stelle fest, dass er zu gewissen Zeiten müde ist, zu anderen Zeiten ist er frisch und munter. Aber ich bin nicht mein Körper, ich besitze eine von ihm unterschiedliche Identität. Ich bemerke die Müdigkeit, aber ich bin nicht die Müdigkeit. (Erinnern Sie sich jetzt an Gelegenheiten, wo Sie diese Trennung von sich und Ihrem Körper deutlich wahrgenommen haben: Sie waren vielleicht allein auf einer Party, flaue Stimmung, warme Getränke, schlaffe Musik, langweilige Menschen. Sie fühlen sich fehl am Platz und bemerken eine große Müdigkeit. Die Müdigkeit übermannt Sie. Sie wollen nur noch eins: in Ihre Wohnung, in Ihr Bett und schlafen. Sie verabschieden sich, und gerade als Sie an der Tür sind, kommt ein später Gast, der Sie herzlich begrüßt, Sie sofort in ein Gespräch verwickelt, und Sie stellen spontan fest: Welch zauberhafte Person! Sie bleiben noch auf ein Gläschen, zehn Minuten später sieht man Sie tanzen und die nächste Anmutung von Müdigkeit tritt fünf Stunden später auf. So oder ähnlich schon erlebt??)

Die verschiedenen Zustände meines Körpers werden von mir wahrgenommen, ich merke, dass ich einen Körper habe, aber mein Selbst, mein wirkliches »Ich« ist etwas anderes. Manchmal denke ich, ich bin mein Körper, ich kann zuweilen auch ganz und gar mein Körper sein.

Aber jetzt löse ich mich von dieser Vorstellung für den Zweck dieser Übung.

Ich identifiziere mich für eine Zeit lang, die ich selbst bestimmen kann, nicht mehr mit meinem Körper. Ich bestaune meinen Körper als ein Wunder und als mein kostbares Werkzeug der Erfahrung und der Tätigkeit in der äußeren Welt, aber er ist nur ein Werkzeug. Ich behandele ihn gut, halte ihn bei guter Gesundheit, aber er ist nicht das was ich selbst bin.

Schließen Sie nun die Augen und wiederholen Sie jetzt eine Minuten lang immer wieder den Satz:

»Ich habe einen Körper, aber mein Körper unterscheidet sich von dem, was ich selbst bin.«

Realisieren Sie nach und nach immer stärker, dass dieser Satz richtig ist und dass er eine Erfahrungstatsache ausdrückt, die Sie selbst nachvollziehen können.

Öffnen Sie dann die Augen wieder und setzen Sie die Übung fort, indem Sie sich nun auch darüber Klarheit verschaffen, dass es keine Identität zwischen Ihnen und Ihren Gefühlen gibt.

Lösen von der Identifikation mit den emotionalen Aspekten der Wahrnehmung

Mir wird jetzt deutlich, dass ich Gefühle habe, aber ich nicht dasselbe bin wie meine Gefühle. Meine Gefühle verändern sich, mal aus Gründen, die ich verstehe, mal auch nicht. Die Gefühle kommen und gehen, sie weiten mein Herz und manchmal erschrecken sie mich. Und es kommt vor, dass sie von einem Moment zum anderen wechseln, und mitunter widersprechen sie sich.

Sie können von Liebe zu Hass, von Ruhe zu Ärger, von Freude zu Leid übergehen, aber meine eigene Identität bleibt davon unberührt. Meine Gefühle können meine wahre Natur, mein Wesen nicht verändern. »I am who I am.« Ich selbst bin nicht so wechselhaft wie meine Stimmungen. Ärger geht wieder vorbei, auch das Glück taucht auf und zieht sich wieder zurück, also weiß ich, dass ich nicht der Ärger und nicht das Glück bin. Ich kann meine Gefühle beobachten und meistens ja auch verstehen, ich kann sogar allmählich lernen, sie zu leiten, zu nutzen und harmonisch zu integrieren, also ist es klar, dass sie nicht mein Selbst sind.

Wenn Sie möchten, können Sie an dieser Stelle auch eine Distanz durch Nicht-Identifikation *zu ganz bestimmten* Gefühlen herstellen, die Sie möglicherweise ganz akut beherrschen. So können Sie sich deutlich machen, dass Sie Wut haben, aber nicht die Wut sind. Oder Sie können sich von der Identifikation mit ganz bestimmten Persönlichkeitsanteilen, unerwünschten Wünschen, Abhängigkeiten, vermeintlichen Notwendigkeiten etc. verabschieden. Auf diese Weise können Sie sich mit Gefühlen auseinander setzen, ohne sie unterdrücken oder verleugnen zu müssen. Die Gefühle sind da, aber Sie sind nicht das, was die Gefühle sind.

Schließen Sie nun die Augen und wiederholen Sie jetzt eine Minuten lang immer wieder den Satz:

»Ich habe Gefühle, aber meine Gefühle unterscheiden sich von dem, was ich selbst bin..«

Realisieren Sie nach und nach immer stärker, dass dieser Satz richtig ist und dass er eine Erfahrungstatsache ausdrückt, die Sie selbst nachvollziehen können.

Öffnen Sie dann die Augen wieder und setzen Sie die Übung fort, indem Sie sich nun auch darüber Klarheit verschaffen, dass es keine Identität zwischen Ihnen und Ihren Gedanken gibt.

Lösen von der Identifikation mit den geistigen Aspekten der Wahrnehmung

Wenn ich denke, nutze ich meinen Verstand, aber ich bin nicht mein Verstand. Mit meinem Verstand nehme ich die Welt und die Menschen wahr, aber ich bin nicht mein Verstand. Ich setze meinen Verstand als ein wertvolles Werkzeug der Entdeckung und des Ausdrucks ein, aber er ist nicht das Wesen meines Seins.

Meine Beobachtungen sagen mir, dass sich Gedanken ständig neu entwickeln, neues Wissen wird verarbeitet, leider auch wieder vergessen, Erfahrungen werden gesammelt, mal ist dieses wichtig, mal etwas anderes, mein Geist entwickelt neue Ideen, die mich staunen lassen. Es kann aber auch sein, dass er sich weigert, mir zu gehorchen. Deswegen kann er nicht ich, nicht mein Selbst sein. Er schafft mir die Möglichkeit des Erkennens, sowohl für die äußeren als auch die inneren Welten, aber er ist nicht mein Selbst. Somit ist mir bewusst: »Ich habe einen Verstand, aber ich bin nicht mein Verstand. Ich kann denken, aber ich bin nicht meine Gedanken.«

Schließen Sie nun die Augen und wiederholen Sie jetzt eine Minuten lang immer wieder die Sätze:

»Ich habe einen Verstand, aber das, was ich bin, unterscheidet sich von meinem Verstand. Ich kann denken, aber meine Identität ist eine andere als meine Gedanken.«

Realisieren Sie nach und nach immer stärker, dass diese Sätze richtig sind und dass sie eine Erfahrungstatsache ausdrücken, die Sie selbst nachvollziehen können.

Öffnen Sie dann die Augen wieder und setzen Sie die Übung fort, indem Sie sich nun auch darüber Klarheit verschaffen, was nach der Lösung von der Identifikation mit Körper, Gefühlen und Gedanken als Kern Ihres Selbst übrig bleibt.

Identifikation mit dem bewussten Selbst

Was bin ich dann? Was bleibt übrig, wenn ich mich von der Identifizierung mit meinem Körper, meinen Gefühlen und meinen Gedanken gelöst habe? Es bleibt das Wesen meiner selbst – ein Zentrum reinen Selbstbewusstseins. Das ist der fortdauernde Aspekt, das Kontinuum im sich ständig ändernden Fluss meines täglichen Lebens. Hier finde ich meine eigentliche Identität, mein Gefühl, ich zu sein, das meine Lebendigkeit, mein Sein, meine innere Ausgeglichenheit ausmacht.

Ich erkenne und bestätige mich als ein Zentrum reinen Selbst-Gewahrseins und schöpferischer dynamischer Energie. Ich weiß, dass ich von diesem Zentrum der wahren Identität lernen kann, alle psychischen Vorgänge und den physischen Körper zu beobachten, zu leiten und zu harmonisieren. Ich will, mitten in meinem täglichen Leben, ein beständiges Gewahrsein dieser Tatsache erreichen und es nutzen, damit diese Ebene der Bewusstheit mir hilft und meinem Leben größere Bedeutung und Richtung gibt. Aus diesem Zentrum heraus entwickelt mein Wille seine Kraft, seine Beständigkeit und seine Ausdauer.

Schließen Sie nun die Augen und wiederholen Sie jetzt eine Minuten lang immer wieder die Sätze:

»Ich erkenne und bekräftige in aller Gelassenheit, dass meine eigentliche Identität frei ist und nur von mir selbst zum Ausdruck gebracht werden kann. Ich bin und bleibe ein Zentrum wacher Achtsamkeit und kraftvollen Willens.«

Realisieren Sie nach und nach immer stärker, dass diese Sätze richtig sind und dass sie eine Erfahrungstatsache ausdrücken, die Sie selbst nachvollziehen können.

Abschluss

Verharren Sie eine Weile in diesem Zustand und kehren Sie dann zurück, indem Sie von zehn nach eins rückwärts zählen und bei jeder Zahl wacher werden, tief Luft holen und die Gliedmaßen strecken, die Augen wieder öffnen und ganz schnell zehnmal die Unterarme beugen und strecken.

Was bringt Ihnen das regelmäßige (möglichst tägliche) Üben? Dazu noch einmal Roberto Assagioli: »*Wenn die* A*UFMERKSAMKEIT immer mehr auf den Bewusstseinszustand verschoben wird, kann dieses Stadium der Identifikation verkürzt werden. Das Ziel ist, durch diese Übung genügend Fertigkeit zu erwerben, um durch jedes Stadium der Distanzierung von Identifikationen in kurzer Zeit schnell und dynamisch hindurchzugehen und dann solange im »Ich«-Bewusstsein zu bleiben, wie man es wünscht. Man kann sich dann – beliebig (»at will«) und in jedem Augenblick – von jedem überwältigenden Gefühl, jedem ärgerlichen Gedanken, jeder ungeeigneten Rolle usw. befreien und vom Aussichtspunkt des abgelösten Beobachters ein klares Verständnis der Situation, ihrer Bedeutung, ihrer Ursachen und der wirksamsten Art des Umgangs mit ihr gewinnen.«*

Diese Klärungsübung ist jedoch nur ein Aspekt der Schulung des Willens. Ein zweiter besteht darin, zu akzeptieren, dass der Wille in seinen frühen Entwicklungsstadien eine recht schwache Kraft ist, die nicht von selbst die notwendige Durchsetzungsstärke gewinnt. Zu gerne lässt man sich von den bequemen Seiten der eigenen Natur beherrschen, *»man gewährt«*, wie Assagioli schreibt, *»den inneren Anregungen oder äußeren Einflüssen Herrschaft über die Persönlichkeit«*.

Und er fährt fort: *»Man könnte diese Haltung als Weigerung beschreiben, den Preis zu bezahlen, den ein lohnendes Unternehmen verlangt. Das gilt oft auch für die Entwicklung des Willens; aber man kann vernünftigerweise nicht erwarten, dass die Schulung des Willens ohne den Aufwand an Mühe und wiederholtem Üben zu erreichen ist, der für die erfolgreiche Entwicklung anderer Eigenschaften körperlicher oder geistiger Natur nötig ist. Aber eine solche Anstrengung ist mehr als lohnend, weil der Gebrauch des Willens jeder Aktivität zugrunde liegt. Ein höher entwickelter Wille wird deshalb die Effektivität aller zukünftigen Bestrebungen steigern.«*

Energie 2: Äußere Hindernisse überwinden

»Bewältige eine Schwierigkeit und du hältst 100 andere von dir fern.« Konfuzius

Es wäre unrealistisch anzunehmen, dass sich Zielszenarien praktisch von selbst realisieren, auch wenn das durchaus vorkommen kann. Besser ist es, davon auszugehen, dass Sie sich auch mit dem ein oder anderen Hindernis auseinander setzen müssen, bevor Sie Ihr Ziel erreicht haben. Das sind die Bewährungsproben für Ihre Selbstmotivation. Gegen Überraschungen ist keiner gefeit. Entscheidend ist, wie wir damit umgehen können. Zumindest eines können wir tun: uns auf die Realisierung unserer Ziele optimal vorbereiten, d. h., rechtzeitig nachzudenken, zu planen und originelle Ideen zu entwickeln. In diesem Kapitel geht es also darum, äußere Hindernisse zu überwinden, die sich der Realisierung des Zielszenarios in den Weg stellen.

Auch aus Steinen, die einem in den Weg gelegt werden, kann man was Schönes bauen.
Johann Wolfgang von Goethe

Schwieriger sind häufig die von uns selbst, aus unserem Inneren kommenden Hindernisse: die Fallstricke, die wir uns selber legen. Hier spielen unbewusst wirksame innere Grundannahmen, interne Glaubenssätze eine große und häufig verhängnisvolle Rolle. Damit beschäftigen wir uns im nächsten Kapitel »Energie 3: Emotionale Blockaden auflösen« (s. S. 221 ff.).

Die Verwirklichung eines Zielszenarios

1. Klärung: Aufgabe oder Problem?

Ausgangssituation ist der Wunsch oder die Notwendigkeit, von einer gegebenen Ausgangslage (IST) zu einer vorgestellten oder vorgeschlagenen realen Zukunftssituation (SOLL) zu gelangen, die sich von der IST-Situation so stark und positiv unterscheidet, dass das Erreichen der andersartigen SOLL-Situation den erforderlichen Aufwand rechtfertigt.

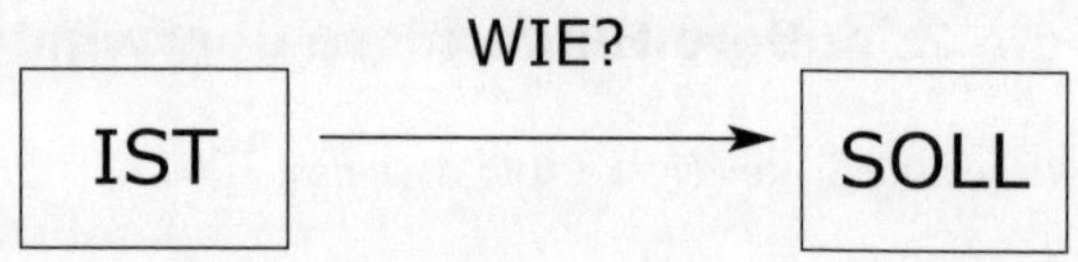

Die zu beantwortende Frage hinsichtlich der Verwirklichung eines Zielszenarios lautet: Wie gelange ich von der IST- zu der SOLL-Situation? In der ersten Phase ist schlichtes Nachdenken gefragt. Denken im Sinne geistigen Probehandelns.

Warum systematisches Nach-Vorne-Planen meistens schiefgeht.

Die SOLL-Situation soll so anschaulich wie möglich (quantifizierbar und qualifizierbar) beschrieben werden (s. »Zielszenario«). Zunächst ist viel Vorstellungskraft angesagt: Es wird überlegt, wie die Situation kurz vor Realisierung des Zieles aussieht (letzte Teiletappe der Verwirklichung), dann wird eine Situation davor mit Hilfe der Fantasie ausgedacht, dann davor usw., bis man am Ausgangspunkt, bei der jetzigen IST-Situation angelangt ist. Dieses Rückwärtsdenken hilft, die möglichen Stationen zu fokussieren. Denkt man (wie das üblicherweise geschieht) von vorne Schritt für Schritt in die Zukunft, besteht die Gefahr, dass man sich in unüberschaubar vielen Varianten verzettelt, aufhört zu denken und einfach anfängt zu handeln.

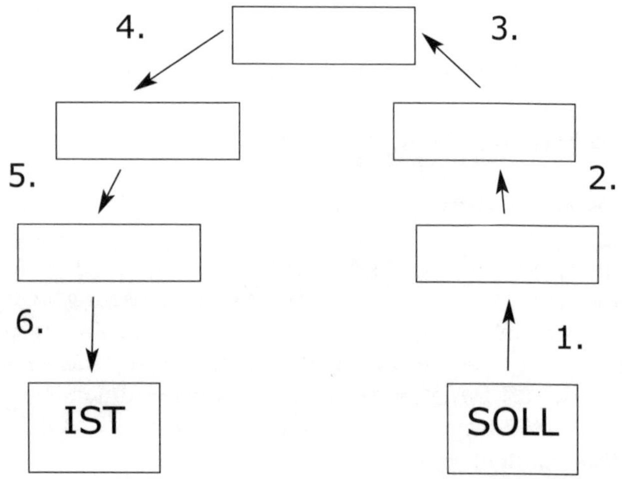

Jetzt erst, im zweiten Durchgang, denkt man sich von der Ausgangssituation Schritt für Schritt bis in die SOLL-Situation hinein und prüft, ob man etwas übersehen hat, ergänzt, was fehlt, erwägt Alternativen und lässt weg, was nicht sinnvoll erscheint.

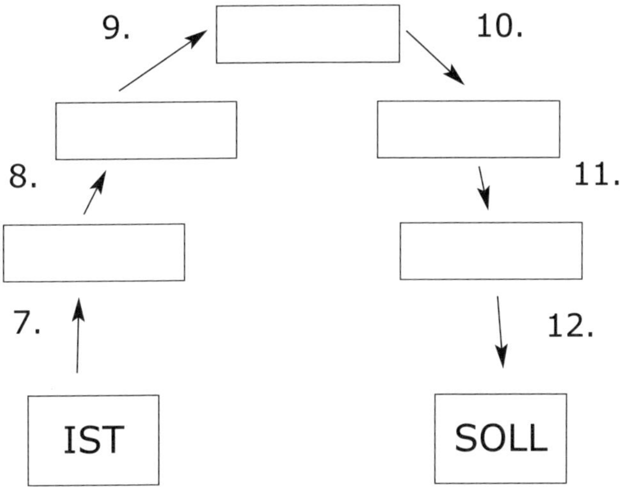

Je nachdem, ob die für diesen Prozess erforderlichen

– **Maßnahmen**

– **Mittel**

– **Personen**

– **Informationen**

bekannt oder **unbekannt**

sind, handelt es sich um

eine Aufgabe oder **ein Problem.**

Der Unterschied ist keineswegs gleichgültig, wie Sie gleich sehen werden. Hier trennen sich die Profis von den Amateuren. Profis machen keine vermeidbaren Fehler. Aufgaben und Probleme gleichzusetzen wäre ein Fehler.

Eine falsche Antwort ist leicht festzustellen, aber es braucht Originalität, um eine falsche Frage zu entdecken.
Antony Jay

Haben Sie sich schon einmal Gedanken über den Unterschied zwischen Aufgaben und Problemen gemacht?

Aufgaben	**Probleme**
löst man durch Nachdenken, Rückgreifen auf Erfahrungen (eigene oder Dritter), Befolgen von Regeln, Einsatz von bewährten Methoden, Techniken, Know-how usw. Dies wird hier nicht weiterverfolgt, da dies Gegenstand der jeweiligen Fachausbildungen und Inhalt der täglichen Berufsbewältigung ist. Es ist jedoch wichtig, zunächst so gründlich wie möglich zu prüfen, ob eine Aufgabe vorliegt. Aufgaben sind mit bedeutend weniger Aufwand und einem entscheidend höheren Grad an Erfolgsaussicht (= einem wesentlich geringeren Risiko) zu realisieren, als Problemlösungen gelingen.	Bevor man von einem »Problem« spricht, sollte *sicher* sein, dass das gewünschte Ergebnis auf keinen Fall mit bereits bekannten Mitteln zu lösen ist. Bleiben trotz aller Denkbemühungen, Analysen und Recherchen einzelne, viele oder gar alle Schritte vom IST- zum SOLL-Zustand unbekannt, dann haben wir es mit einem Problem zu tun. Das Typische an Problemen ist, dass sie eben auf diese Art und Weise nicht lösbar sind – jedenfalls zunächst nicht. Hier muss etwas *Neues* herausgefunden werden, jetzt ist schöpferisches Denken erforderlich. **Das alles gilt natürlich auch dann, wenn von vornherein klar ist, dass nach einer neuen, originellen Lösung gesucht wird, wenn also das Finden des »Neuen« das Problem ist.**

2. Problemlösungen und schöpferisches Denken

Bei echten Problemen muss meistens vom Bekannten abgewichen, müssen Regeln verletzt, Know-how außer Acht gelassen, muss unlogisch, in Widersprüchen, paradox und lateral gedacht werden. Es muss das schöpferische, das kreative Denken eingesetzt werden. Ziel ist es allerdings, das Problem lösbar zu machen, es also zu einer lösbaren Aufgabe werden zu lassen.

Paul Watzlawick unterscheidet (in seinem zusammen mit John H. Weakland und Richard Fisch verfassten Buch »*Lösungen*«) die unterschiedlichen Herangehensweisen als Lösungen ersten Grades (= Aufgaben) und Lösungen zweiten Grades (= Probleme).

Lösungen ersten und Lösungen zweiten Grades.

Watzlawick stellt seinem Buch eine Geschichte voran, die den Unterschied sehr deutlich macht:

»Als die Herzogin von Tirol, Margareta Maultasch, im Jahre 1334 die Kärntner Burg Hochosterwitz, die hoch über dem Talboden einen steilen Felskegel krönt, einschloss, war es ihr klar, dass die Festung nicht im Sturm, sondern nur durch Aushungerung bezwungen werden könne. Im Laufe der Wochen wurde die Lage der Verteidiger dann auch kritisch, denn ihre Vorräte waren bis auf einen Ochsen und zwei Säcke Gerste aufgebraucht. Doch auch Margaretas Lage war inzwischen schwierig geworden: Die Moral ihrer Truppen verlotterte, das Ende der Belagerung war nicht abzusehen. Zudem hatte sie sich noch andere, vielversprechende militärische Ziele gesetzt. In seiner Zwangslage entschloss sich der Verteidiger der Burg zu einer Kriegslist, die seinen eigenen Leuten selbstmörderisch erscheinen musste; er befahl, den letzten Ochsen zu schlachten, seine Bauchhöhle mit der verbliebenen Gerste vollzustopfen und ihn dann über die steile Felswand auf eine Wiese vor das feindliche Lager hinunterzuwerfen. Wie erhofft, überzeugte diese höhnische Geste Margareta von der »Zwecklosigkeit«, die Belagerung fortzusetzen, und sie zog ab. Die Burg war gerettet.«

Ein verrückter und dazu noch gefährlicher Einfall befreite aus einer auswegslosen Lage.

Anhand einer Vielzahl ähnlicher Beispiele machen Watzlawick und seine Co-Autoren deutlich, dass Veränderungsprozesse sehr häufig plötzlich, überraschend passieren und auf unlogischen, paradoxen Einfällen beruhen. Soweit wird sich das mit Ihrer eigenen Lebenserfahrung decken.

Interessant ist, dass die Autoren herausgefunden haben, warum das so ist, und daraus Schlussfolgerungen ermöglichen, die ganz konkreten Nutzen für Ihre Alltagsaufgaben bieten können. Die entscheidende Erkenntnis besteht darin, dass es zwei Arten von Veränderungen gibt:

Die eine findet *innerhalb* eines bestimmten Systems statt, das selbst unverändert bleibt, während das Eintreten der anderen *das System selbst verändert*.

Wer einen Alptraum hat, kann in seinem Traum alles Mögliche versuchen: fliehen, sich verstecken, sich wehren, aus dem Fenster springen usw. Doch führt bekanntlich kein Wechsel von einem dieser Verhalten zu einem anderen zur Lösung des Alptraums. Die Verfolger lassen sich nicht abschütteln. Die Lösung liegt im Wechsel vom Träumen zum Wachen. Erwachen ist aber nicht mehr ein Element des Systems Traum, sondern eine Veränderung in ein ganz anderes System, des wachen Bewusstseins, hinein, ein Überwechseln in einen ganz anderen Zustand. Da es sprachlich für diese unterschiedlichen Veränderungsprozesse keine Ausdrucksmöglichkeiten gibt, sprechen die Autoren von einer Veränderung oder einem Wandel erster Ordnung, wenn es um den Wechsel von einem internen Zustand zu einem anderen innerhalb eines selbst invariant bleibenden Systems geht. Beispiel hierfür sind die Veränderungsmöglichkeiten der Geschwindigkeit bei einem bestimmten eingelegten Gang durch mehr oder weniger Gasgeben.

Wandel zweiter Ordnung

Ein Wandel oder eine Veränderung zweiter Ordnung liegt dann vor, wenn das System selbst eine Veränderung erfährt (wenn also im erwähnten Beispiel ein anderer Gang eingelegt wird, der das Ausfahren eines anderen Geschwindigkeitsbereichs ermöglicht).

Aristoteles schloss derartige Veränderungen noch kategorisch aus, indem er behauptete: »... *weil es ja nicht Bewegung von Bewegung und Werden von Werden gibt und überhaupt nicht Wandlung von Wandlung.*« Sein Antipode Heraklit sah das bereits anders, indem er z. B. darauf hinwies, dass es unmöglich sei, zweimal in den gleichen Fluss zu steigen, und feststellte: »Aller Wandel ist widersprüchlich; daher ist der Widerspruch das Wesen der Wirklichkeit.« Prior hat dann die Entwicklung des Begriffs der Veränderung wie folgt beschrieben: »*Ohne große Übertreibung könnte man sagen, dass die moderne Wissenschaft begann, als man sich mit dem Gedanken einer Veränderung von Veränderung vertraut machte, also z. B. mit der Idee der Beschleunigung im Gegensatz zur bloßen Bewegung.*«

In Analogie zur mathematischen Gruppentheorie einerseits und zur Logischen Typenlehre, der Mengenlehre andererseits, machen die Autoren deutlich, wie Veränderungsbemühungen innerhalb einer Gruppe mit Veränderungen der ersten Ordnungsstufe nur zu immer mehr von demselben führen können. Möglicherweise das Problem also verschlimmern statt zu bessern.

Wechsel der Interventionsebene:

Das Problem lässt sich nicht aus dem Bezugsrahmen heraus, in dem es entstanden ist, lösen, sondern nur aus einer höheren, ausserhalb des Ursprungssystems liegenden Ebene.

Veränderungen innerhalb einer Gruppe müssen von außen, von einer Metaebene herbeigeführt werden, sind definitionsgemäß damit also Veränderungen zweiter Ordnung. Jeder Wandel zweiter Ordnung muss sich folgerichtig aus dem Ordnungsgefüge der ersten Ebene herauslösen, eine Diskontinuität beinhalten oder zu einem logischen Sprung führen, so dass davon ausgegangen werden kann, dass die praktischen Manifestationen jedes Wandels zweiter Ordnung so unlogisch und paradox erscheinen, wie die Entscheidung des Kommandanten der Burg Hochosterwitz, seine letzten Nahrungsmittel wegzuwerfen, um der Aushungerung zu entgehen.

So einleuchtend das klingt, so schwierig kann das Unterscheiden beider Veränderungsprozesse in der Praxis sein. Das Außer-Acht-Lassen dieses Unterschiedes und die sich daraus ergebende Konfusion der beiden Formen des Wandels kann daher zu Lösungsversuchen führen, die nicht nur die gewünschte Änderung nicht herbeiführen, sondern das zu lösende Problem vollends unlösbar machen.

Hilfreich kann das Betrachten der nachfolgend abgebildeten Pyramide sein. Sie verdeutlicht unterschiedliche Problemebenen. Lässt sich ein Problem nicht innerhalb

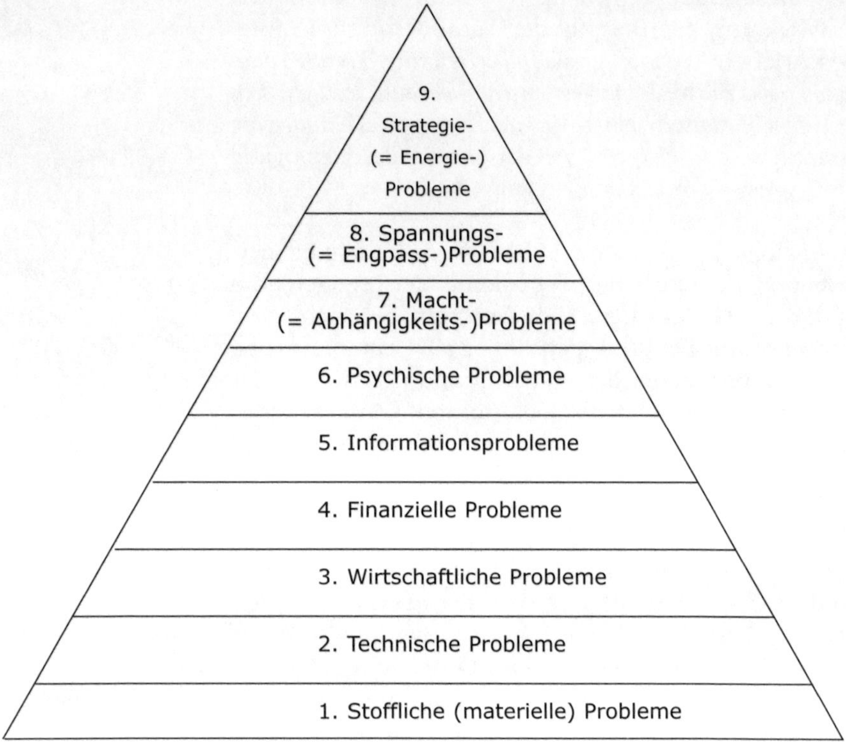

Abb. 25: Problemebenen: Lösungen erster und zweiter Ordnung (nach Mewes/Watzlawick)

der Ebene lösen, die es hervorgebracht hat, so ist es sinnvoll, eine Lösung von einer höheren Ebene aus anzugehen.

Beispiel: Drosselung der Ölproduktion zur Stabilisierung bzw. Erhöhung der Preise im Herbst/Winter 1973–74.

Ursprüngliche Problem-Ebene: »1. Stoffliche Probleme« (Rohölknappheit)

Lösung ersten Grades (= auf der 1. Ebene): Im Westen wurden neue Ölquellen angebohrt, neue Ölfelder gesucht. Benzin- und Heizölpreise wurden erhöht. Energiesparmaßnahmen auf allen Ebenen wurden eingeleitet.

Lösungen zweiten Grades:

2. Ebene »Technik«:

Entwicklung neuer Verbrennungsmotoren mit wesentlich niedrigerem Verbrauch und neuer Brenner in Heizungen, bessere Wärme-Isolierung von Häusern, Erschließung neuer Energiequellen (Solarenergie, Wärmepumpen usw.).

4. Ebene »Finanzen«:

Preiserhöhungen, steuerliche Vergünstigungen bei Energiesparmaßnahmen

5. Ebene »Information«:

Breit angelegte Verbraucheraufklärung über die Bedeutung der Endlichkeit fossiler Energiequellen

6. Ebene: »Psyche«:

Starke psychologische Beeinflussung durch das Sonntagsfahrverbot.

3. Exkurs: Der Beginn der wissenschaftlichen Kreativitätsforschung

Wissenschaftliche Kreativitätsforschung

Wie kommen derartige Sprünge, originelle Einfälle, Ideen, schöpferische Lösungen zustande? Über Jahrhunderte machte man in unserer Kultur zunächst im antiken Griechenland die Musen, dann im Christentum Gott für das Schöpferische verantwortlich. Erst gegen Ende des 19. Jahrhunderts wurde die Entstehung von Ideen selbst zum Gegenstand wissenschaftlicher Überlegungen. Nach ersten Ansätzen von Helmholtz und Poincaré veröffentlichte Graham Wallas 1926 sein grundlegendes Buch zum schöpferischen Denken: »*The Art of Thought*«. In diesem Buch beschrieb Wallas das Prozesshafte der Ideenfindung und entwickelte seine Vorstellung von vier Phasen, die nacheinander, wenn auch in höchst unterschiedlichen Zeitmaßen, ablaufen. John W. Haefele hat in seinem Werk »*Creativity and Innovation*« eine sehr praktische

Umsetzung dieser Erkenntnisse für die Alltagsarbeit entwickelt, 1976 erschien dann »*Creativity – the Magic Synthesis*« von Silvano Arieti, das letzte Werk zu diesem Thema, das sich auf Literaturstudien und empirische Beobachtungen stützte. Nahezu zeitgleich erschienen dann die ersten Veröffentlichungen, die einen ganz neuen Abschnitt der Auseinandersetzung mit diesem großen Thema einleiteten. Gehirnforscher wie Roger Sperry, Michael S. Gazzaniga, Joseph E. und Glenda M. Bogen, Klaus Hoppe und viele andere führten die Asymmetrien beider Großhirnhälften in die Kreativitätsdiskussion ein.

Die 4 Phasen des kreativen Prozesses

Die vier Phasen des kreativen oder des problemlösenden Prozesses (nach Wallas):

I. Aufgabenstellung, Problemformulierung, Grundidee

Lösungssuche, Materialsammlung, analytisches Strukturieren, Rückgriff auf bekannte Lösungen, fachliches Know-how, Diskussionen, logisches Überlegen, Internetrecherche, interne/externe Datenbanken, Morphologischer Kasten usw.

II. Inkubationszeit

III. Geistesblitz, Idee, Erleuchtung

IV. Umsetzung, Realisierung

Vergleich mit Phase 1, Realitätsprüfung, Anpassung, Überarbeitung, gegebenenfalls Verbesserung durch Wiederholung des Prozesses ab Phase I

4. Die praktische Durchführung des Problemlösungsprozesses

Praktische Durchführung des Problemlösungsprozesses

Phase I des kreativen Prozesses: Aufgabendefinition, IST-/SOLL-Analyse, erste Lösungsversuche

Die Literatur ist sich einig: 50 % eines Problems sind gelöst, wenn die angestrebte Lösung sprachlich exakt definiert ist.

Problemdurchdringung und -formulierung, Vorstellung vom Erstrebten, grobe Problemidentifikation, emotionale Verbindung, Analyse der Ausgangssituation (Ursachen und Hintergründe), Analyse des gewünschten SOLL-Zustandes.

A: IST-Analyse:

1. Was sind die einzelnen Elemente der Ausgangssituation?

2. Welche Beziehungen bestehen zwischen diesen Elementen?

3. Welche Ursachen und Entwicklungen haben zu dieser Situation geführt?

4. Veränderungsanlass oder -grund? Was spricht dafür, diese Situation zu ändern?

B: SOLL-Analyse:

1. Was will ich eigentlich? (Prüfung der Übereinstimmung mit dem zu realisierenden Wert, gegebenenfalls: Was will mein Auftraggeber eigentlich? Frage: »Welcher Zweck soll erreicht werden?«)

2. Was ist mir (gegebenenfalls dem Auftraggeber) wichtig? (Schaffen von Prioritäten innerhalb der möglicherweise umfangreichen Zielsetzung.)

3. Welchen Nutzen soll die Lösung wem bieten? **(Diese Schlüsselfrage muss in jedem Fall gründ-**

lich beantwortet werden. Sollte die Zeit knapp sein und nicht genügend Resourcen für eine umfangreiche Analyse zur Verfügung stehen, sollte für diese Frage immer eine schriftliche Antwort erarbeitet werden!) (s. a. die Formulare auf S. 130 f.)

4. Welchen Nebenbedingungen muss die Lösung gehorchen? (Zeitvorgaben, Finanzbudget, gesetzliche Vorschriften, interne Regelungen usw.)

5. Welche Folgen hat die Zielerreichung? (Bei mir, bei Beteiligten, bei Unbeteiligten, für die Welt, ökologische Konsequenzen usw.)

Aus dieser Analyse kann sich eine neue, modifizierte Aufgabendefinition ergeben. Sollte das der Fall sein, ist bei Problemlösungen für Dritte ein Rückbriefing beim Auftraggeber zwingend erforderlich.

Nach – und manchmal auch schon während – der Analysephase startet man mit der Suche nach Lösungsansätzen:

Sammeln von Informationen, Daten, Fakten
(objektives Material)

Generierung von Lösungsansätzen
(subjektives Material)

Ordnung der Ideen

Phase II des kreativen Prozesses: Inkubation

»Schwanger gehen« mit dem gesammelten Material
»Heranreifenlassen« der Lösung
»Ausbrüten« der Lösung
»In sich arbeiten lassen«

Aufgrund der besonderen psychischen Komponente der Inkubationsphase (Unruhe, Frustration, Minderwertigkeitsgefühle, Eindruck persönlicher Inkompetenz bis hin zu extremer Spannung, Verschiebungs-, Vermeidungs-, Fluchtstrategien – z. B. Produzieren eines anderen Problems, Schwarzer-Peter-Spiel, Leugnung etc.) geben viele in diesem Stadium auf.

Kreative Menschen dagegen zeigen *Frustrationstoleranz*, Geduld, Ausdauer, kontinuierliche Spannungswechsel zwischen weiterem intensivem Bemühen und völligem Loslassen, »Abschalten«, Delegieren des Problemlösens an das Unbewusste (oder, um in diesem Zusammenhang eine andere Metapher zu gebrauchen, »die nonverbale Hemisphäre«).

Zur Verkürzung der Inkubationsphase und zur Verbesserung der Lösungen wurden zahlreiche Kreativitätstechniken entwickelt. Mit Ausnahme des *Morphologischen Kastens nach Zwicky*, der bereits in der ersten Phase des kreativen Prozesses eingesetzt werden kann, dienen diese Methoden in erster Linie einer Intensivierung der Aktivitäten der nonverbalen Hemisphäre, einer Reduzierung der Störungen durch kritische Aktivitäten der sprachlichen und **vor allem einer besseren Kommunikation zwischen beiden Hemisphären**. Gleichzeitig fördern sie die Zusammenarbeit zwischen vorderen und hinteren Hirnbereichen durch Überwindung von Angstblockaden, Wahrnehmungsfiltern und zu starken Divergenzen von alten gespeicherten Erfahrungen und notwendigen neuen Sichtweisen und Inhalten. Das Geheimnis der Kreativität ist längst nicht gelüftet. Wir wissen allenfalls etwas mehr über die Umstände, die Kreativität eher zulassen. Als Methoden seien erwähnt:

Brainstorming
6 – 3 – 5 (»schriftliches Brainstorming«)
Synektik
Freies Assoziieren
Mind Mapping
Progressive Abstraktion
Osborn-Checkliste
usw.

(Näheres dazu bei *Backerra: Die sieben Kreativitätstechniken, Hanser Verlag,* sowie in den verschiedenen Büchern von *Helmut Schlicksupp.*)

Auf jeden Fall förderlich ist es, eine freundschaftliche Beziehung zur visuellen, emotionalen, sinnlichen, synthetisierenden, ganzheitlichen Hemisphäre aufzubauen. Kreativität ist kein singulärer, methodischer Akt, sondern eine Frage des Bewusstseins, der inneren Einstellung und des persönlichen Umgangs mit Fantasie, Irrationalem, Unlogischem, mit Angst und Begeisterung. Es hat zu tun mit der Bereitschaft, sich Ziele zu setzen, aber auch mit der Bereitschaft zu spielen und letztlich ist das Schöpferische im Menschen sehr oft (oder immer?) eine Frage auch des Herzens, der Liebe, der Hingabe.

Phase III des kreativen Prozesses: Ideenfindung, Geistesblitz, Einsicht, Lösung

Sind Sie auch schon einmal unter der Dusche von Ihrer eigenen Genialität überrascht worden?

Plötzlich – und meist überraschend – klärt sich die Stimmung auf. Begleitet von einem freudigen, klaren, strömenden Gefühl wird die Lösung bewusst, kommt die Idee, funkt ein Geistesblitz durchs Gehirn. Manchmal in mehreren kleinen Schritten nacheinander, manchmal kommt das Neue auf einen Schlag. Fast immer passiert es, während man gerade nicht streng konzentriert an der Lösung arbeitet – obwohl auch das durchaus vorkommt –, sondern nebenbei während anderer Aktivitäten (z. B. während eines Spaziergangs, beim Duschen, beim Autofahren, Fahrradfahren, beim Sport oder beim Anhören von Musik, nachts in Träumen usw.). Bei einigem Training und mit etwas Geschick kommt die Einsicht aber auch ganz unmittelbar als Ergebnis gezielter Bemühungen.

Phase IV des kreativen Prozesses: Realisierung, Umsetzung, Ausarbeitung

Viele Ideen bedürfen der weiteren Bearbeitung. Sie müssen auf ihre realistischen und unrealistischen Aspekte hin untersucht werden. Die notwendigen Maßnahmen, Mittel und gegebenenfalls zur Verwirklichung benötigten weiteren Personen sowie der erforderliche Zeitaufwand müssen so genau wie möglich definiert und im Zuge der Durchführung immer wieder an die Realitäten und Entwicklungen angepasst werden (Planungsprozess). Es ist zu prüfen, ob die Lösungsidee(n) der Aufgabendefinition entsprechen. Bei mehreren Lösungsalternativen muss ein Entscheidungsprozess stattfinden.

Hilfreich bei diesem Entscheidungsprozess können folgende Kriterien sein:

(Wichtig: Reihenfolge einhalten!)

5. Der Entscheidungsprozess:

a) Die Lösungsideen müssen das Ziel **tatsächlich erreichen können**. Nicht geeignete Lösungsideen entfallen (aber erst hier – nicht schon in dem Moment, wo sie auftauchen!!).

b) Die **Mittel**, die benötigt werden, müssen persönlich **vorhanden** oder unter realistischen Gesichtspunkten und in absehbarer Zeit beschaffbar sein.

Gegebenenfalls sind – wenn bei allen Lösungsideen in gleicher Weise die Mittel fehlen – die Phasen I – III des kreativen Prozesses zu wiederholen.

c) Die Lösung muss nicht nur sachlich, sondern auch zeitlich die Zielerreichung sicherstellen. Lösungsideen, die nicht im Rahmen der Zielerreichung liegen, entfallen.

d) Feststellen, **mit welcher Sicherheit** die verbleibenden Lösungsideen das angestrebte Ziel erreichen. Die Lösungsidee, die die größte Sicherheit der Zielerreichung bietet, ist die Lösung.

e) Die Mittel sollen das Ziel so **vollständig** wie möglich erreichen. Die Lösungsidee, die den **höchsten Zielerreichungsgrad** bietet, ist die beste Lösung des Problems.

Häufig ergibt sich die beste Lösung aus der Kombination mehrerer Bestandteile verschiedener Ideen.

Und wenn Ihnen zu viel eingefallenist:

Hier finden Sie die beste Lösung heraus.

Auch diese Checkliste für den Entscheidungsprozess können Sie sich aus dem Internet herunterladen.

fokusflow.de

Nach der Entscheidung heißt es dann:

Handeln

»Es gibt nichts Gutes – außer man tut es!«
Erich Kästner

Nach einer gewissen Zeit: Kontrolle und Bewertung des Ergebnisses (»Erfahrungen sammeln ...«).

The Creative Process

You can create your life in the same way an artist develops a work of art.

When you begin to approach your life from that orientation, you transform your world. You become more directly involved in your own life building process, you create more of what you truly want, and you broaden the quality of your life experience.

You can conceive of the life you want
to bring into being as an artist conceives
of a painting,
take strategic actions to build such a life as the
artist takes all the necessary actions
to create the painting, and inhabit the life you
want to create as the artist may hang the painting
on the wall to experience it.

Expressed another way, you can be the playwright, and also the lead actor, and also the audience for your own life play.

You can be your work, and you can be its author. And, like the artist, writer, playwright, filmmaker and composer, the creative process can be your operational practice.

From 'Your Life as Art' by Robert Fritz

(www.robertfritz.com)

Energie 3: Emotionale Blockaden auflösen

»Das Leben eines Menschen ist das, was seine Gedanken daraus machen.« Marc Aurel

Es gilt zunächst (bei allem Commitment, ein selbstgestecktes Ziel so lange zu verfolgen, bis man es tatsächlich erreicht hat) innerlich frei zu bleiben, andere Wege zu wählen als ursprünglich geplant waren und – wenn das Ziel unrealistisch groß oder durch Ereignisse, die nicht vorherzusehen waren, unerreichbar geworden ist – sich auch (und dann in aller Form) von einem Ziel wieder zu verabschieden und eine neue Richtung einzuschlagen. Das will jedoch sehr, sehr sorgfältig überlegt sein. Auf keinen Fall sollte man die Entscheidung, ein Ziel fallen zu lassen, spontan oder aus einer emotionalen Enttäuschungssituation heraus treffen.

Senge beschreibt in diesem Zusammenhang eine gefährliche Dynamik, die immer auftritt, wenn wichtige und große Ziele verfolgt werden, die sich nicht unmittelbar realisieren lassen. Zwischen dem Ziel und der jetzigen Realität entsteht zunächst eine Lücke, die als kreative Spannung wahrgenommen wird.

Die Lücke zwischen Vision und gegenwärtiger Realität ist die Quelle kreativer Spannung.
Peter M. Senge

Die in Angriff genommenen Aktivitäten zum Abbau der Spannung, zum Erreichen des Zieles, können naturgemäß nicht immer augenblicklich zum Erfolg führen. Im Gegenteil: Häufig treten Verzögerungen auf, das Ziel rückt in die Ferne, Frustration und Stress treten auf. Aus der (freudigen) kreativen Spannung wird so eine (unangenehme) emotionale Spannung (Angst zu versagen, Verminderung des Selbstwertgefühls). Eine häufig wahrgenommene Möglichkeit, den entstandenen Druck wieder abzubauen, besteht darin, dass das Ziel »den Realitäten« angepasst, heißt abgeschwächt wird. Zunächst entsteht Erleichterung. Aber der Preis für diesen Druckabbau ist groß: Ein kleineres Ziel verliert nämlich an Faszinationskraft, die von ihm ausgelöste Motivation

Schließlich erreicht jeder Mensch jedes Ziel. Er muss nur genügend weit zurückstecken.
Hans Söhnker

ist geringer, es steht weniger Energie zur Verfügung. So entsteht eine negative Spirale. Es ergeben sich wegen der verminderten Schwungkraft weitere Verzögerungen, die Kraft zur Überwindung von Hindernissen wird schwächer, das Ziel wird ein weiteres Mal verkleinert, mit den gleichen Folgen wie zuvor. Schließlich vergrößert das den Stress weiter, da selbst ein kleineres Ziel nun nicht mal mehr erreicht wird. All das vollzieht sich oft sehr subtil in vielen kleinen Schritten, nicht so grob, wie hier dargestellt.

Die Dynamik des Kompromisses führt in die Mittelmäßigkeit.
Peter M. Senge

»*Allmählich geben wir unsere Träume auf und verzichten auf die Beziehungen, die wir uns wünschen, auf die Arbeit, die uns befriedigt, und auf die bessere Welt, in der wir leben möchten.*« (Senge) »*Das ist die Dynamik des Kompromisses, der Weg in die Mittelmäßigkeit.*«

Ausdauer ist ein Talisman für das Leben.
Afrikanisches Sprichwort

Wir müssen lernen, die emotionale Spannung auszuhalten, Rückschläge als Ansporn, Hindernisse nicht als Probleme, sondern als Herausforderungen, als Chancen für eine FLOW-Erfahrung zu begreifen. Wer hier nicht aufgibt und sich in seinen Ansprüchen gegenüber sich selbst nicht kleiner macht, der gewinnt aus der Zielsetzung schließlich eine unbezwingbare Kraft. »*Ausdauer ist der gemeinsame Nenner aller erfolgreichen Menschen.*« Geduld und Beharrlichkeit sind das Fundament der Selbstmotivation.

Senge weist noch auf eine weitere Dynamik hin, die uns auf fatale Weise daran hindern kann, Ziele zu erreichen.

Anfänglich begeistert und motiviert ein Ziel, man geht zuversichtlich in diese Richtung und erreicht erste positive Ergebnisse. Doch je näher wir dem Ziel kommen, zieht uns eine andere Kraft immer stärker zur alten Realität zurück, und so wird es immer schwerer, das Ziel tatsächlich zu erreichen, je greifbarer es vor uns liegt.
Das uns in Richtung Ziel ziehende »Gummiband« der kreativen Spannung verliert an Spannkraft, je mehr man sich dem Ziele nähert. Das Sicherheitsband, das uns zu unserem Ausgangspunkt wieder zurückziehen will, wird dagegen immer stärker, je kürzer der

Abstand zum Ziel wird. So passiert es besonders häufig, dass ganz kurz vor Erreichen des Zieles etwas geschieht, das uns zurückwirft oder uns sogar veranlasst, das Ziel ganz aufzugeben.

Besäße der Mensch die Beharrlichkeit, so wäre ihm fast nichts unmöglich.
Chinesisches Sprichwort

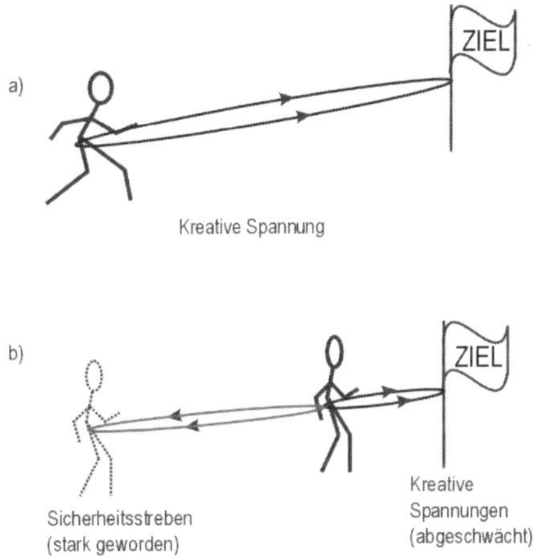

Abb. 26: Kreative Spannung versus Sicherheitsstreben (nach Senge)

Mit reiner Willenskraft kommt man bei diesen strukturellen Konflikten nicht zu einer Lösung. Eher scheinen die Probleme immer größer zu werden, wenn man sich nicht mit den Ursachen dieser inneren Hindernisse beschäftigt. Tief sitzende innere Blockaden, die Menschen z. T. seit ihrer Kindheit (unbewusst) mit sich herumtragen oder die sich durch Gewohnheit eingeprägt haben, kommen nun an die Oberfläche.

Oft sind es Grundansichten über die eigene Macht-/ Wertlosigkeit. Es sind im Grunde wahrscheinlich unvermeidliche Begleiterscheinungen des Erwachsenwerdens, denn als Kinder müssen wir irgendwann Grenzen gesetzt bekommen, lernen, dass nicht alles machbar ist, nicht alle Wünsche Realität werden können. Dieser notwendige Prozess der Realitätsanpassung, die Verabschiedung vom »magischen Kind« mit seinen Omnipotenzfantasien, nach denen letztlich alles machbar ist, führt zu einer unangemessenen Verallgemeinerung, bei der schließlich herauskommen kann, das nichts von dem, was uns am Herzen liegt, machbar ist.

Die Gedankenstrukturen von Menschen können als komplexe, sich selbst erhaltende Systeme betrachtet werden. Das System, das unser Überleben sichert, ist außerordentlich konservativ und stellt innen wie außen immer wieder Zustände her, die sich in der Vergangenheit als überlebenstauglich herausgestellt haben (so unangenehm die jeweiligen Zustände auch sein mögen, das System fragt hier nicht so sehr nach der Qualität als nach der Effektivität).

Das wichtigste Werkzeug für einen Glaubenswandel ist der Schmerz.
Antony Robbins

Wenn wir diese Strukturen ändern wollen, weil sie uns zu sehr an der Erfüllung unseres Lebensglückes hindern, müssen wir unserem System deutlich machen, dass auch die angestrebte neue Verfassung sicher und überlebenstauglich ist. Das kann allenfalls in einem längeren Prozess gelingen, bei dem die alten Grundannahmen nach und nach durch attraktivere neue Erfahrungen und daraus resultierende Verallgemeinerungen ersetzt werden. Hier ist neben der Geduld und Beharrlichkeit auch eine gehörige Portion Bewusstheit und Mut zum Vorangehen gefragt.

Wenn man sich konstruktiv mit der entstehenden Spannung auseinander setzt und sich so dem Kreislauf, der zur Anpassung an den äußeren Druck führt, widersetzt, kann man lernen, Hindernisse als Treppenstufen auf dem Weg zu einem erfüllten und selbstmotivierten Leben zu sehen.

Es gibt Möglichkeiten, diese emotionalen Spannungen zu nutzen, um

- die Ziele tatsächlich zu erreichen,
- mehr Bewusstsein über sich und sein Handeln zu gewinnen,
- sein Weltbild zu erweitern,

- eine reifere Persönlichkeit zu werden
- und dadurch angemessener mit seinem Leben umzugehen.

Um eine echte intrinsische Selbstmotivation zu erreichen, ist es notwendig, sich mit den eigenen Gefühlen und deren Herkunft zu beschäftigen. Der Prozess der Bewusstseinsentwicklung führt über die Wahrnehmung (und nicht Verdrängung oder Bewertung) aller Gefühlsanteile.

Voraussetzung ist die Bereitschaft, sich auch die eigenen »unangenehmeren Seiten« anzuschauen wie Ängste, Minderwertigkeitsgefühle und Ärger und auch flexibel auf sich verändernde Umweltbedingungen einzugehen. Zunächst heißt es, sich mit der Realität zu konfrontieren und sie nicht gleich so zu verneinen, dass man sie abschaffen will, bevor man sich gründlich mit ihr beschäftigt hat.

Umgang mit Grundannahmen

Die Durchtrennung des »konservativen Gummibandes« (s. Abb. 26, S. 223)

Nach der Festlegung persönlicher oder beruflicher Ziele kommt es mitunter zu einer Anhäufung von »Zufällen«, Rückschlägen und negativen Gefühlen, die recht eigenartig erscheinen, da sie völlig im Widerspruch zu der positiven Grundstimmung stehen, die durch den Zielsetzungsprozess ausgelöst wurde. Der einfache Ratschlag vieler Erfolgsbücher, hiergegen mit »positivem Denken« und einfachen Affirmationen anzugehen, hilft meistens überhaupt nicht weiter. Im Gegenteil, oft verschärft sich die Situation dann erst recht und man entwickelt gründliche Zweifel an allem. In diesem Kapitel lernen Sie den Core Belief Process (in Anlehnung an Marc Allen und Shakti Gawain) kennen. Er kann Ihnen helfen, sich von einschränkenden Grundansichten und blockierenden mentalen Modellen zu verabschieden. Dieser Prozess ist nötig, bevor das positive Denken überhaupt Wirkung erzielen kann.

Einfaches positives Denken kann das Gegenteil bewirken.

»Core beliefs« sind Kernglaubenssätze, Grundannahmen, feste Überzeugungen, Erfahrungstatsachen usw.

Wenn wir uns ein anspornendes Ziel setzen, fordern wir uns heraus, die vorhandene Situation zu verändern, zu wachsen, neues Gelände zu betreten. Sobald wir unseren sicheren Hafen verlassen, um aufs Meer zu segeln, tauchen bis dahin unbekannte emotionale Widerstände auf, die uns mahnen, dorthin zurückzukehren, wo wir waren (alter Job, Wohnsituation, Partner/Partnerin). So unbehaglich wir uns möglicherweise bereits dort gefühlt haben, es war jedenfalls eine bekannte Situation. Alles, was jetzt kommt, ist fremd, löst Stress und irrationale Gefühle aus. Mal wird uns das bewusst, oft spielt sich das allein in der Tiefe unseres Gemüts ab, und es findet sich eine Reihe guter Gründe, altes, überwunden Geglaubtes doch noch einmal fortzusetzen oder zu wiederholen.

Wachstum ist ein Prozess schöpferischer Zerstörung.
Joseph Alois Schumpeter

Ein großes Ziel kann entsprechend große Widerstände auslösen und diese können ein Scheitern herbeiführen, obwohl man sich auf seiner bewussten Ebene so sehr darüber freute, dieses Ziel bald erreichen zu können.

Etwas, das hier helfen kann, ist Selbstdisziplin. Jedes Mal, wenn das Altvertraute verlockend winkt, sich automatisch an die negativste Stimmung erinnern, die sich mit diesem Job, der Wohnsituation, dem Partner oder der Partnerin (oder was immer sonst verändert werden soll) verbindet. Das allein reicht aber nicht.

Es gilt, den Hintergrund für diese Rückfälle, dieses Beharren, wahrzunehmen, die unangenehmen Emotionen deutlich werden zu lassen, die sich mit dem Hineinbewegen in eine bessere Zukunft so eigenartig verbinden, sie anzunehmen und sich so klar mit ihnen auseinander zu setzen, dass man an ihre Wirkmuster gelangt. Es können Ängste vor dem Scheitern sein, Ängste vor Veränderungen, Ängste, nicht mehr gemocht zu werden, verlassen zu werden, allein zu sein, zu bleiben, vor peinlichen Situationen usw.

Woher kommen diese Ängste? Wir lernen als ganz kleine hilflose Wesen diese Welt kennen. Vieles ist bedrohlich und vieles, was wir erleben, verursacht Schmerzen und Traurigkeit. Das merken wir uns. Wir entwickeln Überlebensstrategien, mit derartigen Situationen fertig zu werden. Diese Strategien gründen sich u. a. auf bestimmte Grundannahmen, Glaubenssätze (»core beliefs«) von dem, wie die Welt ist, wie andere Menschen sind, aber auch wer und wie wir selber sind. Tief in uns ist ein »Wissen« gespeichert, wie viel Liebe uns zusteht und wie viel nicht, was wir erleben dürfen und was nicht, wie gut, intelligent, fleißig, belohnenswert, verdienstvoll wir sind – oder nicht. Ob wir wollen oder nicht, das Unbewusste in uns steuert die Prozesse des Lebens so, dass wir uns mit unseren Erfahrungen ein Leben lang im Rahmen dieser Grundannahmen bewegen. Das hochkomplexe System Mensch hat seine Steuerdaten, die es einzuhalten gilt, egal, ob man sich dabei wohl fühlt oder nicht. Man hat jedenfalls damit bis heute überlebt und das reicht dem Unbewussten.

Erwachsene leben oft in den Grenzen ihrer Kindheit.

Wenn diese Soll-Größen so beschaffen sind, dass die Realisierung eines bestimmten Zielszenarios den durch diese Grundannahmen gesteckten Rahmen durchbrechen würde, bewirkt die systemische Grundstabilität, dass die Soll-Größen eingehalten und wieder einmal bestätigt werden und nicht, dass das Ziel verwirklicht wird.

Verändern Sie Ihre inneren Soll-Größen.

Wer seine Ziele wirklich realisieren möchte, der sollte den folgenden Prozess durchführen, damit er die einschränkenden Grundannahmen zunächst überhaupt erst einmal identifiziert, sich dann von ihnen bewusst verabschiedet, damit schließlich dann die neuen Soll-Größen wirkungsvoll werden können. Es gilt, möglichen Störfaktoren auf die Spur zu kommen und sie, wenn sie identifiziert sind, ihrer Wirkungskraft zu berauben.

Der erste Schritt allerdings besteht darin, dass Sie sich vollständig so, wie Sie jetzt sind, akzeptieren und diese negativen Elemente und Gefühle nicht als etwas Schlechtes, Auszurottendes betrachten. Die Gefühle sind völlig in Ordnung. Sie warnen Sie: Da stimmt etwas nicht. Sie schaffen das Bedürfnis für Abhilfe zu sorgen, sie drängen Sie weiterzumachen, bis sich die

Ich bin völlig in Ordnung.

Dinge geklärt haben. Was es aufzugeben gilt, ist die immer wieder betriebene Aktivierung der Muster, die diese Gefühle auslösen.

Es ist auch nicht wichtig, nun alles über ihre Entstehung zu erforschen. Es geht nur darum, herauszufinden, was da so an geheimen Vorstellungen in Ihrem Kopf herumspukt. Aus diesen Grundglaubenssätzen entwickeln sich gedankliche Prozesse, die dann ihrerseits wieder Realität gestalten. So schaffen wir uns einen beträchtlichen Teil unserer Erfahrungen selbst, indem wir – gesteuert von den Mustern einer fernen Vergangenheit – in unendlichen Wiederholungen die Stabilität des Vorhandenen feiern.

Der Core-Belief-Prozess (nach Marc Allen und Shakti Gawain)

Um aus diesem Prozess ein besonderes Ritual des Abschieds und Neuanfangs zu machen, hat diese Übung eine genaue Anweisung über die Aufteilung und Benutzung eines Blatt Papiers (A4), das Sie sich bitte jetzt zur Vorbereitung bereitlegen sollten. Daneben benötigen Sie Ihr gewöhnliches Schreibzeug und weiteres Papier zum Aufschreiben oder ein persönliches Buch für derartige Arbeiten.

Rituale

Rituale können Ihren Weg zur Selbstmotivation unterstützen.

Rituale sind symbolhafte Handlungen, bei denen man bestimmte Dinge bewusst bekräftigt und deren Realität anerkennt. Es gibt große Rituale (Hochzeiten) und kleine alltägliche Rituale (die Tasse Tee/Kaffee am Morgen). Rituale werden in der ganzen Menschheitsgeschichte angewendet. Für eine hohe Selbstmotivation ist es sinnvoll, sich eigene regelmäßige Rituale zu schaffen. Entscheidend für die Wirkung ist es, dass man sich den Inhalt des Rituals deutlich macht (z. B. Tasse Tee am Morgen: Ruhe und Sammlung) und seinen Sinn erspürt.

Nehmen Sie sich nun etwas Zeit an einem Platz, an dem Sie ungestört sind. Legen Sie ein DIN-A4-Blatt zur Seite, das Sie erst für den 7. und 8. Schritt verwenden. Atmen Sie ruhig durch und entspannen Sie sich beim Ausatmen. Denken Sie an das spezielle Problem, das Sie lösen möchten, den Bereich Ihres Lebens, den Sie verbessern möchten oder in dem immer wieder Hindernisse auftauchen.

(Beispiele: Der Monat hat immer zu viele Tage – im Verhältnis zu dem Geld, das monatlich verfügbar ist. Oder: Nie ist ausreichend Zeit da. Oder der Unglücksmensch, der sich mal bei Frau Schreinemakers im Fernsehen vorgestellt hat: Im Laufe der Jahre hatte er 29 Knochenbrüche, lag jedes Jahr aus den unterschiedlichsten Gründen vier bis sechs Wochen im Krankenhaus. Sein System hatte eine Grundannahme: Diese Welt ist gefährlich, ich breche mir die Knochen, aber so überlebe ich. Eine fatale Soll-Größe. Oder der Eigendialog: »Keiner mag mich.« Wer eine derartige Grundannahme hat, zieht immer wieder Menschen magnetisch an, die ihn nicht wirklich schätzen. Usw. usw.: Ich bin unsportlich, ich muss immer zu viel essen, ich kann keine Sprachen lernen usw. Genug der Beispiele. In welchem Bereich Ihres Lebens möchten Sie eine unnötige, selbstbeschränkende Grundannahme loswerden?)

1. Schritt: Beschreibung des Problems

Beschreiben Sie die Natur des Problems, der Situation oder des Gebietes, innerhalb dessen eine Veränderung zum Besseren erzielt werden soll. Schreiben Sie während drei bis fünf Minuten alles auf, was Ihnen generell einfällt.

2. Schritt: Welche Gefühle haben Sie dabei?

Benennen Sie nur die spezifischen Gefühle wie Angst, Traurigkeit, Zorn, Schuld, Scham usw. Fügen Sie an dieser Stelle keine Gedanken hinzu, die Sie sich angesichts der Gefühle oder des Problems machen.

3. Schritt: Welche körperlichen Empfindungen verspüren Sie dabei?

4. Schritt: Was denken Sie darüber?

Welche negativen Gedanken laufen automatisch ab? Welche Befürchtungen, Ängste oder Sorgen machen sich bemerkbar? Nehmen Sie sich ein paar Minuten, um Ihre Gedanken zu beschreiben.

5. Schritt: Herbeiführen der Veränderungsbereitschaft des Gehirns durch die Vorstellung negativer Szenarien

a) Was ist das Schlimmste, was in diesem Bereich passieren könnte? Was ist Ihre schlimmste Befürchtung?

b) Wenn das passiert, wovor Sie die meiste Angst haben, was wäre die schlimmste Folge, die sich für Sie daraus ergeben könnte (worst case)?

c) Was wäre, wenn das dann auch noch tatsächlich eintreten würde? Was wäre die allerschlimmste Konsequenz? Was wäre also der worst, worst case? (Für Sie selbst und für die Menschen, die Ihnen lieb und wichtig sind oder denen Sie etwas Besonderes bedeuten.) Atmen Sie tief aus und lassen Sie dabei alle negativen Gefühle los.

6. Schritt: Was wäre das Allerbeste, was passieren könnte?

Beschreiben Sie das, was Sie sich idealerweise vorstellen können, das »optimale Szenario« in diesem Bereich Ihres Lebens.

7. Schritt: Was steckt dahinter?

a) Welche Angst oder welche negative Grundannahme hält Sie davon ab, das zu schaffen, was Sie sich in diesem Bereich Ihres Lebens eigentlich wünschen (6. Schritt)?

Wenn Sie dieses Muster entdeckt haben, schreiben Sie diesen negativen Glaubenssatz über sich selbst oder die

Welt kurz und prägnant auf. Wenn Sie mehrere negative Grundannahmen herausfinden, halten Sie alle untereinander auf einem Blatt Papier fest. Sie sollten dann alle nachfolgenden Schritte in einem gewissen zeitlichen Abstand für jede der gefundenen Grundannahmen komplett (bis einschließlich Schritt 9) durchführen. Suchen Sie sich jetzt aber zunächst die Ihrer Meinung nach wirkungsvollste negative Grundannahme heraus und fahren Sie mit b) fort:

b) Nehmen Sie dann das bereitgelegte DIN-A4-Blatt, falten Sie es zunächst in der Mitte, dann oben und unten jeweils 2 cm vom Rand (siehe Abbildung).

Streichen Sie das Blatt wieder glatt, legen es im Hochformat vor sich hin und schreiben Sie den negativen Satz in das durch das Falten entstandene 2 cm breite Feld ganz oben.

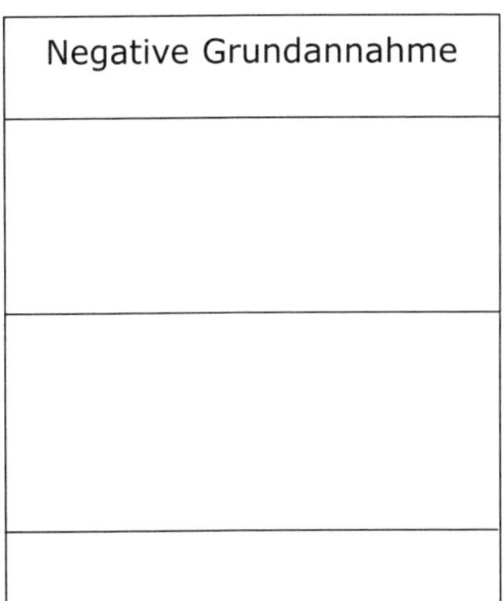

c) Dann drehen Sie das Blatt um 90 Grad, so dass es jetzt im Querformat vor Ihnen liegt. Beschreiben Sie nun auf der linke Hälfte des Blattes in Stichworten Situationen, in denen sich dieser Glaubenssatz in der Realität bestätigt hat.

Negative Grundannahme	Negative Beispiele		

d) Anschließend machen Sie eine kleine Pause und schalten um: War das wirklich alles? War es immer und ausschließlich so schlimm? Oder gab es irgendwann eine winzig kleine Ausnahme? Suchen Sie nach den Momenten in Ihrem Leben, in denen sich in dem fraglichen Bereich genau das ergeben hat, was Sie sich eigentlich wünschen. Schreiben Sie auch dazu einige Stichworte auf, jetzt auf die rechte Seite. Lassen Sie den 2 cm breiten senkrechten Rand aber frei. Und erst, wenn Sie sich auch nach längerem Überlegen absolut an überhaupt nichts mehr erinnern können, stellen Sie sich in Ihrer Fantasie Situationen vor, in denen alles so klappt, wie es optimal sein sollte.

Negative Grundannahme	Negative Beispiele	Positive Beispiele	

Lesen Sie sich diese Stichworte zu den positiv verlaufenden Situationen noch einmal in Ruhe durch und überlegen Sie sich dann einen Satz, der eine positive Grundannahme enthält, die eine derartige Situation hervorrufen könnte.

8. Schritt: Ihre persönliche Affirmation

Drehen Sie das Blatt nun so, dass es im Hochformat vor Ihnen liegt und oben der nun noch frei verbliebene 2 cm breite Rand liegt. Schreiben Sie jetzt in dieses Feld Ihre positive Affirmation auf.

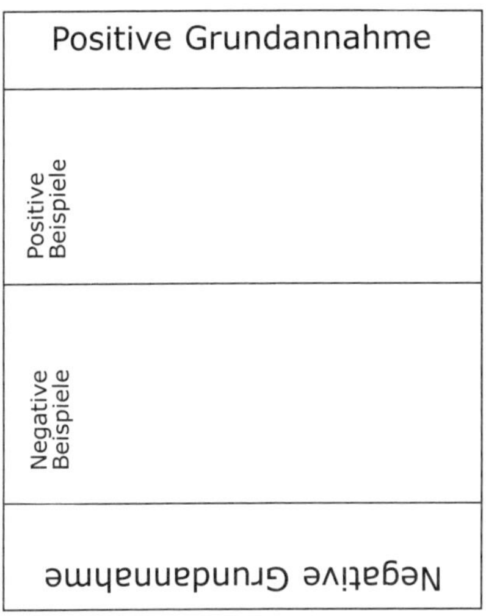

Affirmation

Eine Affirmation ist eine kraftvoll verstärkende Bestätigung in einem Satz, die den negativen Glaubenssatz korrigiert und ihm entgegenwirkt. Der Satz muss positiv formuliert sein, darf also keine Verneinungen enthalten (Wörter wie »nicht, keine, ohne, frei von« und Wortverbindungen mit der Vorsilbe »un-« dürfen nicht auftauchen!). Die Affirmation sollte kurz, so einfach wie möglich und für Sie persönlich bedeutungsvoll sein.

Affirmationen bestärken neue unterstützende Glaubenssätze.

Beispiele:

»Ich bin ein wertvoller Mensch. Ich habe meinen Erfolg verdient.«

Benutzen Sie die Gegenwartsform, als ob es gerade so geschieht, wie Sie es sich wünschen:

»Ich erfahre nun Fülle und Reichtum in meinem Leben.«

Die Affirmation sollte das Gegenteil Ihres negativen Grundglaubens ausdrücken. Wenden Sie den negativen Gedanken in einen positiven, sich kraftvoll entwickelnden um:

Negativer Glaubenssatz: »Ich habe einfach nicht genug Zeit, die Dinge zu tun, die ich tun möchte.«

Affirmation: »Ich habe reichlich Zeit, all die Dinge zu tun, an denen mir liegt.«

Negativer Satz: »Die Welt ist gefährlich.«

Affirmation: » Ich lebe jetzt in einer sicheren, wunderbaren Welt.«

Negativer Glaubenssatz: »Ich muss immer ums Überleben kämpfen.«

Affirmation: »Ich bin rundherum erfolgreich in meinen Vorhaben, auf eine leichte Art und Weise, gesund und für alle Beteiligten positiv.« (Das ist schon etwas für Fortgeschrittene, fangen Sie ruhig mit einer einfachen Formulierung an, die ja dann später verfeinert werden kann.)

Die Affirmation muss sich sehr stimmig anhören für einen selbst, wenn man sie laut aufsagt, und ein kraftvolles, positives Gefühl auslösen. Falls das nicht so ist, muss sie so lange geändert werden, bis sie rund ist.

Nun reißen Sie die linke Hälfte des Blattes mit den negativen Beispielen und der negativen Grundannahme ab und vernichten Sie diesen Teil des Blattes. (Das Verbrennen dieses Papieres hat sich als besonders wirkungsvoll herausgestellt. Aber bitte: Achten Sie darauf, dass nur das Papier verbrennt!!)

Das Ganze ist kein Zauber. Daher hört es auch nicht mit dem 8. Schritt auf. Die eigentliche Arbeit kommt jetzt im 9. Schritt.

9. Schritt: Wiederholung als Schlüssel zum Erfolg

Sprechen Sie Ihre persönlichen Affirmationen regelmäßig mehrfach am Tag laut vor sich hin oder schreiben Sie sie immer wieder auf.

Die Wirkung Ihrer Affirmation verstärkt sich durch regelmäßige Anwendung.

Malen Sie sich dabei alles ausführlich so aus, wie es idealerweise geschehen könnte.

Wenn es Ihnen wirklich wichtig ist, wenden Sie die Disziplin auf, die Affirmation täglich zehnmal aufzuschreiben, bis Sie den Eindruck haben, sie ist jetzt ein Teil Ihres eigenen positiven Grundglaubens geworden. Negative Gedanken, die dabei auftauchen können, innere Abwehr oder Störungen halten Sie bitte auf der Rückseite fest. So lange die Affirmationen schreiben, bis sich aller emotionaler Widerstand gegen diese Übung aufgelöst hat. Die Blätter so lange immer wieder vernichten, bis keine negativen Gedanken mehr kommen, bis die Rückseite leer bleibt. Dann kann die Übung beendet werden.

Dieses Ritual ist eines der kraftvollsten Instrumente für Veränderungsprozesse, das wir kennen gelernt haben.

Termin für meinen ersten Core Belief Process:

____

Energie 4: Den Reizen des Dringenden widerstehen

»Nur eine bewusste Entscheidung für das Wichtige verhindert eine unbewusste Entscheidung für das Unwichtige.«
Stephen R. Covey

Auch wenn man sich seiner Werte bewusst ist und sich klare Ziele gesetzt hat, kann es im privaten wie beruflichen Alltag durch Überbelastung zu Motivationslöchern kommen. Man sieht sich der Flut von Tätigkeiten nicht mehr gewachsen und arbeitet hektisch und unmotiviert. Aber, so warnt Stephen Covey: *»Mehr Dinge schneller zu tun ist keine Ersatz dafür, das Richtige zu tun.«*

Mehr Dinge schneller zu tun ist kein Ersatz dafür, das Richtige zu tun.
Stephen Covey

Zwei Methoden können Ihnen helfen, den Tag selbstmotiviert und unter Kontrolle Ihrer AUFMERKSAMKEIT zu erleben:

- Eine klare Unterscheidung zwischen dringenden und wichtigen Dingen – die Eisenhower-Methode
- Die volle Konzentration auf den gegenwärtigen Moment – Die 6-Punkte-Tagesgestaltung nach Lee

Sie können Ihre persönliche Relation von Aufwand und Ergebnis drastisch erhöhen, wenn Sie eine Trennschärfe hinbekommen zwischem dem, was wichtig ist, und dem, was dringend ist, und beide Kategorien dann in ein Verhältnis zueinander bringen, das Sinn macht.

Um die persönliche Effektivität zu optimieren, hilft zusätzlich die Fokussierung der AUFMERKSAMKEIT zunächst auf den einzelnen Tag und dann vor allem auf die jeweils gerade zu bewältigende Aufgabe. Die beiden folgenden Ansätze haben den Härtetest der Jahrzehnte überstanden. Sie sind einfach zu handhaben und gehören mit zum Wertvollsten, was wir Ihnen mit auf den Weg geben können. Während der größte Teil des Buches für Sie eine einmalige Arbeit bedeutet, die dann allenfalls einmal jährlich in einigen Punkten wieder aufzufrischen ist, sind die letzten beiden Kapitel der täglich wiederkehrenden Aufgabe gewidmet, den Nutzen, den Ihnen dieses Buch bieten kann, auch tatsächlich an jedem einzelnen Tag Ihres Lebens auszuschöpfen.

Unterscheiden Sie scharf zwischen Dringendem und Wichtigem

Viele Menschen gehen mit diesen beiden Begriffen ziemlich unklar und wahllos um.

Dringendes drängt uns und will schnell erledigt sein.

Dringend hängt zusammen mit *drängen.* Etwas, das dringend ist, bedrängt uns. Es erzeugt eine Spannung, einen inneren Druckzustand, eine Alarmierung unseres Schutzsystems. Der Erregungszustand unseres Limbischen Systems, ein unterhalb des Großhirns liegender Gehirnbereich, wird erhöht, es kommt zu einer Ausschüttung von Alarm- und Aktivitätshormonen. Das Limbische System ist zuständig für unsere Lust- und Unlustempfindungen. Und in dem Falle des Dringenden haben wir es mit Unlustempfindungen zu tun. Wir haben das ganz starke innere Bestreben, den unerwünschten Spannungszustand so schnell wie möglich wieder loszuwerden.

Allem, was uns dringend erscheint, wohnt die Tendenz inne, erledigt zu werden.

Die meisten Informationsimpulse, die die Einfärbung des Dringenden haben, lösen in unserem sensorischen Nervensystem massive Reize aus. Sie sind sichtbar, hörbar, anfassbar. (Das Telefonklingeln, die erhobene oder lautstarke Stimme eines Vorgesetzten oder eines verärgerten Kunden sind akustische Signale, ein hoher Stapel unerledigter Akten auf dem Schreibtisch, ein Termin, der im Kalender eingetragen ist, ein Fax, das aus dem Faxgerät quillt, sind anfassbare und optische Reize, die von uns ein unmittelbares Abbauen der mit ihnen erzeugten Spannung verlangen.) Im Ergebnis führt das dazu, dass Dringendes die ihm *innewohnende* Tendenz hat, auch rasch erledigt zu werden. Wenn wir

Dringendes erledigen, sind wir darüber hinaus in den Augen anderer effizient, machen uns beliebt. Aber dringende Dinge sind nicht immer wichtig und sehr oft sind sie sogar unwichtig!

Das einfachste Beispiel hierfür ist das Klingeln eines Telefons. Das Klingeln eines Telefons veranlasst einen Großteil der Menschen unabhängig von der Wichtigkeit dessen, was sie gerade tun, sofort zum Hörer zu hetzen, ihn abzuheben und dadurch das Klingeln abzustellen. Im Privatleben mag sich auch noch die Neugier »Wer ruft mich denn da an?« hineinmischen. Aber im Arbeitsleben, in der Berufswelt, geht es eigentlich nur darum, dieses beunruhigende Gefühl des Klingelns loszuwerden, obwohl der Betreffende vielleicht gerade jemandem gegenübersitzt, mit dem er ein wichtiges Gespräch führt.

Weil wir stets erreichbar sind, sind wir oft anwesend und abwesend zugleich.
Lothar J. Seiwert

Das ist ein typisches Beispiel dafür, wo das Dringende das Wichtige überlagert. Auch ein Stapel von unerledigten Papieren, der auf dem Schreibtisch liegt, der Unordnung schafft, kann das Gefühl des Dringenden in uns auslösen, so dass wir uns vielleicht sagen: »Das muss erst mal weg und dann beginne ich mit dem Projekt.« Und so kann man dann drei Monate, drei Jahre, 30 Jahre Stapel wegarbeiten und kommt schlimmstenfalls nie dazu, das eigentlich Wichtige zu schaffen.

Langjährige Erfahrung zeigt, dass viele Menschen den Großteil des Tages nur damit zubringen, Dringendes zu erledigen und erst am Abend zu den wichtigen Arbeitsanteilen kommen oder gar Arbeit am Wochenende mit nach Hause nehmen. Oft fühlen sich die Betreffenden dann ausgelaugt und die Arbeit macht ihnen immer weniger Spaß.

Aber was ist nun wichtig? Das *Wichtige* ist das, was ein *Gewicht* hat. Etwas, das schwer wiegt. Etwas, das Bedeutung hat. Etwas, das einen Wert hat und Sinn macht. Nichts ist von sich aus wichtig. Wir oder andere verleihen einer bestimmten Sache, einem Vorhaben, einem Gespräch oder einem Termin gemäß der Wertestruktur und den sich daraus ergebenden Zielsetzungen ein Gewicht, eine Bedeutung. Wichtigkeiten

Aufgaben bekommen Gewicht durch unsere Werte und Ziele.

beruhen auf bewussten und/oder unbewussten Entscheidungsprozessen, also auf Aktivitäten des Großhirns, wobei natürlich auch Gefühle eine Rolle bei der Wertzumessung spielen können. Aber durch derartige Entscheidungen werden noch nicht unbedingt Handlungsimpulse ausgelöst.

Wichtige Dinge haben oft die Tendenz, liegen gelassen zu werden.

Wichtigen Dingen wohnt daher keinesfalls die Tendenz inne, erledigt zu werden. Ganz im Gegenteil: Sie tendieren eher dazu, liegen gelassen zu werden, weil es immer gerade ein paar dringende Angelegenheiten gibt, denen unser unbewusstes System dann eine Priorität verleiht.

Wichtige Angelegenheiten, die nicht gleichzeitig auch dringend sind, bedrängen uns nicht. Sie erzeugen keine Alarmstimmung, oft mobilisieren sie nicht einmal in besonderer Weise unsere AUFMERKSAMKEIT.

Es sind also Eigeninitiative, spontane Anstrengung, Überwindung von Gewohnheit oder Trägheit (»Kampf gegen die Schwerkraft«) nötig, um Wichtiges zu tun.

Wenn wir keine exakte Vorstellung vom Wichtigen haben, wenn unsere Ziele unklar oder widersprüchlich sind, sind Ablenkungen stärker und wir setzen unsere Zeit eher dafür ein, das Dringende zu erledigen.

Wichtig ist vor allem, was der Durchsetzung und/oder der Erhaltung eines Wertes dient.

Beispiele:

1. Persönliches, privates Wertesystem
2. Persönliches berufliches Wertesystem
3. Wertesystem nahe stehender Menschen (Familie, Freund/in usw.)
4. Wertesystem des Unternehmens
5. Wertesystem Dritter

So ist folgerichtig auch wichtig, was der Erreichung eines Zieles dient, denn das Erreichen von erstrebten Zielen bedeutet Werteverwirklichung. Werte und die daraus abgeleiteten Ziele ordnen sich hierarchisch:

Beispiele für Zielarten:

1. Unternehmensziel
2. Bereichs-/Abteilungsziel
3. Ziel des Vorgesetzten/Projektleiters
4. Ziel eines oder mehrerer anderer Mitarbeiter
5. Eigenes berufliches Ziel
6. Eigenes privates (mit beruflichem kompatibles) Ziel
7. Eigenes privates (mit dem beruflichen Ziel in einem Spannungsverhältnis stehendes) Ziel
8. Private Ziele anderer

Ohne Klarheit über das Wertesystem, ohne Zielsetzungen kann es keine Prioritätsentscheidungen für das Wichtige geben.

Die Kunst besteht also darin, das Wichtige mit der »Farbe des Dringenden« einzufärben. Daher unsere Empfehlung, das Zielszenario mit einer Datumsangabe zu versehen. Das bewirkt Dringlichkeit. Und auch das tägliche zweimalige laute sich selbst »Vorlesen« schafft entsprechende Unlustgefühle solange Ihre tatsächliche Realität und die vorgelesene erwünschte Realität des Zielszenarios voneinander abweichen.

Die Kunst besteht darin, das Wichtige mit der »Farbe des Dringenden« einzufärben.

(Ganz am Rande sei hier das eigentliche Geheimnis jeder Führungskunst verraten: Geschickte Führungskräfte verstehen es, das, was für sie wichtig ist, in den Köpfen ihrer Mitarbeiter zu etwas Dringendem werden zu lassen.

Und wenn Sie sich selbst führen wollen, sich selbst motivieren wollen, dann gelingt das am effektivsten, wenn Sie das, was für Sie wichtig ist, selbst auch dringend machen und nicht warten, bis die äußeren Umstände oder Dritte dafür sorgen. Auch hier ist wieder unsere AUFMERKSAMKEIT, unser Bewusstsein gefordert.)

Möglicherweise ist Ihnen auch aufgefallen, dass ein höchst beliebtes und häufig verwendetes Wort noch gar nicht aufgetaucht ist: Was ist eigentlich mit den Dingen, die *»interessant«* sind? Im Umgang mit dem, was unser Interesse auslöst, zeigt sich schließlich wahre Meisterschaft. Es können genau die Dinge sein, die uns berühren, die uns deutliche Hinweise auf unser Wertesystem geben, die dann auch wichtig werden können. Und andererseits können sich hinter den interessanten Dingen genau all die Fallstricke verbergen, die andere auslegen, um unsere AUFMERKSAMKEIT auf die Verfolgung ihrer Interessen zu lenken und uns damit unsere Zeit stehlen (wenn nicht auch noch unser Geld oder unsere Gefühle).

Hier schließt sich der Kreis – wir kehren wieder zur AUFMERKSAMKEIT zurück.

Hier schließt sich der Kreis, den wir zu Beginn des Buches eröffnet haben: Alles, was interessant ist, bedarf unserer ausgesprochen besonders wachen AUFMERKSAMKEIT. Nur ein Geist, der sich des Unterschiedes zwischen Wichtigem und Unwichtigem, zwischen Dringendem und Nicht-Dringendem bewusst ist, kann in diesen kostbaren Bruchteilen von Sekunden die Spreu vom Weizen trennen und das Interessante dort verfolgen, wo es auch wichtig ist, und NEIN sagen, wo es nur interessant, aber nicht wirklich wichtig ist. *Viel zu häufig gelingt es anderen, das, was ihnen wichtig ist, bei ihren Mitmenschen durch Alarmierung des sensorischen Nervensystems und des Limbischen Systems zu etwas Dringendem werden zu lassen.* So ist Klarheit über das, was berechtigterweise dringlich sein kann, eine weitere Hilfe zur notwendigen Abgrenzung:

Beispiele für die unterschiedlichen Arten von Dringlichkeit:

1. Es muss sofort etwas unternommen werden, um Leben zu retten.
2. Es muss sofort etwas unternommen werden, weil die Existenz des Unternehmens auf dem Spiel steht.
3. Es muss sofort etwas unternommen werden, weil Gefahren für die eigene berufliche Existenz drohen.
4. Sofortiges Handeln ist angesagt, weil ein größerer Auftrag gefährdet ist.
5. Sofortiges Handeln ist angesagt, weil eine Kundenbeziehung in Gefahr ist.
6. Sofortiges Handeln ist nötig, um Optionen für die Zukunft des Unternehmens offen zu halten oder zu sichern.

7. Sofortiges Handeln ist nötig, um Optionen für die eigene berufliche Zukunft offen zu halten oder zu sichern.
8. Sofortiges Handeln ist nötig, um Chancen zu verbessern.
9. Sofortiges Reagieren ist nötig, um die innerbetriebliche Kommunikation / das Verhältnis zu höheren Hierarchiestufen nicht zu beeinträchtigen.
10. Sofortiges Handeln ist angesagt, um das eigene Wohlbefinden wiederherzustellen oder zu erhalten.

Sobald also etwas *Interessantes* auftaucht: Erst einmal die rote Ampel anschalten, keine automatische Reaktion ablaufen lassen, sondern prüfen, ob das Interessante auch wichtig ist. Dann erst wieder auf Grün schalten und zur Aktion übergehen oder das Interessante mit dem Stempel des Unwichtigen versehen und vergessen.

Wie geht man mit diesem Wissen im Alltag um?

Zunächst einmal sollten Sie versuchen, eine Alltags-Sensibilität dafür zu entwickeln, was wichtig oder unwichtig und dringend oder nicht dringend ist. Ordnen Sie dazu einmal drei, vier Tage lang sämtliche Aktivitäten eines Tages dem folgenden »Koordinatenkreuz des Lebens« zu. Es ist eine Modifikation der von dem früheren General und späteren Präsidenten Eisenhower entwickelten Methode zur Unterscheidung von Prioritäten im hektischen Alltag.

Schaffen Sie sich einen inneren Monitor – die einzige Chance, nicht in einer Hamsterrad-Situation zu enden.

Ist etwas wichtig und dringend – wie etwa Krisenbewältigung, große Projekte mit anstehendem Termin, dringliche Alltagsprobleme, die Steuererklärung, die abgegeben werden muss –, gehört es z. B. in den oberen linken **I. Quadranten**.

Ist das, was man gerade macht, zwar dringend, aber nicht wichtig – eine ganze Reihe von Konferenzen und Besprechungen, deren Teilnahme zwar dringend ist, aber nur für einen Teil der Teilnehmer auch wirklich wichtig ist, gewisse dringende Anrufe, ein Teil der Post, unwichtige aber dringliche Angelegenheiten, in die man Zeit investiert, ohne dass eine Wirkung damit verbunden ist, Dinge, die keinen Bezug zu der Realisierung von eigenen oder fremden Zielen haben –, gehört es in die untere linke Ecke, **II. Quadrant**.

Verlorene Lebenszeit: der III. Quadrant.

Nicht wichtige und nicht dringende Dinge – hierzu gehört alles, was ganz trivial ist: Zeitung lesen, wahllos Fernsehen gucken, manche Post, die man liest, die einem ungewollt zugeschickt und dann wieder weggeworfen wird, einige Anrufe, die man macht, weil jemand auf den Anrufbeantworter gesprochen hat, ohne dass ein Rückruf wirklich erforderlich wäre, und eine ganze Reihe von weiteren Zeitverschwendern, schließlich sämtliche angenehmen Tätigkeiten ohne weitere Folgen – passen in die rechte untere Ecke, **III. Quadrant**.

Wichtiges aber nicht unbedingt Dringendes – alle Tätigkeiten, die man unternimmt, um das eigene Potenzial zu fördern, das Entwickeln eines Zielszenarios, das Erstellen eines Planes, bzw. die Erhaltung oder Erweiterung der eigenen Produktionskapazität oder der des Unternehmens, das Entdecken neuer Möglichkeiten, darüber hinaus alles, was mit dem Erschließen, dem Erhalten, der Vertiefung von Beziehungen zu anderen Menschen, zu anderen Organisationen zu tun hat, und der wichtige Bereich der Regeneration, der Erholung, des Kraftschöpfens, diese Tätigkeiten sind wichtig, aber sie sind in aller Regel nicht dringend – ist rechts oben einzuordnen, **IV. Quadrant**.

Sie können sich eine Kopie dieses Koordinatenkreuzes z. B. auf Ihren Schreibtisch legen oder an Ihren Arbeitsplatz hängen und während des ganzen Tages immer mal wieder darauf schauen und sich fragen:

- Was mache ich gerade, in welchem Quadranten befinde ich mich momentan?
- Und in welchem Quadranten bin ich vorwiegend tätig?

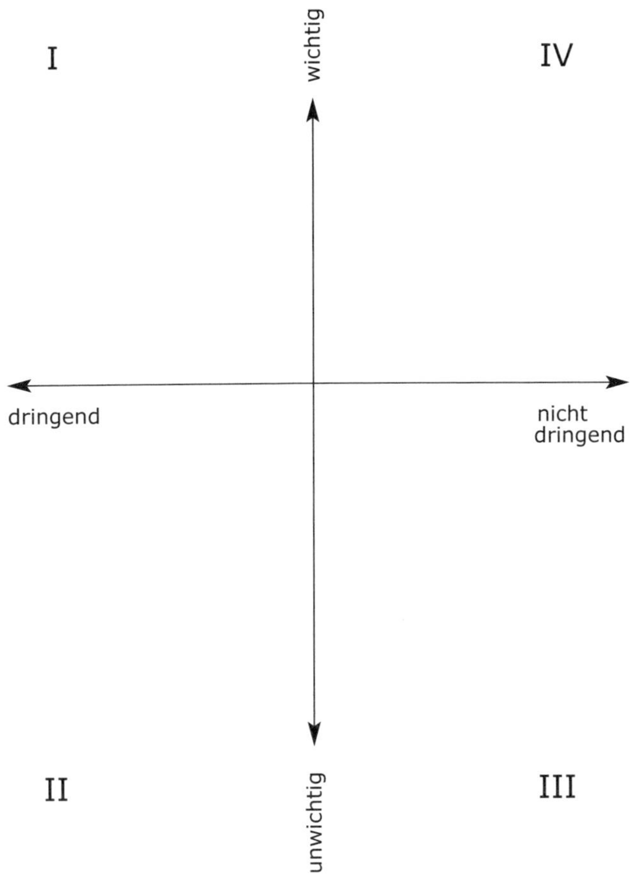

Abb. 27: Koordinatenkreuz des Lebens

Sie können das Instrument jedoch noch viel präziser nutzen:

Jedes Mal, wenn Sie eine Aktivität wechseln, einen Punkt in den passenden Quadranten machen und auch noch ungefähr abschätzen, an welcher Stelle des Koordinatensystems der Punkt richtigerweise einzutragen ist, ergibt sich nach und nach ein Profil des einzelnen Tages oder einer Mehrzahl von Tagen und Sie erkennen, in welchen Quadranten sich Schwerpunkte Ihrer Tätigkeit ergeben.

Sie haben hier ein sehr schnell handzuhabendes persönliches Feedbacksystem, das Ihnen ungeschminkt die Wahrheit darüber verrät, was Sie mit Ihrer Lebenszeit anfangen. Seien Sie auf Überraschungen gefasst ...

Achtung Gefahr

Eine Gefahr liegt darin, dass Sie sich zu häufig und zu lange im I. Quadranten engagieren. Wer sich ständig im Krisenmanagement bewähren muss, zu viel Zeit des Tages zur Bewältigung von Situationen im I. Quadranten aufwendet, kann nicht mehr planen, vernachlässigt seine zwischenmenschlichen Beziehungen und

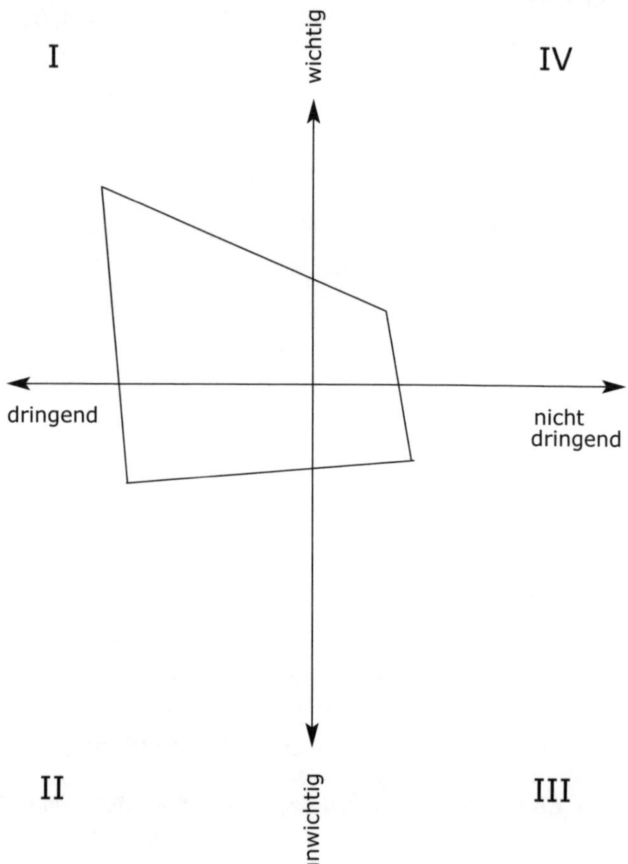

Abb. 28: Profil des Trouble-Shooters

kann sich nicht mehr regenerieren. Die möglichen Folgen sind Dauerstress, totale Erschöpfung, Burn-out-Syndrom, Depressionen und andere ernsthafte Erkrankungen.

Die nahe liegende Reaktion, weniger im I. und mehr im IV. Quadranten zu unternehmen, ist praktisch kaum möglich. Man kann nicht, wenn man erst einmal fest im I. Quadranten gelandet ist, irgendetwas weglassen. Sobald man hier seine Aktivitäten mindert, gibt es massive Probleme, die einen dann anschließend noch stärker in das Krisenmanagement hineinzwingen. Im I. Quadranten sind ja all die Aktivitäten, die sowohl wichtig als auch dringend sind. Wenn man da irgendetwas weglässt, dann wird etwas sowohl Wichtiges als gleichzeitig auch Dringendes nicht getan, und das verursacht Probleme, die unmittelbar anschließend dann doch auch wieder gelöst werden müssen.

Die naheliegende Reaktion ist genau die falsche – Hüten Sie sich vor zu striktem Zeitmanagement!

Es gibt Menschen, die sagen dann einfach, ich pack das jetzt nicht mehr, ich muss jetzt da raus aus dieser gefährlichen Situation. Ich tue jetzt einfach weniger. Ich hör jetzt abends 17.30 Uhr auf und widme mich meiner Familie. Diejenigen haben 14 Tage später überhaupt keine Zeit mehr für die Familie. Weil so viel angebrannt ist, dass sie nur noch mit dem Feuerlöscher in der Hand herumrennen.

Wie sieht die Lösung aus? Die Lösung besteht darin, und das ist auch die einzige, die es gibt, die **Aktivitäten** im **II.** (und erst recht natürlich auch diejenigen des **III.**) **Quadranten zu verringern**.

D. h., weniger Dinge zu tun, die dringend aber nicht wichtig sind. Das ist leichter gesagt als getan. Denn wir sind, gerade, wenn wir es nicht mit hoher Wichtigkeit oder mit klar zu erkennender Unwichtigkeit zu tun haben, sondern uns kurz oberhalb oder unterhalb der waagerechten Achse des Koordinatenkreuzes bewegen, in einem sehr nahen Überschneidungsfeld, wo das Nicht-Wichtige und das Wichtige sehr eng zusammenkommen können. Wenn man das Profil im

Wer schnell ans Ziel gelangen will, sollte einen Umweg wählen.
Chinesische Weisheit

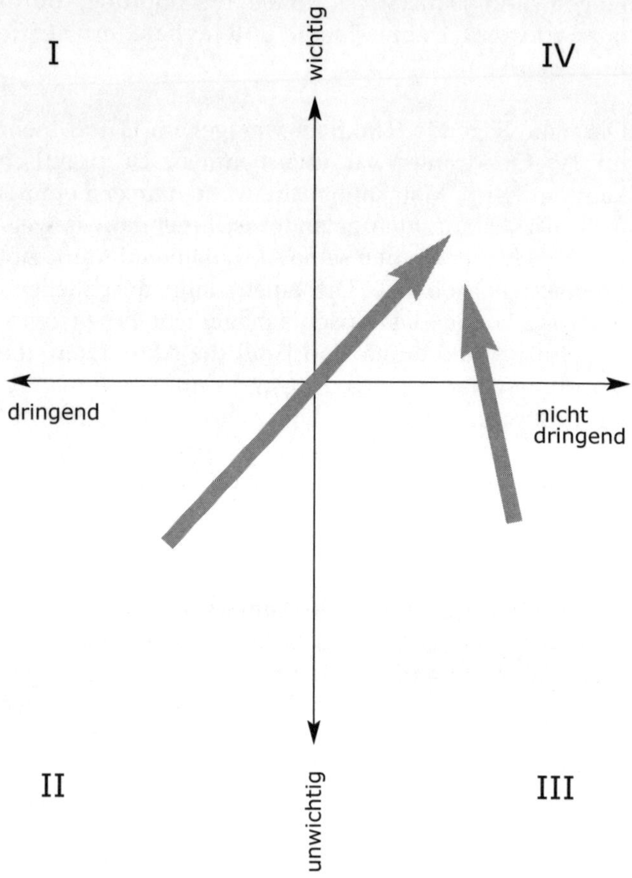

Abb. 29: Nur in den beiden unteren Quadranten II und III können Zeitreserven mobilisiert werden

II. und III. Quadranten verkleinern will, gelingt das nur über eine sehr exakte Trennschärfe zwischen dem, was wichtig ist, und dem, was unwichtig ist. Die Klarheit der Unterscheidung ergibt sich aus dem einfachen Bild: Alles, was in dem Koordinatenkreuz oberhalb der waagerechten Linie liegt, ist wichtig. Alles was unterhalb dieser Linie liegt, ist unwichtig. Es sind also die Aktivitäten im IV. Quadranten einerseits wichtig und andererseits alles, was der Verwirklichung von Zielen dient (I. Quadrant).

Die scharfe Unterscheidung von Wichtigem und Unwichtigem gelingt daher erst dann, wenn man **klare Zielvorstellungen** hat, die es ermöglichen, Quadrant I von II zu unterscheiden. Wenn ein Mensch Ziele hat, oder ein Ziel hat, weiß er, dass alles, was sich in Richtung auf die Erreichung dieses Zieles hinbewegt, wichtig ist. Alles, was nicht dahin führt, ist nicht wichtig (mit Ausnahme der Aktivitäten des IV. Quadranten). Das sind klare Kriterien, die es uns ermöglichen, Wichtiges vom Unwichtigen zu unterscheiden.

Konzentration täglich trainieren – nehmen Sie sich Zeit für Ihren IV. Quadranten.

Menschen, die keine klaren Zielvorstellungen haben, rutschen nahezu zwangsläufig in den II. Quadranten hinein. Die meiste Lebenszeit, die achtlos verloren geht, findet sich im Quadranten II wieder, wenn etwas unternommen wird, das nicht zielführend ist oder nicht den Kategorien des IV. Quadranten angehört. Häufig sind es dringliche Angelegenheiten und aufgrund der Verwechslung von Dringendem mit dem Wichtigen sind diese Menschen durchaus der Meinung, dass sie Wichtiges erledigen, bloß weil sie gerade hektisch aktiv sind.

Menschen hingegen, die eine klare Zielvorstellung haben, können die Zeitkontingente, die sie im II. Quadranten verbringen, deutlich verringern und mit der gewonnenen Zeit ihren Anteil im IV. Quadranten vergrößern.

Lebensqualität wird im IV. Quadranten geschaffen. Tun Sie mehr Dinge, die wichtig, aber nicht dringend sind.

Je häufiger man sich dort aufhält, desto mehr Zeit hat man für die Vorbeugung und Verhinderung von Krisen, die gezielte Verbesserung der eigenen Effektivität, die Pflege seiner Beziehungen, die Entwicklung neuer Ideen und die eigene Regeneration und Erholung. Um die Erfahrung zu machen, was diese eher indirekte Herangehensweise dann doch für sehr direkte wohltuende Folgen hat, sollten Sie sich recht bald die Zeit nehmen, in den IV. Quadranten hineinzugehen, um sich zu überlegen: *Was will ich eigentlich, was ist mir wichtig? Was sind die Werte in meinem Leben, die ich realisieren möchte?*

Recht bald werden die dringenden Dinge sich in Ihrem Leben immer seltener aufdrängen.

Lebensqualität, so schreibt Covey, der seinerseits mit dem System von Eisenhower arbeitet und es fortentwickelt hat, erwächst aus den Momenten, in denen es gelingt, auf einen Reiz, der unser System erreicht, nicht automatisch zu reagieren, sondern eine kleine Denkpause dazwischenzuschalten, in der wir blitzschnell überlegen, ist das, was wir jetzt tun wollen, wichtig, dringend oder beides.

Wenn es nur dringend ist, aber nicht wichtig, sollten wir es gar nicht tun. Kategorisch sollte man hier dauernd innerlich (und gegebenenfalls natürlich auch nach außen) »Nein« sagen und stattdessen etwas tun, das einen weiterbringt.

Energie 5: Den Tag meistern

»Gegenüber der Fähigkeit, die Arbeit eines einzigen Tages sinnvoll zu ordnen, ist alles andere im Leben ein Kinderspiel.« Johann Wolfgang von Goethe

Jeder Tag ist eine neue Einheit Ihres Lebens. Sie entscheiden – ob bewusst oder unbewusst – durch die Gestaltung des einzelnen Tages, was aus Ihrem Leben wird. Wenn Sie Ihr Leben als wertvoll erfahren wollen, müssen Sie jeden einzelnen Tag als sinnvoll erleben. D. h., täglich Ihre Werte und Prinzipien verwirklichen und sich nicht von anderen heute in diese, morgen in jene Richtung steuern lassen. Wie Sie im letzten Kapitel gesehen haben, müssen Sie sich zunächst bewusst machen und in jedem Moment erkennen, wie man wichtige von unwichtigen Handlungen unterscheidet. Es kommt darauf an, das Wichtige zu tun. Doch wie schafft man das im hektischen Alltag? Es ist eine gekonnte Mischung aus Handwerk und Kunst, die da gefordert ist: das, was in der alten Tradition einen Meister zum Meister machte. Wir sehen, schon Goethe hatte da seine Mühen und damals gab es weder E-Mails, noch Controller noch Direktübertragungen der laufenden Börsenkurse. Mit anderen Worten: Der pyramidale Druck war vielleicht doch etwas geringer, auch wenn Goethes Chef nach aller Überlieferung wohl schon bemüht war, ihn ständig in Schwung zu halten.

Jeden Tag als eine bedeutende Einheit erleben.

Dieses Problem, den einzelnen Tag zu meistern, ist also nicht neu. Doch es gibt eine höchst einfache Lösung, die ein Unternehmensberater, Ivy Lee, bereits Anfang des 20. Jahrhunderts in einem Beratungsgespräch mit dem damaligen Präsidenten der Bethlehem Steel, Charles Schwab, entwickelt hat. Immerhin hat Schwab diese Idee so großartig gefunden, dass er Lee, der kein festes Honorar mit ihm vereinbart hatte, einige Monate später einen stattlichen Scheck über 25.000 Dollar schickte *(damals in etwa der Wert eines Einfamilienhauses).*

Hier ist die ganze Geschichte: Herr Lee hatte von gewissen Schwierigkeiten der Stahlgesellschaft erfahren und wollte seine Hilfe anbieten. Er fragte den Präsidenten nach den Ursachen, die dieser ihm nicht nennen konnte. Das Einzige, was er wüsste, meinte er, sei, dass der Ertrag der Firma mäßiger und mäßiger werde und die Umsätze zurückgingen. Es läge sicher nicht an seinen Kenntnissen und Fähigkeiten, vielmehr suche er nach Möglichkeiten, auch seinen Einsatz zu intensivieren.

Herr Lee antwortete, er könne ihm etwas in 20 Minuten sagen, was seine Erfolge um wenigstens 50 % erhöhen würde. Dann überreichte er dem erstaunten Präsidenten ein leeres Stück Papier und sagte:

»Schreiben Sie auf dieses Stück Papier die sechs wichtigsten Dinge, die Sie vorhaben, morgen zu tun.«

Der Präsident tat das und benötigte dazu etwa drei Minuten. Daraufhin bat Herr Lee ihn, *diese sechs Punkte in der Reihenfolge ihrer Wichtigkeit zu numerieren*. Das dauerte weitere fünf Minuten und dann forderte Herr Lee den Präsidenten auf, das Papier in seine Tasche zu stecken. Schließlich sagte er:

»Das Erste, was Sie morgen früh zu tun haben, ist: Nehmen Sie das Papier bitte aus Ihrer Tasche und sehen Sie sich Aufgabe eins an. Beachten Sie nicht die anderen, nur die erste Aufgabe, und dann beginnen Sie, diese Angelegenheit zu bearbeiten und zwar so lange, bis sie erledigt ist.

Dann nehmen Sie sich Punkt zwei vor und verfahren gleichermaßen, dann den dritten Punkt usw., bis Sie Feierabend haben. Und machen Sie sich bitte keine Gedanken, wenn Sie nicht alle Punkte erledigen konnten. Sie haben an den wichtigsten Punkten gearbeitet, die anderen können warten. Wenn Sie sie auf diese Art und Weise nicht auf einmal erledigen können, dann wird es auch keine andere Möglichkeit geben. Ohne System würden Sie etwa zehnmal so viel Zeit benötigen. Und Sie hätten sie nicht einmal in der Reihenfolge ihrer Wichtigkeit behandelt.

Tun Sie das nun jeden Tag«, fuhr Herr Lee fort, *»wenn Sie sich selbst von dem Wert dieses Systems überzeugt haben, dann vermitteln Sie es auch Ihren Angestellten. Probieren Sie diese Methode eine Zeit lang aus und schicken Sie mir dann Ihren Scheck. Bezahlen Sie mich nach dem Wert, den diese Methode für Sie haben wird.«*

Diese ganze Unterhaltung hatte nicht länger als eine halbe Stunde gedauert. Nach wenigen Monaten sandte der Präsident dem Herrn Lee einen Scheck über 25.000 Dollar. In dem Begleitschreiben hieß es: *»Ihre Idee war die finanziell einträglichste, der ich in meinem ganzen Leben bisher begegnet bin.«*

Doch diese Methode ist nicht nur einfach, sie hat sich vor allem auch als nachhaltig und dauerhaft praktikabel herausgestellt. Der Präsident arbeitete mit seinen Mitarbeitern nach dieser Methode und innerhalb von fünf Jahren blühte die Firma. Aus der damals kleinen unbekannten Stahlgesellschaft entwickelte sich einer der größten unabhängigen Stahlproduzenten der Welt.

So gewinnen Sie Zeit für die wirklich wichtigen Dinge in Ihrem Leben:

Schritt 1: Planen Sie Ihre Aufgaben grundsätzlich und ohne Ausnahme am Abend vorher

Sobald Sie sich am Ende Ihres Arbeitstages entscheiden: Jetzt werde ich nicht länger arbeiten, jetzt ist Freizeit, nehmen Sie sich zehn Minuten Zeit und schreiben Sie auf einem leeren Blatt (oder vielleicht in Ihrem Zeitplanungs-Kalender) alles auf, was Sie eigentlich noch tun müssten oder was sie am nächsten Tag tun wollen. Sie machen sich also eine Liste der unerledigten Dinge, die Ihnen wichtig sind.

1. Schritt: Am Ende des Arbeitstages den nächsten planen.

Schritt 2: Suchen Sie sich die sechs wichtigsten Dinge heraus

Entscheiden Sie sich dann, was die sechs wichtigsten Dinge sind, die Sie am nächsten Tag erledigen möchten, erledigen müssen oder erledigen können. Wenden

2. Schritt: Auswahl der sechs wichtigsten Punkte.

Sie hierbei das Melonen-Prinzip an: Zerteilen Sie die einzelnen Vorhaben und Projekte in kleine Schritte und nehmen Sie sich für jeden Tag eine wohl definierte Einheit vor. Niemand käme auf die Idee, in eine unzerteilte große Wassermelone einfach hineinzubeißen. Das würde den Zähnen weh tun und die grüne Schale und die weiße Innenschicht könnten uns keine Erfrischung bieten. Also nicht: »*Dachboden ausbauen*«, sondern: »*Termin mit Architekt vereinbaren*«.

Schritt 3: Legen Sie die Reihenfolge fest

3. Schritt: Festlegen der Rangfolge der sechs Punkte nach ihrer Wichtigkeit.

Dann überlegen Sie sich, in welcher Reihenfolge Sie diese sechs Punkte erledigen wollen oder müssen. Das ist genau der Schritt, den die meisten unterlassen. Sie schreiben einfach wahllos alles untereinander, so, wie es ihnen in den Sinn kommt. Die Festlegung der Prioritäten am Vorabend macht den entscheidenden Unterschied aus.

Sie fragen sich also: Was ist das Allerwichtigste, was ist das Zweitwichtigste usw.? Die gefundene Reihenfolge schreiben Sie auf einem zweiten Zettel auf oder übertragen diese Punkte in Ihren Kalender oder Computer.

Schritt 4: Konzentration immer nur auf eine Aktivität

4. Schritt: Die Punkte der Reihe nach abarbeiten. Jeweils nur einen Punkt erledigen und sich auf jeden Punkt so lange konzentrieren, bis es wirklich abgeschlossen ist.

Sobald Sie dann während des morgigen Tages neben Ihrem Pflichtprogramm über etwas Zeit verfügen, gehen Sie an die erste Aufgabe heran, die ganz oben auf Ihrer 6-Punkte-Liste steht. Kümmern Sie sich zunächst überhaupt nicht um die Punkte zwei bis sechs, sondern konzentrieren Sie sich ausschließlich auf die Erledigung Ihrer ersten Aufgabe! Bearbeiten Sie diese so lange, bis sie erledigt ist oder die nächste Unterbrechung kommt, z. B. durch einen festen Besprechungstermin, den Sie wahrnehmen müssen. Der einzige weitere Grund, die Arbeit zu unterbrechen, ist, wenn Ihnen faktisch etwas fehlt, um Ihre Arbeit beenden zu können. (Wenn Sie z. B. eine Information benötigen, die Sie im Moment nicht bekommen können, oder auf die Fertigstellung eines bestimmten Teilaspektes durch andere warten müssen.) Aber ansonsten gilt der wichtige Grundsatz: Sie bleiben bei der Erledigung der ersten Aufgabe – so lange, bis Sie fertig ist! Sie brauchen dabei keine Angst zu haben, dass Sie die zweite, dritte oder vierte Aufgabe nicht erledigen, denn mit dieser Methode können Sie sicher sein, dass Sie zumindest immer das Allerwichtigste in den Griff bekommen.

Es benötigt eine gewisse Erfahrung – rechnen Sie mit drei bis sechs Wochen – bis man in der Lage ist, abends bei der Auswahl und Bestimmung der sechs Punkte etwa bei einem größeren Vorhaben genau die Teilaufgabe zu definieren, die man am nächsten Tag erledigen kann, ohne andere wichtige Dinge liegen lassen zu müssen. Nicht alles auf einmal machen wollen. Das geschickte Zerlegen in Teilaufgaben kurz vor Feierabend ist die eigentliche Kunst.

Schritt 5: Schritt für Schritt weitergehen

Wenn Sie die erste Aufgabe erledigt haben, überprüfen Sie Ihre Prioritäten noch einmal und fangen mit der Nummer zwei auf Ihrer Liste an. Meistens schafft man, gerade am Anfang, wenn man mit dieser Methode beginnt, nur zwei vielleicht drei Sachen von der Liste, die anderen Dinge bleiben unerledigt. Abends setzt man sich dann wieder hin und schaut sich die generelle Liste an, es sind Punkte hinzugekommen, andere sind weggefallen. Dann fertigen Sie wieder eine neue 6-Punkte-Liste für den nächsten Tag an. Und so geht das täglich weiter. Dabei merkt man dann, dass ein paar Dinge, die zunächst an fünfter oder sechster Stelle sind, nach ein paar Tagen auf die erste oder zweite Stelle hochwandern und so schließlich auch erledigt werden. Aber Sie werden auch etwas ganz Erstaunliches feststellen: Es gibt Punkte, die sind fünf, sechs Tage lang an vierter oder fünfter Stelle und dann streichen Sie sie aus Ihrer Liste, ohne dass Sie sie bearbeitet haben, weil Sie inzwischen gemerkt haben, dass sie gar nicht so wichtig sind. Oder sie haben sich selbst durch irgendwelche Umstände erledigt. Und es wäre schade gewesen, wenn Sie in diese Themen auch nur fünf Minuten Ihrer Energie hineingesteckt hätten.

5. Schritt: Prioritäten kontinuierlich prüfen, aber nicht aus dem Rhythmus bringen lassen.
Immer nur eine Aufgabe zu einer Zeit erledigen.

Diese Methode hat sich seit Jahrzehnten bewährt und sie hat neben der enormen Steigerung Ihrer Effektivität einen großartigen Zusatzeffekt: Durch die Fokussierung Ihrer AUFMERKSAMKEIT auf die Erledigung jeweils einer Aufgabe schaffen Sie die besten Möglichkeiten für das Erleben einer FLOW-Erfahrung.

Und Sie werden nach einer gewissen Zeit etwas sehr Erfreuliches feststellen. Da immer das, was Sie gerade tun, etwas besonders Wichtiges ist, werden Sie weniger von anderen mit Banalitäten belästigt. Offenbar sind Menschen dann doch zu einer Feinwahrnehmung imstande und aufgrund Ihrer nonverbalen Ausstrahlung oder der Art und Weise Ihrer Kommunikation merken andere, dass es unangebracht wäre, Ihnen momentan mit etwas zu kommen, das nicht wirklich wichtig ist. Sie bauen Stress ab, da Sie keinen unüberschaubaren Berg von unerledigten Dingen vor sich herschieben. Alles kann man ohnehin nicht schaffen, die Ressource Zeit begrenzt unsere Möglichkeiten. Aber wenn Sie alles, was wichtig ist, vollführen, Ihren Zielen Schritt für Schritt näher kommen und Punkt für Punkt erleben, dass Sie etwas erreicht, etwas geschafft haben, wird Sie ein tiefes Gefühl von Zufriedenheit erfüllen. Wenn Sie eines Tages sagen können: »Im Großen und Ganzen ist es mir gelungen, *den Weg mit Herz zu gehen*«, dann können wir uns über die Grenzen von Raum und Zeit die Hand reichen und sagen: Es hat sich gelohnt! – Für uns die Arbeit des Schreibens, für Sie die Ausdauer, die Sie in das Lesen und die Arbeit an Ihrer Selbstmotivation gesteckt haben. Denn eins ist sicher, das wußte schon Katharina von Siena (1347 - 1380):

»Nicht das Beginnen wird belohnt, sondern einzig und allein das Durchhalten.«

Doch ohne den Start keine spätere Belohnung. So wünschen wir Ihnen im Sinne von Hermann Hesses »*Stufengedicht*«, die Unternehmungslust, sich immer und immer wieder auf etwas Neues einzulassen, denn »*… jedem Anfang wohnt ein Zauber inne, der uns beschützt und der uns hilft zu leben*«.

TEIL III

Anhänge 1 – 3, Literaturverzeichnis, Dank, Autoren

Anhang 1: Sechs Wertelisten für die Lebensbereiche:

Checkliste für die Arbeit mit den speziellen Wertelisten B 1 – 6

1. Schritt:
Überblick über die jeweilige Werteliste

2. Schritt:
Ergänzung der Werteliste mit eigenen Werten

3. Schritt:
Auswahl der sechs wichtigsten Werte (im Unterschied zu A 1, wo Sie zehn Werte ausgewählt haben)

4. Schritt:
Rangfolge der Werte erstellen

5. Schritt:
Zwischenüberlegung – Den Unterschied zwischen Mittel- und Endwerten abklären

6. Schritt:
Erfüllungsgrad festlegen und visualisieren:

Eintragen der sechs ausgewählten Werte in das Zentrum des Integritätsrads, Sektoren vergrößern

Wenn Sie die speziellen Wertelisten B1 – B6 bearbeitet haben, können Sie die jeweils wichtigsten Werte dann in das Formular auf Seite 106 eintragen.

Ab Seite 109 geht der Prozess mit der Entwicklung eines Zielszenarios zur Verwirklichung der Werte weiter.

und nach Grad der Zufriedenheit im jeweiligen Wertefeld ausfüllen

7. Schritt:
Konzentration auf das Wesentliche

Einen Wert auswählen, der in den nächsten zwölf bis 18 Monaten deutlich stärkere Bedeutung in Ihrem Leben gewinnen soll.

Sobald Sie einige Erfahrungen mit dem ganzen Prozess gesammelt haben (in etwa 12 - 18 Monaten): Den 7. Schritt mit einer Zeitperspektive von fünf Jahren und dann auch noch einmal mit einer Perspektive von 15 Jahren wiederholen, also Werte auswählen, die dann später eine wesentliche Rolle spielen sollen.

8. Schritt:
Bedeutungsgehalt der ausgewählten Werte beschreiben – Wunsch formulieren

9. Schritt:
Wünsche verwirklichen – Das Zielszenario entwerfen (dazu Näheres im Fokus 4: Das Zielszenario ab S. 109)

Die Checklisten zu Schritt 8 und 9 finden Sie auch noch einmal im Anschluss an Werteliste B6 (Seiten 277 - 278 f.).

B 1: Werteliste für persönliches Wachstum (Persönlichkeitsentwicklung)

O Selbstvertrauen	O Gelassenheit
O Anerkennung	O Sinn
O Macht	O Sicherheit
O Einfluss	O Freiheit
O Ehrlichkeit	O Achtsamkeit
O Von anderen akzeptiert sein	O Andere so akzeptieren, wie sie sind
O Integrität	O Konfliktfähigkeit
O Abenteuer	O Kraft
O Kreativität	O Erfolg
O Persönlichkeit	O Selbstachtung
O Flow	O Alleinsein können
O Leben in der Gegenwart	O Starkes Selbstwertgefühl
O Sich selbst vertrauen	O Herausforderungen suchen/akzeptieren
O Anderen vertrauen	O Flexibilität
O Wissen	O Klugheit/Weisheit
O Spaß	O Verantwortung
O Innere Fülle	O Selbsterkenntnis
O Begeisterung	O Individualität

O Anderen helfen	O Intuition
O Selbstverwirklichung	O Entscheidungsfreiheit
O Ordnung	O Handlungsfreiheit
O Realitätsnähe	O Unabhängigkeit
O Gerechtigkeit	O Harmonie
O Kommunikation	O Freundschaft
O Kontakt mit Menschen	O Andere überzeugen können
O Das Gefühl, involviert zu sein	O Risiken eingehen können
O Charisma ausstrahlen	O Fremde Sprache(n) beherrschen
O Das Leben im Griff haben	O Zivilcourage besitzen
O Die eigene Mission kennen und leben	O Innere Ruhe, innerer Frieden
O Solidarität	O (Selbst-)Disziplin
O Glaube	O Anpassungsfähigkeit
O Pünktlichkeit	O Humor
O Idealismus	O Altruismus
O Kompetenz	O Kritikfähigkeit
O Religion	O Spiritualität
O ____________	O ____________

Meine derzeit sechs wichtigsten Werte im Bereich B 1: Persönliches Wachstum (Persönlichkeitsentwicklung) sind:

o

o

o

o

o

o

Die Rangfolge dieser Werte ist zur Zeit:

1.

2.

3.

4.

5.

6.

Datum

Fortsetzung: Übertragung in ein Integritätsrad mit ***sechs*** *Sektoren (siehe Schritte 6 – 9, S. 96 - 104), dann weiter in Fokus 4: Das Zielszenario, S. 109 ff.*

Es empfiehlt sich, die Wertelisten aus dem Internet abzurufen oder Kopien von dem leeren Formular zu machen, damit Sie die Liste von Zeit zu Zeit aktualisieren können.

B 2: Werteliste für: Beruf, Karriere, Unternehmen

O Anerkennung	O Gute Bezahlung
O Macht	O Sicherheit
O Faszination	O Freiheit
O Beförderung	O Aufstiegschancen
O Interessante Aufgaben	O Gute Arbeitsbedingungen
O Lernen können	O Partnerschaft
O Abenteuer	O Teamarbeit
O Wettbewerb	O Erfolg
O Ökologische Orientierung	O Einflussreiche Stellung
O Loyalität	O Flow
O Unabhängigkeit	O Spaß
O Harmonie	O Verantwortung tragen
O Anderen helfen	O Eigenständigkeit
O Kreativität	O Herausforderung
O Selbstverwirklichung	O Entscheidungsfreiheit

O Einem bekannten/angesehenen Unternehmen angehören

Fortsetzung nächste Seite

O Bequemlichkeit	O Gerechtigkeit
O Kompetenz	O Ordnung
O Handlungsfreiheit	O Begeisterung
O Kontakt mit Menschen	O Menschen überzeugen
O Risiko	O Zeitsouveränität
O Qualität	O Experte sein
O Hohes Tempo	O Präzision
O Routine	O Gemeinschaft
O Abwechslung	O Führungstätigkeit
O Termindruck	O Freundschaften

O Entscheidungen treffen können

O Körperliche Herausforderung

O Arbeit im Bereich der Kunst

O Arbeit im Bereich der Kultur

O Das Gefühl, involviert zu sein

O Unterstützung bei persönlichen Problemen

O Status/gesellschaftliches Ansehen

O Arbeit von gesellschaftlicher Bedeutung

O Kein Druck, keine zu hohen Anforderungen

O ________________________________

Meine derzeit sechs wichtigsten Werte im Bereich B 2: Beruf, Karriere, Unternehmen sind:

O

O

O

O

O

O

Die Rangfolge dieser Werte ist zur Zeit:

1.

2.

3.

4.

5.

6.

Datum

*Fortsetzung: Übertragung in ein Integritätsrad mit **sechs** Sektoren (siehe Schritte 6 – 9, S. 96 - 104), dann weiter in Fokus 4: Das Zielszenario, S. 109 ff.*

Es empfiehlt sich, die Wertelisten aus dem Internet abzurufen oder Kopien von dem leeren Formular zu machen, damit Sie die Liste von Zeit zu Zeit aktualisieren können.

B 3: Werteliste für persönliche Beziehungen, Freundschaft, Liebe, Partnerschaft, Familie, Zuhause

O Zuneigung	O Familie
O Liebe	O Macht
O Heirat/Ehe	O Muße
O Abhängigkeit	O Zuhause
O Kinder	O Ruhe
O Sicherheit	O Ehrlichkeit
O Zugehörigkeit	O Teilen
O Spaß	O Erfolg
O Freunde	O Nähe
O Liebesabenteuer	O Persönliche Integrität
O Intimität	O Materieller Reichtum
O Sexualität	O Spiritualität
O Lernen	O Zuverlässigkeit
O Leidenschaft	O Zugehörigkeitsgefühl
O Tantra	O Unterstützen, helfen
O Geborgenheit	O Schutz vor Einsamkeit
O Partnerschaft	O Platonische Beziehung
O Flirten	O Unverbindlichkeit
O Offene Beziehung	O Exklusive Beziehung

O Gebraucht werden O Gestreichelt werden

O Massiert werden O Verwöhnt werden

O Auseinandersetzung O Gespräche

O Sich um andere kümmern

O Verbundenheit zu den Eltern

O Beziehung zum Kind/zu den Kindern

O Wichtige Freundschaften

O Erfolg beim anderen Geschlecht

O Erfolg beim gleichen Geschlecht

O Sich für eine gemeinsame Sache

O – eine Idee

O – ein Projekt engagieren

O Akzeptiert werden, so, wie man ist

O Bewundert, verehrt, angebetet werden

O ______________________________

O ______________________________

O ______________________________

O ______________________________

O ______________________________

O ______________________________

Meine derzeit sechs wichtigsten Werte im Bereich B 3: Werteliste für persönliche Beziehungen, Freundschaft, Liebe, Partnerschaft, Familie, Zuhause sind:

O

O

O

O

O

O

Die Rangfolge dieser Werte ist zur Zeit:

1.

2.

3.

4.

5.

6.

Datum

Fortsetzung: Übertragung in ein Integritätsrad mit ***sechs*** *Sektoren (siehe Schritte 6 – 9, S. 96 - 104), dann weiter in Fokus 4: Das Zielszenario, S. 109 ff.*

Es empfiehlt sich, die Wertelisten aus dem Internet abzurufen oder Kopien von dem leeren Formular zu machen, damit Sie die Liste von Zeit zu Zeit aktualisieren können.

B 4: Werteliste für Körper, Gesundheit, Sport, Spiel, Freizeit, Urlaub, Erholung

O Gesundheit	O Vergnügen
O Freizeit	O Muße
O Ruhe	O Erholung
O Aussehen	O Physische Fitness
O Muskeln	O Ausdauer
O Beweglichkeit	O Entspannung
O Kunst schaffen	O Lesen
O Kunst genießen	O Musik hören
O Handwerk	O Auto
O Schreiben	O Musik machen
O Sozialkontakte	O Spielen
O Massage	O Reisen
O Kino	O Theater
O Oper	O Musical
O Lesungen	O Vernissagen
O Spazieren gehen	O Bodybuilding
O Bergsteigen	O Joggen
O Walking	O Schwimmen

Fortsetzung nächste Seite

O Tennis	O Golf
O Reiten	O Flugsport
O Fechten	O Angeln
O Segeln	O Tauchen
O Kampfsport	O Tanzen
O Sauna	O Qi Gong
O Tai Chi	O Aikido
O Badminton	O Basteln
O Handarbeit	O Gartenarbeit
O Malen	O Bildhauerei
O Seidenmalerei	O Fotografie
O Kochen	O Filmen
O Computerspiele	O Kegeln
O Nichtstun	O Singen

O ____________________

O ____________________

O ____________________

O ____________________

Meine derzeit sechs wichtigsten Werte im Bereich B 4: Werteliste für Körper, Gesundheit, Sport, Spiel, Freizeit, Urlaub, Erholung sind:

O

O

O

O

O

O

Die Rangfolge dieser Werte ist zur Zeit:

1.

2.

3.

4.

5.

6.

Datum

Fortsetzung: Übertragung in ein Integritätsrad mit ***sechs*** *Sektoren (siehe Schritte 6 – 9, S. 96 - 104), dann weiter in Fokus 4: Das Zielszenario, S. 109 ff.*

Es empfiehlt sich, die Wertelisten aus dem Internet abzurufen oder Kopien von dem leeren Formular zu machen, damit Sie die Liste von Zeit zu Zeit aktualisieren können.

B 5: Werteliste für Materielles, Besitz, Vermögen usw.

O Sicherheit	O Unabhängigkeit
O Geld	O Reichtum
O Auto	O Reisen
O Haus	O Ferienhaus
O Schiff	O Luxus
O Schmuck	O Kunstgegenstände
O Kleidung	O Pferd(e)
O Stiftung	O Gold
O Edelsteine	O Vernetzung
O Hobbys	O Versicherung
O Aktien	O Fonds
O Rentenpapiere	O Immobilien
O Spekulative Anlagen	

O ______________________________

O ______________________________

O ______________________________

O ______________________________

O ______________________________

O ______________________________

Meine derzeit sechs wichtigsten Werte im Bereich B 5: Werteliste für Materielles, Besitz, Vermögen sind:

O

O

O

O

O

O

Die Rangfolge dieser Werte ist zur Zeit:

1.

2.

3.

4.

5.

6.

Datum

Fortsetzung: Übertragung in ein Integritätsrad mit ***sechs*** *Sektoren (siehe Schritte 6 – 9, S. 96 - 104), dann weiter in Fokus 4: Das Zielszenario, S. 109 ff.*

Es empfiehlt sich, die Wertelisten aus dem Internet abzurufen oder Kopien von dem leeren Formular zu machen, damit Sie die Liste von Zeit zu Zeit aktualisieren können.

B 6: Werteliste für Wertschätzung durch andere, Prestige, Anerkennung, gesellschaftliche Rolle

O Anerkennung

O Lob

O Titel

O Sponsor sein

O Respekt

O In sein

O Beliebt sein

O Prestige

O Popularität

O Auto(s)

O Kleidung

O Designer-Möbel

O Beziehungen haben

O Mäzen sein

O Designer-Garderobe

O Politisch aktiv sein

O Eine spezielle Uhr tragen

O Wichtige Menschen kennen

O In der Presse/im Fernsehen erwähnt werden

O In der Gesellschaft ein Beitrag leisten

O Zur Gesellschaft gehören

O Ideelle Vorhaben fördern

O In einem Verein aktiv sein

O Einen attraktiven Partner/eine attraktive Partnerin haben

O ______________________________

O ______________________________

Meine derzeit sechs wichtigsten Werte im Bereich B 6: Werteliste für Wertschätzung durch andere, Prestige, Anerkennung, gesellschafliche Rolle sind:

o

o

o

o

o

o

Die Rangfolge dieser Werte ist zur Zeit:

1.

2.

3.

4.

5.

6.

Datum

Fortsetzung: Übertragung in ein Integritätsrad mit ***sechs*** *Sektoren (siehe Schritte 6 – 9, S. 96 - 104), dann weiter in Fokus 4: Das Zielszenario, S. 109 ff.*

Es empfiehlt sich, die Wertelisten aus dem Internet abzurufen oder Kopien von dem leeren Formular zu machen, damit Sie die Liste von Zeit zu Zeit aktualisieren können.

Übersicht über künftig stärker erfüllte Werte:

1. Werteübersicht A: »sämtliche Lebensbereiche«
Hier können Sie – maximal – drei Werte eintragen (s. Schritte 7 und 8, S. 99 ff.)

1.

2.

3.

Bei den jeweiligen besonderen Lebensbereichen jeweils nur einen Wert eintragen:

B 1: Persönliches Wachstum, Persönlichkeitsentwicklung

B 2: Beruf, Karriere, Unternehmen

B 3: Persönliche Beziehungen, Freundschaft, Liebe, Partnerschaft, Familie, Zuhause

B 4: Körper, Gesundheit, Sport, Spiel, Freizeit, Urlaub, Erholung

B 5: Materielles, Besitz, Vermögen

B 6: Wertschätzung durch andere, Prestige, Anerkennung, gesellschaftliche Rolle

(1. Wert:) bedeutet für mich, dass

(2. Wert:) bedeutet für mich, dass

(3. Wert:) bedeutet für mich, dass

(4. Wert:) bedeutet für mich, dass

(5. Wert:) bedeutet für mich, dass

(6. Wert:) bedeutet für mich, dass

Checkliste: Zielszenario

Phase 1: »Was will ich HABEN?«

1. Aspekt: Verschaffen Sie sich Klarheit über den Zweck, den Sie mit der Erreichung des Zieles verfolgen

2. Aspekt: Fixieren Sie Ihr Ziel schriftlich

3. Aspekt: Formulieren Sie mit Ich-Bezug

4. Aspekt: Benutzen Sie ein Tätigkeitswort, das Ihre Begeisterung ausdrückt

5. Aspekt: Formulieren Sie das Ziel in der Gegenwartsform

6. Aspekt: Formulieren Sie positiv (Keine Verneinungen benutzen!)

7. Aspekt: Machen Sie den Moment der Erreichung des Zieles erkennbar

8. Aspekt: Legen Sie einen (möglichst) genauen Zeitpunkt der Zielerreichung fest

9. Aspekt: Realistisch bleiben

10. Aspekt: Achten Sie auf Klarheit und auf die Folgen

11. Aspekt: Vertrauen und Loslassen und: Veränderungen sind jederzeit möglich

Phase 2: »Was kann/will oder soll ich GEBEN?« **(s. S. 136 ff.)**

Phase 3: Das vollständige Zielszenario (HABEN und GEBEN) **(s. S. 169 f.)**

Erläuterungstext zum praktischen Vorgehen ab Seite 109, praktische Durchführung ab Seite 118

Anhang 2: Eine Belohnungsliste

Wir haben diese Liste einem Buch aus dem Jahre 1975 entnommen (»Sich ändern lernen« von Frauke Teegen, Anke Grundmann und Angelika Röhrs), zum einen, weil es ganz amüsant ist zu sehen, womit man sich vor einem Vierteljahrhundert so verwöhnt hat, zum anderen, weil diese Aufzählung eine Reihe von Anregungen enthält, auf die wir selber so spontan beim besten Willen nicht gekommen wären. Und vielleicht bringen Sie diese Belohnungsmöglichkeiten noch auf ganz andere Ideen ...

Unterstreichen Sie alles, was für Sie angenehm ist, und ergänzen Sie die Angaben mit möglichst vielen eigenen Ideen und halten Sie die Liste auf dem aktuellen Stand Ihrer Gelüste:

A Speisen: Süßigkeiten, Eis, Obst, Kuchen, Nüsse, Kekse, Brot, Salat, Joghurt, Pudding

B Alkoholfreie Getränke: Wasser, Milch, Tee, Kaffee, Sprudel

C Alkoholische Getränke: Bier, Wein, Sekt, Schnaps

D Männer/Frauen treffen, die: gut aussehen, intelligent sind, eine Position haben, interessant sind

E Probleme lösen: Kreuzworträtsel, mathematische Aufgaben, technische Probleme

F Musik hören: klassische Musik, Opern, Operetten, Musicals, Chansons, Jazz, Soul, Schlager, Volkslieder

G Musik machen: Singen, Klavier, Flöte, Geige, Gitarre, Schlagzeug spielen

H Sport sehen: Fußball, Leichtathletik, Schwimmen, Skilaufen, Autorennen, Boxen, Tanzen

I Sport treiben: Fußball, Volleyball, Laufen, Schwimmen, Reiten, Skilaufen, Autorennen, Boxen, Tanzen

J Radio hören / Fernsehen: Berichte, Hörspiele, Magazine, Shows

K Lesen: Illustrierte, Zeitungen, Krimis, Romane, Abenteuergeschichten, Biographien, Reiseberichte, Lyrik, Comics, Pornos, Liebesgeschichten, Fachliteratur

L Einkaufen: Platten, Bücher, Lebensmittel, Kleidung, Kosmetik, Haushaltswaren, Autozubehör

M Erotik / Sex: nackte Männer / Frauen ansehen, anfassen, flirten, streicheln, schmusen, bumsen, onanieren

N Gelobt werden wegen: Aussehen, Charme, Arbeit, Intelligenz, Körperkraft, Hobbys, Sport, Charakter, Moral, Verständnis für andere

O Ruhe, Entspannung: Schlafen, Dösen, Yoga, Meditation

P Zusammensein/Gespräche mit: Bekannten, Freunden

Q Ausgehen: Restaurant, Kneipe, Lokal, Kino, Café, Theater, Friseur, Diskothek, Party

R Hygiene: Duschen, Baden, Schaumbad, Massage, Sauna

S Mit sich zufrieden sein wegen: Leistung, Aussehen, Verhalten im Beruf, im Privatleben

T Recht haben: bei Streit, Diskussionen

U Tiere: Hunde, Katzen, Vögel

V Werken/Basteln/Handarbeit

W Ausflüge: Landschaft, Sehenswürdigkeiten

X Was tun Sie, wenn Sie sich trösten, wenn Sie sich etwas gönnen wollen?

Y Wen möchten Sie auf keinen Fall verlieren?

Z Wofür würden Sie viel Unangenehmes in Kauf nehmen, um es nicht zu verlieren?

Die Belohnungsliste oder »Bekräftigungsliste«, wie es im Original heißt, haben wir folgendem Buch entnommen:

»Sich ändern lernen« von Frauke Teegen, Anke Grundmann und Angelika Röhrs (mit freundlicher Erlaubnis des Rowohlt Verlages, Reinbek bei Hamburg, Copyright 1975 by Rowohlt Taschenbuch)

Anhang 3: Glossar

Affirmation	Eine Affirmation ist eine kraftvoll verstärkende Bestätigung in einem Satz, die einen negativen Glaubenssatz korrigiert und ihm entgegenwirkt. Der Satz muss positiv formuliert sein, darf also keine Verneinungen enthalten.
Aufmerksamkeit	Zustand gesteigerter Wachheit, Offenheit und Konzentration in Bezug auf die selektive Orientierung beim Wahrnehmen, Denken und Handeln.
autotelisch	sich selbst bezweckend, eine Sache um ihrer selbst wegen tun, etwas, das zum Selbstzweck geworden ist *(auto: selbst, telos: das Ziel).*
Bedeutungswechselprinzip	Nach Maslow gewinnen andere, neue Bedürfnisse Vorrang, wenn hierarchisch niedrigere Bedürfnisse genügend erfüllt sind.
Berufung, innere	siehe Mission
Charisma	Austrahlung; Menschen, die im Einklang mit Ihren Werten und ihrer Vision leben erlebt man als charismatisch.
Commitment geben	Einer Sache stark verpflichtet sein, eine Verpflichtung eingehen, sich innerlich an eine Zusage gebunden fühlen, komme, was wolle.
Detached Involvement	Begriff geprägt von Jagdish Parikh, der den (scheinbaren) Wiederspruch zwischen einem starken Commitment und der notwendigen Gelassenheit erfasst. Zu übersetzen etwa mit: gelassenes engagiert sein.

Differenzierung	Zunahme von Wissen, Individualisierung, Spezialisierung, Zunahme der Einzelelementen eines Systems.
Fantasiereise, geleitete	In einem Entspannungszustand gesprochener Text, der zur Erzeugung von Vorstellungsbildern anregt und es ermöglicht, die Kraft des Unterbewusstseins in den Zielsetzungsprozess mit einzubeziehen.
FLOW	Glücksgefühl, Form des Glücks, auf die wir Einfluss haben; vom amerikanischen Psychologen Czickszentmihalyi gewählter Begriff für einen generell von Menschen erstrebten Zustand von besonderer Qualität in Momenten des Gelingens, des Bewältigen von Herausforderungen, des tieferen Verständnisses von Zusammenhängen, des Einsseins mit sich und der Welt.
Freiheit	Von Menschen wird Freiheit oft als »frei von« definiert. Es gibt aber auch eine Freiheit für etwas oder zu etwas, z. B., wenn man sich bewusst für etwas oder jemanden entscheidet (sich selbst oder einem anderen ein Commitment gibt).
GEBEN	Teil des Zielszenarios, das die Dinge beschreibt, die man bereit ist, in die Welt einzubringen.
Glaubenssätze	Nicht weiter hinterfragte Grundansichten über die eigene Person, über Dritte, Beziehungen zu anderen, die Welt. G. sind SOLL-Größen, die Orientierung liefern und eine Sicherungs- und Überlebensfunktion haben. Sie sind meist nicht bewusst und steuern das Verhalten auf eine eher automatische Weise.
Großhirn	Entwicklungsgeschichtlich jüngster Teil des menschlichen Gehirns, in dem die höheren Denkfunktionen ablaufen.

	Die Großhirnrinde (Cortex cerebri) ist das höchste Integrationsorgan des Zentralnervensystems. Das Großhirn (im Zusammenwirken mit anderen Hirnarealen) Koordinationszentrale von Bewusstsein, Wille, Intelligenz, Gedächtnis und Lernfähigkeit. Unterhalb des Großhirns befindet sich das Limbi sche System, u. a. Quelle von Lust- und Unlustempfindungen.
HABEN	Teil des Zielszenarios, das die Situation, die man erschaffen will, unter dem Gesichtspunkt dessen, was man erhalten oder erleben möchte, beschreibt.
Homöostase	Regulation des inneren Milieus durch Erzeugen von Balance und Stabilität.
Imaginationübung	siehe Fantasiereise.
Integration	Verstehen der Zusammenhänge und Wechselwirkungen sowie Vernetzung der durch Differenzierung hinzugewonnen Elemente mit dem Ganzen, Verbindung zu und zwi schen anderen Menschen, Institutionen und Gedanken.
Integritätsrad	Schematische Darstellung der wichtigsten Werte eines Menschen sowie deren Erfüllungsgrad.
kognitive Dissonanz	Innerer Spannungszustand, der durch eine Diskrepanz zwischen der Einstellung eines Menschen und seinem tatsächlichen Verhalten entsteht. Begriff zur Bezeichnung eines emotionalen Zustands, der darauf zurück zuführen ist, dass Wahrnehmungen, Gefühle, Einstellungen u.a. logisch unvereinbar sind und/oder mit früher gemachten Erfahrungen nicht übereinstimmen.
Kompensationsstrategie	Aus einer vorhanden Schwäche (oder gar einem Handikap, einer Behinderung) eine

Stärke entwickeln. Diese Strategie kann ungeheure Energien mobilisieren.

Komplexität
: Hier: Zugewinn einer Persönlichkeit durch Differenzierung (Zunahme von Wissen, Individualsierung, Spezialisierung) und Integration (Verstehen der Zusamenhänge und Wechselwirkungen sowie Vernetzung der durch Differenzierung hinzugewonnenen Elemente mit dem Ganzen, Verbindung zu anderen Menschen, Institutionen und Gedanken).

Kreative Spannung
: Die Lücke zwischen Vision und gegenwärtiger Realität ist die Quelle kreativer Spannung.

Kreativität
: Schöpferische Kraft, neue Ideen zu erschaffen oder Bekanntes neu zu verknüpfen. Ein Aspekt des produktiven Denkens, der darin zum Ausdruck kommt, dass ein Individuum bei Problemlösevorgängen relativ flüssig und flexibel zu neuartigen Einfällen und originellen Lösungen gelangt. Die Kreativität ist weitgehend unabhängig von Leistungen, wie sie in herkömmlichen Intelligenztests gefordert werden, da jene im Wesentlichen analytisch, konvergentes Denken zu erfassen suchen, kreative Prozesse hingegen durch zusätzliches synthetisches, analoges und divergentes Denken charakterisier sind. Kreative Ergebnisse sind v.a. dann zu erwarten, wenn das Individuum über eine starke intrinsische Motivation verfügt.

Late Bloomers
: Deutsch: »Herbstblüher«; Menschen, die im höheren Alter ihre Vision/Mission finden und (er)leben.

Limbisches System
: Teil des Gehirns, entwicklungsgeschichtlich älter als das Großhirn; von hier aus werden rasche, automatische Reaktionen (z. B. die Angriffs-/Fluchtbereitschaft in Stresssitua-

	tionen) gesteuert. Im L. S. erfolgt auch die Unterscheidung von Lust/Unlustgefühlen. Es hat sich aus dem Riechhirn der Reptilien entwickelt und wird daher auch »Reptilien gehirn« genannt, was aber eher zu Missverständnissen, denn zur Erhellung beiträgt.
Mission	oder Berufung, hier: der spezifische Beitrag des Einzelnen an die anderen, an die Welt, die Wahrnehmung von Aufgaben, die über das Sicherstellen der eigenen biologischen Existenz hinausgehen.
Motivation	Antriebskraft, die aus einem Beweggrund (oder auch aus mehreren Motiven) gespeist wird. Lateinisch, movere = bewegen; unter der Bezeichnung Motivationen sind die Kräfte zu verstehen, die einen Menschen dazu bringen, zielgerichtet etwas ganz Bestimmtes zu tun. Selbstmotivation beschreibt die Kräfte, die relativ unabhängig von Außeneinflüssen aus der Person selbst heraus diese zu einem absichtsvollen Tun bewegen.
Motivation, extrinsisch	Durch äußere Anreize erzeugte Motivation.
Motivation, intrinsisch	Durch innere Werte/Ziele/Anreize entstandene Antriebskraft.
Motivationsforschung	Die Motivationsforschung sucht zu ergründen, was die energetischen Antriebe des Menschen bewirkt.
Ökologie-Check	Begriff aus dem NLP (Neurolinguistischen Programmieren). Schritt in einem Veränderungsprozess, der überpüft, ob die Veränderung harmonisch in das Leben der Person passt.
Plateau-Phase	Stagnation während eines Lernprozesses auf den ein Sprung des Verstehens folgt.

Primäres System	Streben nach vor allem physiologischer und psychischer Bedürfnisbefriedigung.
Psychische Entropie	Zustand innerer Spannungen, Gefühl eines inneren Durcheinanders.
Resonanz	Gefühl der Stimmigkeit des Lebensweges oder einer Situation mit dem Wesenskern, den Werten und der Vision/Mission eines Menschen.
Ritual	Rituale sind symbolhafte Handlungen, bei denen man bestimmte Dinge bewusst bekräftig und deren Realität anerkennt. Es gibt große Rituale (Hochzeiten) und kleine alltägliche Rituale (die Tasse Tee/Kaffee am Morgen).
Sekundäres System	Streben nach Synergie, Stimmigkeit, Glück, Resonanz und Sinn.
Selbstverwirklichung	Das Streben des Menschen, seine Talente, Fähigkeiten, Gedanken, Ideen und Potenziale in die Welt einzubringen.
Strategie; engpassorientierte	Fokusierung von Handlungen auf die Lösung von Engpässen. Von Wolfgang Mewes (und Hans Hass) beschriebenes Erfolgsmuster in Natur und Wirtschaft.
Strategie	Ausrichtung des Einsatzes der vorhandenen Ressourcen auf möglichst große Wirkung. Stärken verstärken: Wachstumsstrategie, bei der man auf die angeborenen Talente und Fähigkeiten fokussiert. (Im Unterschied zur Kompensationsstrategie, siehe dort)
Synapsen	[griechisch] die morphologisch spezialisierte Kontaktstelle im Nervensystem, die sich zwischen Nervenzellen (Neuronen) oder primären Sinneszellen und anderen Nervenzellen oder einem Erfolgsorgan (Muskelzellen, Drüsenzellen) befindet und die Erre-

	gungsübertragung von einer Zelle zur anderen ermöglicht.
Synergie	Von der Psychosynergetik geprägter Begriff der einen höheren Integrationsgrad eines Menschen beschreibt.
Transzendenz	Über sich selber hinauswachsen, Wahrnehmen der überindividuellen Verbundenheit allen Seins.
Unterbewusstsein	Von Freud ursprünglich verwendeter Begriff, um die Gesamtheit der verdrängten Erinnerungen und Tendenzen zu beschreiben. Hier erweitert verwendet als Beschreibung der Anteile unseres Seins, die wir nicht im Wachzustand wahr nehmen.
Vision	Das, was man im Leben erreichen, bekommen möchten.
Vision, tote	Zwanghafte Bilder, die eine destruktive Idealvorstellung nach dem Prinzip »Alles oder Nichts« erschaffen.
Wert	Konzepte von dem, was einem Menschen wichtig ist, was er in die Welt bringt; besonders intensiv erstrebte Gefühlszustände, Grundlagen einer werteorientierten Lebensführung.
Wert, Einstellungswerte	Von Frankl geprägter Begriff; die Möglichkeit der Sinnerfahrung in der Einstellung zu einem auferlegten Schicksal zu erleben.
Wert, Endwert	Emotionaler Endzustand, im Gegensatz zu Mittelwerten.
Wert, Mittelwert	Wert, der als Mittel dient, um einen Endwert zu erreichen (z. B. Familie kann Liebe, Sicherheit, Geborgenheit etc vermitteln).

Wille	Fähigkeit eines Menschen, sich bewusst für ein bestimmtes Verhalten zu entscheiden. In der traditionellen Psychologie das Vermögen des Menschen, sich bewusst für (oder gegen) eine bestimmte geistige Einstellung oder eine bestimmte Weise des Verhaltens- zu entscheiden. Die entsprechende psychische Energie (Willenskraft) unterscheidet sich durch ihre Bewusstheit und Zielgerichtetheit (Absichtlichkeit) vom Drang oder Trieb. Die neuere Psychologie zieht anstelle des philosophisch diskutierten Begriffs Wille die Bezeichnung Wollen vor.
Wunsch	Wünsche beschreiben eine Ausrichtung, sind Ausdruck dessen, was uns wichtig und wertvoll ist, werden durch unerfüllte Werte hervorgerufen. Wünsche können durch Ziele Realität werden.
Ziel	Der Mensch gestaltet seine Zukunft durch die klare Formulierung von Zielen. Klare Ziele sind die große Kraftquelle für menschliches Wachstum. Philosophie: durch freie individuelle Wahl und Entscheidung oder gesellschaftlich-politische Entscheidungen und Entscheidungsprozesse projektierter zukünftiger Zustand, der durch Handeln verwirklicht werden soll und für dessen Planung und Realisierung leitend ist. Alles absichtsvolle Handeln ist durch Ziele bestimmt und durch Motive begründet, die dem jeweiligen Ziel einen Wert beimessen, um dessentwillen es als erstrebenswert gilt.
Zielszenario	Konkret, vollständig und schriftlich formuliertes attraktives Bild, wie das Leben in der Zukunft ist.

Anhang 4: Literaturverzeichnis

Adrienne, Carol: The Purpose of Your Life, Eagle Brook, New York, 1998

Assagioli, Roberto: Die Schulung des Willens, Junfermann Verlag, Paderborn, 1998, 8. Aufl.

Backerra, Hendrik, Malorny, Christian, Schwarz, Wolfgang: Kreativitätstechniken, Hanser Verlag, München, Neuauflage 2007

Bateson, Gregory: Ökologie des Geistes, Suhrkamp TB Verlag, Fankfurt, 1992, 4. Aufl.

Bateson, Gregory: Geist und Natur, Suhrkamp TB Verlag, Fankfurt, 1993, 3. Aufl.

Böckmann, Walter: Sinn-orientierte Leistungsmotivation und Mitarbeiterführung, Ferdinand Enke Verlag, Stuttgart, 1980

Bolles, Richard Nelson: Durchstarten zum Traumjob, Campus Verlag, Frankfurt/Main, 2000

Buckingham, M.: Coffman, C.: Erfolgreiche Führung gegen alle Regeln, Campus Verlag, Frankfurt/Main, 2001

Buckingham, M.: Clifton, D.: Entdecken Sie Ihre Stärken jetzt!, Campus Verlag, Frankfurt/Main, 2007, 2. Auflage

Castaneda, Carlos: Die Lehren des Don Juan, Fischer Verlag, Frankfurt/Main, 1998

Covey, Stephen R.: Die sieben Wege zur Effektivität, Wilhelm Heyne Verlag, München, 1992, 8. Aufl.

ders: Der Weg zum Wesentlichen, Campus Verlag, Frankfurt/Main, 1997

Crystal, John C. und Bolles, Richard N.: Where Do I Go From Here With My Life?, Ten Speed Press, Berkeley, 1974

Csikszentmihalyi, Mihaly: Flow, das Geheimnis des Glücks, Klett-Cotta, Stuttgart, 1998, 6. Aufl.

ders.: Dem Sinn des Lebens eine Zukunft geben, Klett-Cotta, Stuttgart, 1995

ders.: Lebe gut!, Klett-Cotta, Stuttgart, 1999.

ders.: Flow and Education, Flow and Evolution, Flow and Creativity, The NAMTA Journal, Rediscovering Normalization: Deepening the Montessori Experience, Vol. 22, No. 2, Spring 1997

Cube, Felix von: Fordern statt verwöhnen, Piper, Verlag, München, 1998

Ferrucci, Pierro: Werde, was du bist, Sphinx-Verlag, Basel, 1984

Foerster, Heinz von und Bröcker, Monika: Teil der Welt, Carl-Auer-Systeme Verlag, Heidelberg, 2002

Frankl, Viktor: Der Mensch vor der Frage nach dem Sinn, Piper Verlag, München, 1985

Fritz, Robert: Den Weg des geringsten Widerstands managen, Klatt-Cotta, Stuttgart, 2000

ders.: Your Life as Art, Robert Fritz Inc., Newfane, 2002

Fromm, Erich: Die Furcht vor der Freiheit, dtv Verlag, 1991, 2. Aufl.

Gallwey, W. Timothy: Erfolg durch Selbstcoaching, BW Verlag, Nürnberg, 2002

Gawain, Shakti: Gesund denken, Wilhelm Heyne Verlag, München, 1984, 4. Aufl.

Grossmann, Gustav: Sich selbst rationalisieren, Ratio-

Verlag, München, 1967, 20. Aufl.

Haken, Hermann und Haken-Krell, Maria: Gehirn und Verhalten, Deutsche Verlags-Anstalt, Stuttgart, 1997

Harris, Thomas A.: Ich bin o. k., Du bist o. k., Rowohlt Verlag, Reinbek, 1996

Hansch, Dietmar: Psychosynergetik, Westdeutscher Verlag, Opladen, 1997

ders.: Evolution und Lebenskunst, Vandenhoeck & Ruprecht, Göttingen, 2002

ders.: Erfolgsprinzip Persönlichkeit, Springer Verlag, 2006

Hill, Napoleon: Denke nach und werde reich, Ramòn F. Keller Verlag, Genf, 1966 (aktuelle Auflage im Ariston Verlag)

Hillman, James: Charakter und Bestimmung, Wilhelm Goldmann Verlag, München, 1996, 2. Aufl.

Holzkamp-Osterkamp: Grundlagen der psychologischen Motivationsforschung, Campus Verlag, Frankfurt/Main, 1977

Hugo-Becker, A.; Becker, H.: Motivation, C. H. Beck, München, 1997

Huhn, Gerhard, Kreativität und Schule, Verfassungswidrigkeit staatlicher Regelungen von Bildungszielen und Unterrichtsinhalten vor dem Hintergrund neuerer Erkenntnisse der Gehirnforschung: Verlag für Wissenschaft und Bildung, Berlin, 1990

ders.: Erziehung zur Kreativität, in »Erziehung und Bildung – Verspielen wir unsere Zukunftschancen?«, hrsg. von Eduard J. M. Kroker, Verlag der FAZ, Frankfurt, 1998

ders.: Jenseits der Illusionen, in »Führung neu verordnen

– Perspektiven für Unternehmenslenker im 21. Jahrhundert«, PA Consulting und Gabler Verlag, 2007

Kast, Verena: Vom Interesse und dem Sinn der Langeweile, Walter Verlag, Düsseldorf, 2001

Längle, Alfried (Hrsg.): Entscheidung zum Sein, V. E. Frankls Logotherapie in der Praxis, Piper Verlag, München, 1988

Landberg, Max: The TAO of Motivation, Harper Collins Publishers, London, 1999

LeBoeuf, Michael: Imagination, Inspiration, Innovation, mvg, München, 1991

Leuner, Hanscarl: Lehrbuch des Katathymen Bilderlebens, Huber,, Bern, 1994

Lewin, Roger: Komplexitätstheorie, Knaur TB Verlag, München, 1996

Lynch, D, Kordis, P.: Delphin Strategien, PAIDA Verlag, Fulda, 1992, 2.Aufl.

Malik, Fredmund: Führen Leisten Leben, Deutsche Verlags Anstalt, Stuttgart, 2000

Maslow, Abraham H.: Motivation und Persönlichkeit, Walter Verlag, Olten und Freiburg, 1977

May, Rollo: Freiheit und Schicksal, Deutsche Verlags-Anstalt, Stuttgart, 1983

Miller, Georg A., Galanter Eugene, Pribram, Karl H.: Strategien des Handelns, Pläne und Strukturen des Verhaltens, Ernst Klett Verlag, Stuttgart, 1973

Münchhausen, Marco von: So zähmen Sie Ihren inneren Schweinehund, Campus Verlag, Frankfurt/Main, 2002

Plakos, Wolfgang: Das Geheimnis des Flow, mvg, Landsberg am Lech, 2001

Rheinberg, Falko: Motivation, Kohlhammer Verlag, Stuttgart, 2006, 6. Aufl.

Robbins, Anthony: Das Robbins Power Prinzip, Wilhelm Heyne Verlag, München,1994, 6. Aufl.

Rossi, Ernest Lawrence: Die Psychobiologie der Seele-Körper-Heilung - Neue Ansätze der therapeutischen Hypnose, Synthesis Verlag, Esse, 1991

Schäfer, Bodo: Die Gesetze der Gewinner, FAZ Verlag, Frankfurt/Main, 2001

Scheele, Paul R.: Das Gesetz der Natürlichen Brillanz, Junfermann Verlag, Paderborn, 1999

Schmidbauer, Wolfgang: Alles oder nichts, Rowohlt Taschenbuch Verlag, Reinbek, 29. -30. Tsd., 1999

Schulz von Thun, Friedemann: Miteinander Reden 2, Rowohlt Taschenbuch Verlag, Reinbek, 1998

ders.: Miteinander Reden 3, Rowohlt Taschenbuch Verlag, Reinbek, 1998

Seiwert, Lothar J.: Wenn Du es eilig hast, gehe langsam, Campus Verlag, Frankfurt/Main, 1998

ders.: Life-Leadership, Campus Verlag, Frankfurt/Main, 2001

ders.: Das Bumerang Prinzip: Mehr Zeit fürs Glück, Gräfe und Unzer, München, 2002 (www.bumerang-prinzip.de)

Senge, Peter: Die 5. Disziplin, Klett-Cotta, Stuttgart, 1996

Sprenger, Reinhart K.: Das Prinzip Selbstverantwortung, Campus Verlag, Frankfurt/ Main, 1995

ders..: Mythos Motivation, Campus Verlag, Frankfurt/Main, 1992

Stone, Hal und Sidra: Abenteuer Liebe, Kösel Verlag, München, 1997

dies.: Du bist viele, Heyne Verlag, München, 1994

Teegen, Frauke, Grundmann, Anke, Röhrs, Angelika: Sich ändern lernen, Rowohlt Verlag, Reinbek, 1975

Varela, Francisco J.: Kognitionswissenschaft – Kognitionstechnik, Suhrkamp TB Verlag, Frankfurt, 1993, 3. Aufl.

Vester, Frederic: Denken, Lernen, Vergessen, DTV, Stuttgart, 1998

Watzlawick, Paul, Weakland, John H., Fisch, Richard: Lösungen, Hans Huber Verlag, Bern, Göttingen, Toronto, 1992, 5. Aufl.

Winograd, Terry, Flores, Fernando: Erkenntnis, Maschine, Verstehen, Zur Neugestaltung von Computersystemen, Rotbuch Verlag, Berlin, 1989

Wolff, Lorenz und Frank, Johanna: Berufszielfindung und Umsetzungsstrategie, GABAL, Speyer, 1992

Zdenek, Marilee: Der Kreative Prozess, Synchron Verlag, Berlin, 1992, jetzt im GABAL Verlag, Frankfurt

Dank!

Dieses Buch ist wie zu Beginn geschrieben aus der praktischen Arbeit vieler Jahre entstanden, aus eigenen Irrwegen und Erfolgen, als Resultat expansiver und regressiver, stürmischer und ruhigerer Zeiten. Inhaltlich konnten wir uns auf die Schultern von Männern und Frauen stellen, die gründlicher und länger über diese Fragen nachdenken konnten und als deren Dolmetscher und Interpreten wir uns verstehen. Keinesfalls beanspruchen wir, etwas völlig Neues in die Welt gesetzt zu haben; unser Ziel war es, dass das, was wir für wertvoll erachten, auch von anderen gelebt und weitergetragen werden kann, indem wir es in eine zugängliche Sprache und vor allem in ganz praktische Schritte umgesetzt haben. Was machbar ist, haben wir von unseren Seminarteilnehmern erfahren, Ihnen sei an erster Stelle gedankt, denn ohne sie wäre nicht einmal die Idee zu diesem Buch entstanden. Sie haben uns geholfen, das zu lernen, was wir hier weitergeben. Wir danken den Autoren und Lehrern, die uns unsere Arbeit ermöglichen, sie sind vor allem im vorangegangenen Literaturverzeichnis genannt. Jeder Mensch, mit dem wir in den Jahren der Entstehung des Buches Kontakt, Austausch oder Freundschaft pflegen konnten, hat auf seine eigene und einzigartige Weise manchmal mit seinem, manchmal ohne sein Wissen zu den Inhalten beigetragen. So können wir uns bei vielen für ihre Anregungen, Ideen, Ansporn und Ermunterung nur in dieser Form ganz herzlich bedanken, ohne jeden Namen nennen zu können. Darüberhinaus danken wir allen, die uns durch Kritik und Anerkennung, durch Rat und Tat konkret weitergeholfen haben und bitten die, die hier nicht genannt sind, dafür um Verständnis. Sie sind genauso herzlich gemeint wie die, bei denen wir uns nachfolgend namentlich bedanken, unseren Begleitern, Unterstützern, den Geduldigen und den Ungeduldigen, den Kritischen und den Liebevollen.

Dank an:
Arnold Abram, Angela Del Aguila, Klaus Ahrens, Simone Albrecht, Jens Amelungse, Ron Athey, Martin Awisus,
Sudipa Bachtler, Familie Backerra aus Mainz, Frederik Backerra, Yalcin Bal, Sebastian Berg, Thorsten Berger, John Biesterfeld, Thomas Biniasz, Isolde Binsteiner, Oliver Bliss, Christian Birkholz, Bernd Borchert, Klaus Bosselmann und Prue Taylor, Eva und Mirko Botta, Monika Bröcker, Jana Brokamp, Eva und Jürgen Bucher, Sven Buchholz, Thomas Burckert, Andreas Burzik,
Jochen Carle, Jörg Christmann, Helmut L. Clemm, Claudia Croon,

Mihaly und Isa Csikszentmihalyi, Thiemo Czichy,
Elke Dellmuth, Susanne Döttling, das DOOR Training Team, Pierre Droste,
Irene Eikmeier, Bettina Emmerich,
Jürgen Fallasch und die ganze »Gorbatschow« Gruppe, Manfred – Avida Fett, Marc Flint, Heinz von Foerster, Roland Frey, Christine Funke,
Linda Gallo, Thorsten Gangloff, Katja von Garnier, Gunter – Veet Geßner, Axel Görg, Markus Guehrs und Familie,
Peter Haas, Brigitta Hajek, Dietmar Hansch, Thomas Hauschild, Nadja Hebenstreit, Herbert W. Heinrich, Susanne Herrmann, Norbert Heuler, Ursula Hinsch, Jörg Hoffman, Ralf Holighaus, Klaus Hoppe, Margarete und Heinz Huhn, Margarethe Huhn, Wolfgang Huhn und Gaby Dubbert,
Ludwig J. Issing, Martin Jessen,
Reinhard Kahl, Wolf Kaiser, Gerd Kamiske, Kania, Jonathan Katz, Norbert Kersten, das Kick-Consulting-Team, Regine Klinn, Sorina und Horst Knappe, Klaus Köppe, Tanja Konnert, Ulrich Kramer, Nicole Krombach, Harald Krutiak, Jolly Kunjappu,
Rainer Lange, Andreas Langhammer, Giovanni Lazzeri, Gabi Lozar, David Liebnau, Qingshan Liu, Ingo Löbert, Karsten Lorenz, Thomas Lünendonk,
Peter Mächler, Alexander Malkowsky, Andreas Manz, Annie Martinez, Christopher Matt, Jürgen Mees, Merlin, Reinhart Michaels, Lothar Mieniets, Stefan Miteff, Heidi Möller, Axel Mosthaf, Rudolf Müller,
Andrea und Andreas Naurath, Maximilian Neumeier,
Donald Openshore
Sebastian Peichl, Julie-Andree Pellerin, Andreas Peter, Doug Peterson, Anke Pflaumer, Klaus Pobel, Johannes Pohlhausen,
Art Reade, Jens Richter, Anthony Robbins, Wolfgang Rönsberg, Karen Ann Roschild,
Julia Saal, Tamara Scheffel, Barbara Scheffler, Christine Schmidt, Margot Schmitt, Gereon Schmitz, Knut und Tina Scholz, Oliver Schwarz, Axel Schwarzberg, Rainer Schweitzer und Isabell Daller, Johannes Schweppenhäuser, Kay-Alexander Scholz, Hansjürgen Schubert, Hans Schumann, Familie Sauer aus Deisenhofen, Lothar Seiwert, Ralf Senftleben, Diemut Severin, Peter Sineokow, Silke Sommer, Roland Spinola, Maria Paz Squella Padilla, Marco Stahlhut, Dieter Staubach, Steffen Steglich, Petra Stephanowitz, Familie Steuer, Katrin Stöber, Werner Stoffregen, Hal und Sidra Stone, Martina Sturm, Carsten Styra, Katja Szczecinna, Marcel Szenessy,
Else Tilker, Oliver Triebel,
Tom Venning, Carolina Vera Squella, Dat Vuong,
Dirk Wagener, Aljosha Walser, Paul Watzlawick, Diether Weeren, Monica Welke, Bert Williams,
Marilee Zdenek, Michael Zerr, Thomas Zorbach
und vom Hanser Verlag: Ursula Barche, Lisa Hoffmann-Bäuml und Martin Janik.

Die Autoren

Foto: Reno Ranger

Dr. Gerhard Huhn, *1945, war als Verkaufsdirektor einer amerikanischen Kosmetikfirma in der Schweiz, als Rechtsanwalt und Verleger tätig. Nach mehrjähriger Weiterbildung im psychologischen Bereich und seiner Promotion (»Kreativität und Schule – Verfassungswidrigkeit von Schulrichtlinien«) arbeitet er seit 1992 als Unternehmensberater, Coach und Managementtrainer. Er beschäftigt sich seit über 30 Jahren mit den praktischen Aspekten der Gehirnforschung, speziell mit den Konsequenzen für Lernprozesse, Motivation (Selbstmanagement und Führung), Kreativität und Kommunikation. Die Essenz dieser Erkenntnisse setzt er in Beratungstätigkeit, in individuellen Coachingprozessen und Seminaren zum alltäglichen Einsatz für Menschen in Organisationen und Unternehmen ein. Lehraufträge/Gastprofessuren an der Universität der Künste in Berlin, der Freien Universität Berlin, der Bauhausuniversität Weimar und der Universität von Concepcíon in Chile. Zahlreiche Veröffentlichungen (siehe www.emergence.de). Für Trainings, Vorträge und Coachings erreichen Sie ihn unter info@emergence.de.

Hendrik Backerra, *1969, Diplom-Wirtschaftsingenieur, arbeitet zurzeit bei McKinsey & Company als Experte für Organisationsentwicklung. Er gestaltet dabei für Unternehmen weltweit Kulturveränderungsprojekte und unterstützt bei deren nachhaltiger Implementierung und bei der notwendigen Entwicklung von Führungskräften und Mitarbeitern. Dabei geht es ihm sowohl um die zügige Realisierung von anspruchsvollen Zielen als auch um die langfristige Gesundheit der Organisationen. Seine Karriere begann er als Engagementmanager und Projektleiter bei IBM und war dann mehrere Jahre selbständig tätig als internationaler Business-Trainer und Coach in den Bereichen Vertrieb, Führung und Innovation. Als Autor veröffentlichte er außerdem das Buch »Die sieben Kreativitätstechniken« (Hanser Verlag, Neuauflage 2007) sowie zahlreiche Artikel. Für das Thema Selbmotivation und FLOW erreichen Sie Hendrik Backerra unter: hbackerra@fokusflow.de

Neu von beiden Autoren (zusammen mit Susanne Herrmann und Giovanni Lazzeri) »Selbstbestimmt arbeiten«, Hanser Verlag.
Weitere Informationen unter www.fokusflow.de und www.emergence.de